MATHURIN REGNIER

PAR

JOSEPH VIANEY

Docteur ès lettres
Maître de conférences à la Faculté des lettres de Montpellier

PARIS
LIBRAIRIE HACHETTE ET Cⁱᵉ
79, BOULEVARD SAINT-GERMAIN, 79

1896

MATHURIN REGNIER

COULOMMIERS

Imprimerie Paul. BRODARD.

MATHURIN REGNIER

PAR

JOSEPH VIANEY

Docteur ès lettres
Maître de conférences à la Faculté des lettres de Montpellier

PARIS

LIBRAIRIE HACHETTE ET C⁰

79, BOULEVARD SAINT-GERMAIN, 79

1896

A

M. ALFRED CROISET

MEMBRE DE L'INSTITUT

PROFESSEUR A LA FACULTÉ DES LETTRES DE PARIS

Hommage reconnaissant.

INTRODUCTION

HISTOIRE DE LA RÉPUTATION DE REGNIER ET DES TRAVAUX
DONT IL A ÉTÉ L'OBJET.
UTILITÉ D'UNE NOUVELLE ÉTUDE SUR REGNIER.

« Jamais ouvrage, affirme Colletet, n'a été mieux
reçu parmi nous que les *Satires* de Regnier » ; et Colletet n'exagère pas. Je ne sais si le *Cid* lui-même eut un
succès plus rapide et moins contesté que ce petit
volume de vers. Au lendemain de sa publication, son
auteur fut mis au rang des classiques, égalé, quelquefois préféré à Horace. Et non seulement on loua notre
poète ; mais on l'apprit par cœur, puisque les livres de
ses contemporains sont farcis de ses vers, évidemment
cités de mémoire ; mais il enfanta toute une lignée
d'imitateurs qui, faisant de ses *Satires* un véritable
« cahier d'expressions », y puisèrent à pleines mains
des hémistiches, des rimes, des proverbes et des
images ; mais, enfin, ce qui est le comble de la gloire,
on lui prit en les détournant de leur sens les plus
célèbres de ses mots :

L'honneur est un vieux sainct qu'on chomme tous les jours [1].

1. Voir le jugement de Colletet sur Regnier, textuellement cité, dans
l'édition des *Œuvres complètes* de Regnier par M. Courbet, *Introduction*,

Cet engouement devait tomber le jour où aurait définitivement triomphé la doctrine de Malherbe. Dès que l'on eut senti le prix d'une « juste cadence », l'Horace français devint un Lucilius :

> Si mon siècle m'approuve, habile cuisinier,
> J'ai rencontré son goût en suite de Renier
> Qui coule aussi bourbeux que le père Lucile. [1]

Ainsi s'exprimait du Lorens vers 1646, et près de vingt ans auparavant, Charles Sorel, ce franc gaulois si digne d'apprécier la *Satire* du *Mauvais gîte*, avait prédit à Regnier que d'ici à dix ans on ne l'entendrait plus. Qu'étaient en effet les meilleurs de ses bons mots? Des proverbes ramassés dans le ruisseau : « Que si, au reste, j'ay quelques proverbes, tous ceux qui parlent bien les disent aussi bien que moy. Que seroit-ce donc si je disois comme Regnier : *c'est pour votre beau nez que cela se faict; vous parlez baragouin;… vous mentez par la gorge…* Voilà les meilleurs mots de ce poëte satyrique; mais je n'en voudrois pas user : car possible que d'icy à dix ans l'on ne les entendra plus; et dès maintenant il y a plusieurs personnes qui ne les entendent pas [2]. » Si la prédiction ne s'accomplit pas

p. LXIII-LXV; le *Journal* de L'Estoile aux dates du 15 et du 26 janvier 1609; la *Vie de Malherbe* par Racan; les *Historiettes* de Tallemant, édition Monmerqué, t. 1, p. 242; les *Recherches des Recherches et autres œuvres de M. Etienne Pasquier* par le P. Garasse (Paris, Sébastien Chappelet, 1622), p. 525-528, 112, 177, 259, 570, etc.; la *Préface* du *Cabinet satyrique*; les *Satyres* du sieur du Lorens (à Paris chez Jacques Villory, 1624), livre II, *Satire* II : c'est de cette *Satire* que j'extrais le vers cité.

1. *Les Satyres de M. du Lorens* (à Paris, chez A. de Sommaville, 1646), p. 180. Cette édition est toute différente de l'édition de 1624 : ce sont deux livres distincts.

2. Ce texte du *Berger extravagant* est cité par Brossette dans son édition de Regnier, au vers 59 de la *Satire* III.

de tous points; si, dix ans et même trente ans après le *Berger extravagant*, l'on n'avait pas cessé de lire, d'éditer, d'admirer Regnier, l'opinion publique l'avait cependant fait descendre du haut rang où elle l'avait tout d'abord placé.

Bien que personne n'eût plus fait que Despréaux pour renouveler la vogue un peu épuisée du vieux poète, soit en déclarant qu'il bornait ses vœux à « s'asseoir sur le Parnasse assez près de Regnier », soit en associant le nom de son « illustre devancier », comme il l'appelle dans une épigramme, aux noms de Juvénal, d'Horace et de Molière, personne n'eut plus à pâtir de cette popularité renaissante dont il était le principal auteur. Pendant près d'un demi-siècle le maître de Nicolas compta autant d'aveugles admirateurs que son disciple avait fait de victimes :

> Regnier mieux que Lubin entendoit ce métier,

assure l'auteur du *Jonas*[1]. « Quelle différence entre le *Festin* de Regnier et celui de Boileau, s'écrie Pradon ! On ne voit pas ces badineries dans Regnier... Il ne divague point en des fadaises d'écolier et de méchant goût comme fait notre homme[2]. » — « On est contraint d'avouer, observe malicieusement un autre, sans même nommer Boileau, que Regnier, qui a été presque le seul satyrique moderne jusqu'à présent, est

---

1. *Le satyrique berné par L. D. I.* (l'auteur du *Jonas*) (Paris, 1668), p. 37.
2. *Le triomphe de Pradon sur les satires du sieur D.*, La Haye, 1686.

plus discret que les anciens[1]. » — « Regnier ne faisait
pas de telles fautes dans ses vers », affirme à son tour
Desmarets de Saint-Sorlin. O rancunes littéraires,
jusque où ne poussez-vous pas les mortels, fussent-ils
jansénistes? Plutôt que d'avoir à féliciter son adversaire de quoi que ce fût, même d'avoir pris la défense
de la morale, le fougueux avocat de Dieu, des anges et
des saints trouva mauvais que Boileau eût reproché à
Regnier ses rimes cyniques : « Il l'accuse indignement
d'avoir fréquenté les mauvais lieux, pour en avoir
décrit un, où il se sauva par hasard, et d'où il sortit
aussitôt[2]. » Mais l'éloge que tous ces apologistes de
parti pris, suscités à Mathurin par le succès de Nicolas,
adressent le plus volontiers à Regnier, c'est de n'avoir
imité personne. Regnier doit tout à son génie ; Despréaux se borne à traduire Horace : voilà ce que
répètent en chœur les Carel[3], les Coras, les Pradon,
les Desmarets.

Ces injustes critiques nous ont valu le premier travail important dont les *Satires* de Regnier aient fait
l'objet. Pour démontrer combien Boileau était original,
Brossette entreprit d'établir combien l'était peu le
devancier de Boileau. Ce fut là, semble-t-il, le but principal de son édition de Regnier, qui parut à Londres
vers la fin de 1729. Une notice biographique, courte
mais précise, inspirée probablement par la famille de

1. *Le faux satyrique puni* (Lyon, Claude Rey, 1696), p. 26. Ce faux satyrique
est Gacon, un disciple de Boileau.
2. *La Défense du poème héroïque* (Paris, 1674), p. 85.
3. *La Défense des beaux esprits de ce temps contre un satyrique* par
Lérac (Carel), Paris, 1675, p. 57.

Regnier, fixait quelques points importants de la vie du poète; des notes critiques, littéraires, grammaticales, historiques corrigeaient ou élucidaient le texte; mais ce que l'édition avait de plus nouveau, c'est qu'elle révélait au public quelques-uns des plagiats les plus caractérisés de celui qui passait pour n'en avoir pas commis un seul : ce fameux *Repas ridicule*, dont Pradon avait si fort exalté le naturel, Brossette prouvait qu'il était composé de deux pièces de Caporali fondues ensemble, *la Cour* et *le Pédant*; la *Satire* VI n'était qu'une réduction des *Capitoli* de Mauro au Prieur de Jésus; *le Mauvais gîte* était inspiré par Pétrone. Boileau était donc bien vengé, et Brossette triomphait : « J'ai recueilli avec soin *toutes* les imitations, disait-il dans sa *Préface*. Et il ne faut pas s'imaginer qu'elles soient en petit nombre : car, outre les fréquentes imitations des poètes latins, Regnier a pris des pièces presque entières des poètes italiens; et ces *larcins* qu'il a faits chez les étrangers ne sont connus presque de personne : en quoi les envieux de la gloire de M. Despréaux ont eu grand tort de lui opposer Regnier comme un poète qui ne devoit rien qu'à son génie et qui avoit tout trouvé dans son propre fonds. »

Brossette eut raison de défendre son ami. Qu'était-ce que les quarante vers empruntés par Boileau à Horace pour son *Art Poétique*, auprès des imitations que Brossette relevait chez l'auteur de *Macette*? Mais il eut doublement tort, en affirmant qu'il les avait « *toutes* recueillies » — peut-on avoir cette prétention quand on édite un poète de la Renaissance? — et en

s'attribuant l'honneur de découvertes dont il n'était
pas l'auteur.

Le 25 septembre 1623, Balzac écrivait à Conrart :
« Caporali n'instruit, ni ne délecte. Il ne guérit, ni ne
flatte les passions de ceux qui le lisent. Il n'a ni de
trésor caché, ni de pompe extérieure. Et néantmoins,
je vous apprends que tout chétif et tout misérable
qu'il est, il a été détroussé en France. Il n'a pu se
sauver de nos larrons : et voici de ses dépouilles que
je viens de découvrir *en bon lieu* :

> « Mon docteur de menestre t... »

Et Balzac, sans nommer d'ailleurs Regnier, citait à
Conrart une longue tirade du *Repas ridicule* et la rap-
prochait des vers de Caporali dont elle est traduite.
Imprimée en 1665, cette lettre passa inaperçue : s'ils
l'eussent connue, les amis de Boileau ne se seraient-ils
pas empressés de s'en faire une arme contre ses
envieux ?

Il y avait alors un homme qui lisait tout : c'était
Vadius. Son grand ennemi Baillet ayant fait un ridicule éloge de Caporali en se retranchant derrière
l'autorité de Rossi, Ménage, qui avait entrepris de
contredire point par point les allégations des *Jugemens
des Savans*, opposa au sentiment de Rossi celui de
Balzac. « Ce qu'il y a de constant, avait écrit Baillet
dans ses *Jugemens des Savans* (1685-1686), c'est que le
Caporali effaça le Berni, le Molsa et généralement tous

---

1. *Les œuvres de M. Balzac, divisées en deux tomes* (Paris, Louis Billaine,
1665), t. I, p. 198-199.

ceux qui jusqu'alors s'étoient exercés dans quelqu'une
des espèces du genre burlesque. C'est au moins le sentiment du Rossi. » — « Ce n'est pas celui de M. de
Balzac », réplique Ménage, dans son *Anti-Baillet* (1690),
et il cite textuellement la lettre à Conrart du 25 septembre 1623.

Cette lettre frappa le savant ami de Ménage, La
Monnoye, auquel Brossette doit, de son propre aveu,
plusieurs des meilleures notes de son édition. Il fit
quelques recherches sur les sources de Regnier, et
lorsqu'en 1725 — quatre ans avant l'édition de Brossette
— il publia à Amsterdam une édition nouvelle des
Jugemens des Savans, et de l'*Anti-Baillet*, enrichie d'un
précieux commentaire, à la page 84 du tome VII, il
inséra la note suivante : « Regnier étoit grand imitateur. Sa VIIIe *Satire* est une imitation de la XIe du
Ier livre d'Horace. Sa VIe est une copie des deux *Capitoli*
de Mauro *In disonor del'onore*; la description du Pédant
de la Xe *Satire* n'est qu'une traduction du *Pedante* de
Caporal. La pièce qu'il a intitulée *Impuissance* n'est
pas seulement, comme porte le titre, une imitation
d'Ovide, mais aussi de Pétrone [1]. » Quelles autres
sources que celles qui sont indiquées ici a signalées
Brossette? Une seule : la *Cour* de Caporali. Lui était-il
difficile d'en découvrir un plus grand nombre? Il lui
était impossible au contraire de ne pas en découvrir,
même s'il se fût borné à feuilleter après La Monnoye le

1. *Jugemens des Savans sur les ouvrages principaux des auteurs*, par Adrien
Baillet, revus par M. de La Monnoye, nouvelle édition augmentée de l'*Anti-
Baillet* de Ménage avec des *Observations* de M. de La Monnoye (Amsterdam,
1725), t. VII, p. 84.

recueil des poëtes bernesques, pour ne rien dire de
l'Arioste. C'est donc dans la note de son docte correspondant qu'il a puisé de seconde main toute cette érudition, qui a rendu son nom inséparable du nom du
satirique. Quand il qualifiait de « larcins » les imitations de son auteur, l'éditeur de Regnier pensait sans
doute que les emprunts des poëtes ne se mesuraient
pas à la même aune que ceux des commentateurs.

Que le XVIIIe siècle, fort peu soucieux des écrivains
archaïques, on le sait de reste, n'ait consacré à Regnier,
en dehors de l'édition de Brossette, aucune étude qui
vaille la peine d'être citée, il n'y a pas lieu d'en être
surpris. On est étonné, au contraire, que les érudits
du XIXe siècle aient à ce point négligé un poëte qui
semblait par tant de raisons s'imposer à leur attention : par son texte, d'abord, qui est encore aujour-
d'hui mal établi et par sa syntaxe, qui est souvent si
embrouillée, par sa vie, qui reste en beaucoup de points
si obscure et enfin par les emprunts qu'il a faits sans
le dire à tant d'écrivains français et étrangers — et du
nombre desquels on ne se doute pas.

Sa langue n'a intéressé personne autre que M. Antoine
Benoist, qui en a fait l'objet d'une substantielle notice
publiée dans les *Annales de la Faculté des Lettres de Bordeaux* en 1879 [1] : *Des anacoluthes et de la phrase poétique de Regnier*.

---

1. Pages 325-336. — La dissertation de Nordström : *Observations sur la
langue et la versification de Mathurin Regnier* (Lund, 1870), est un travail
d'écolier.

Moins heureux que Malherbe, il attend toujours son édition critique. La tâche de son éditeur sera, il est vrai, singulièrement facilitée par trois travaux : par l'édition de M. Courbet, qui a reproduit le texte de chaque *Satire* tel qu'il parut pour la première fois, avec son orthographe et sa ponctuation, a réuni toutes les variantes des éditions publiées du vivant de Regnier ou immédiatement après sa mort, et proposé deux ou trois excellentes corrections [1]; — par un article de M. Benoist, publié dans les *Annales de la Faculté des Lettres de Bordeaux* en 1879 [2] : *Notes sur le texte de Regnier*, qui améliore le texte du poète en nombre de passages rien qu'en changeant la disposition des alinéas; — enfin par deux opuscules de M. R. Dezeimeris, où il a été proposé au même texte des corrections plus nombreuses et plus importantes que dans toutes les éditions de Regnier réunies : *Leçons nouvelles et remarques sur le texte de divers auteurs* (Bordeaux, veuve Chaumas, 1876); *Corrections et remarques sur le texte de divers auteurs* (Bordeaux, Gounouilhou, 1880).

Presque tous ceux qui ont esquissé la biographie de Regnier se sont bornés, à l'exception de M. Courbet, à reproduire sans contrôle les assertions de Brossette, dont les unes, inspirées par la famille du satirique, sont de la plus rigoureuse exactitude, mais dont toutes les autres ne sont que les hypothèses en l'air d'un homme qui n'avait pas toujours une érudition de bon aloi. Le

1. *Œuvres complètes de Mathurin Regnier, accompagnées d'une notice* par E. Courbet, Paris, 1875, Lemerre.
2. P. 240-249.

seul M. Courbet, dans l'*Introduction* de son excellente
édition, s'est refusé avec raison à accepter la date,
jusqu'alors si arbitrairement fixée, des voyages du
poëte. Une notice de M. Lucien Merlet, antérieure à
cette édition, avait détruit l'affirmation toute gratuite
de Tallemant des Réaux sur la date du canonicat de
Regnier [1].

C'est aussi aux travaux de Brossette qu'en sont
restés tous ceux qui ont parlé des sources de Regnier,
sauf MM. Dezeimeris et Rathery. Celui-ci, qui n'a pas
étudié sérieusement la question, a lancé à tout hasard
cette conjecture que Macette pourrait bien être une des-
cendante des courtisanes de l'Arétin [2]. Celui-là, auquel
l'éditeur critique de Regnier devra tant de reconnais-
sance, a constaté avec surprise qu'une ou deux tirades
des *Satires* étaient traduites de Montaigne, et quelques
autres imitées de Ronsard. Sans poursuivre ses recherches dans cette voie, où il aurait pu faire de curieuses
découvertes, il a conclu que « pour éditer le grand
poëte chartrain il faudrait très bien connaître le grand
poëte vendômois [3] ».

Regnier a plus souvent inspiré les littérateurs que
les érudits de notre siècle. La plupart se sont contentés, soit de discuter ses idées littéraires, sans soup-

1. Cette notice a été réimprimée dans les *Notices sur les poëtes beaucerons antérieurs au XIX⁰ siècle* (Chartres, imprimerie Durand, 1894), t. I,
p. 1-18.

2. *Influence de l'Italie sur les lettres françaises depuis le XIII⁰ siècle
jusqu'à Louis XIV* (Paris, Didot, 1853), p. 125-126.

3. Dans les opuscules cités plus haut. — Aucun fait nouveau dans la
dissertation suivante : Nather, *Étude sur l'étendue de l'influence classique
dans la poésie de Mathurin Regnier*, Breslau, 1889.

çonner d'ailleurs l'étendue des emprunts que le défenseur de Ronsard avait faits aux poètes de la Pléiade, soit d'envisager dans l'auteur du *Repas ridicule* le peintre des mœurs et des caractères, sans contrôler par le témoignage de ses contemporains l'exactitude de sa peinture. Faites à ce double point de vue, et surtout au second, on lira toujours avec plaisir et profit les études de Robiou, Philarète Chasles, Garsonnet [1]. On n'essayera pas de refaire l'analyse si pénétrante que M. Lenient [2] a donnée de la treizième *Satire* : ni le caractère de l'héroïne ne pouvait être mieux compris, ni la conduite de la scène mieux justifiée [3].

Sainte-Beuve doit être mis à part. En divers endroits bien connus de son *Tableau de la poésie française au XVIe siècle*, il n'a pas seulement réussi mieux que personne, en réunissant les traits de mœurs épars dans les *Satires*, à faire revivre les grotesques qui servirent d'originaux à Regnier, mais il s'est montré curieux de

1. Robiou, *Essai sur l'histoire de la littérature et des mœurs pendant la première moitié du XVIIe siècle* (Paris, Douniol, 2 vol., 1858), t. I, p. 189-242; Philarète Chasles, *Études sur le XVIe siècle en France* (Paris, Amyot, 1848), p. 212-216; Garsonnet, *Mathurin Regnier*, étude publiée dans la *Revue européenne* du 15 juillet 1859 et reproduite dans les *Essais de critique et de littérature* de l'auteur (Paris, Thorin, 1877), p. 247-292. Je signale, en outre, deux études sans grand intérêt, l'une de M. Philibert Soupé *Sur les satires de Regnier*, dans le *Bulletin de l'Académie delphinale*, 2e série, t. I, 1856-1860, p. 27-42, l'autre de M. James de Rothschild : *Essai sur les satires de Mathurin Regnier*, Paris, 1863, Aubry; et quelques dissertations dénuées de valeur : Szczepkowski, *Essai critique et analytique sur Mathurin Regnier*, Rostock, 1875; Laps, *Analyse et critique des satires de Mathurin Regnier*, Königsberg, 1880; Pleines, *Untersuchungen über das Leben und die Satiren Mathurin Regniers*, Rostock, 1883; Stechert, *Mathurin Regnier und seine Satiren*, Magdeburg, 1887; Niemann, *Über Mathurin Regniers Leben und Satiren*, Berlin, 1888.
2. *La Satire en France au XVIe siècle.*

lui chercher des maîtres et des affinités[1]. Il n'y a pas toujours été très heureux : en affirmant que Regnier défendit Ronsard sans l'avoir lu, il ne pouvait se tromper plus étrangement; en le rapprochant de Chénier, il étonna plus d'un lecteur. En revanche, comme il rencontrait juste, lorsqu'il proclamait Regnier dans une page célèbre « le Montaigne de notre poésie[2] », bien qu'il ne se doutât pas qu'entre Regnier et Montaigne les ressemblances viennent souvent d'une imitation directe! Et comme il avait raison encore, lorsqu'il reconnaissait en Mathurin un lecteur assidu de maître François ! « L'illustre satirique Mathurin Regnier ne fit bien souvent qu'enclore dans la forme stricte de son vers la poésie surabondante de maître François, et, si l'on peut ainsi dire avec une justesse triviale, il *mit en bouteille* le vin du tonneau pantagruélique[3]. »

Malgré la valeur de ces travaux, on nous accordera sans doute qu'une nouvelle étude sur Regnier ne sera pas sans utilité. Il ne nous semble pas notamment que l'on ait encore définitivement fixé la place occupée par Regnier dans l'histoire de notre littérature. Nous n'avons certes pas l'intention d'infirmer les deux jugements célèbres de Boileau, dont l'un fait de Regnier l'ancêtre de tous nos grands peintres de mœurs et de caractères[4],

1. Dernière édition (1893), p. 133-140, 273, 313-326.
2. *Tableau de la poésie française au XVIe siècle*, p. 135.
3. *Id.*, p. 273.
4. « Le célèbre Regnier, c'est-à-dire le poète français qui, du consentement de tout le monde, a le mieux connu avant Molière les mœurs et le caractère des hommes.... » (*Cinquième réflexion sur Longin.*)

et dont l'autre fait de lui le premier en date de nos
poëtes classiques [1].

Mais qui dit œuvre de précurseur, dit habituellement
œuvre de transition. Or, entre quelles époques ou entre
quels auteurs Regnier a-t-il servi de lien? Est-ce entre
le moyen âge et le xvii⁰ siècle? entre Villon et La
Fontaine? entre Ronsard et Boileau? Voilà une question à laquelle, faute d'avoir suffisamment étudié les
prédécesseurs de Regnier dans la satire au xvi⁰ siècle
et les sources de son œuvre, on apporte des réponses
très différentes et souvent très erronées. Pour me
borner à un seul exemple, la plupart des critiques vous
diront avec Sainte-Beuve : « Regnier admira Ronsard
un peu sur parole; il estimait au contraire Marot,
Villon et nos vieux trouvères en toute connaissance de
cause. » La vérité est que Regnier, qui prenait ses
vers partout où il en trouvait de bons à emprunter, ne
doit rien à Marot; qu'il comprenait sans doute trop mal
la langue de Villon pour faire de ce poëte une lecture
assidue; qu'il n'a pas connu le moyen âge autrement
que par le *Roman de la Rose*, le *Pantagruel* de Rabelais,
les *Nouvelles* et les *Satires* italiennes; qu'il s'est au contraire nourri des œuvres de Ronsard et de Desportes,
répétant leurs mouvements, s'appropriant leurs
images, dérobant leurs rimes, leur volant des hémistiches et des vers entiers. On eût beaucoup étonné
Boileau en lui disant que, lorsqu'il se mettait à l'école

1.   De ces maîtres savants disciple ingénieux,
           Regnier seul parmi nous, formé sur leurs modèles,
           Dans son vieux style encore a des grâces nouvelles.

de Malherbe, il prenait en somme du Bellay pour maître ; encore moins ce bon Nicolas s'est-il douté qu'à travers Regnier il a plus d'une fois imité « l'orgueilleux poète trébuché de si haut ». Peut-être après avoir lu notre étude, acceptera-t-on cette conclusion : Regnier est l'un des plus importants de nos poètes de transition ; il est, en effet, avec Malherbe le principal anneau qui rattache l'école classique de Ronsard à l'école classique de Boileau ; il est le principal anneau qui, par l'intermédiaire de Rabelais, de l'Arétin, des nouvellistes et poètes italiens, mais seulement par cet intermédiaire, et non pas directement, rattache notre comédie classique à notre satire du moyen âge ; il est le principal anneau qui, soit directement, soit par ses disciples en style, les Théophile, les Faret, les Saint-Amant, ces véritables ancêtres du romantisme, rattache les Victor Hugo, les Alfred de Musset et les Théophile Gautier à Rabelais et aux poètes de la renaissance italienne. Parmi les précurseurs, en est-il beaucoup qui puissent se vanter d'avoir une descendance plus nombreuse et plus illustre ?

En même temps qu'elle essaiera de déterminer exactement la place occupée par l'œuvre de Regnier dans l'histoire de notre littérature, la présente étude en fera par cela même mieux comprendre la valeur intrinsèque et les lacunes. Les idées morales de Regnier ne comptent pas ; tout le monde est d'accord là-dessus : ne sera-t-on pas moins tenté de s'en étonner, lorsqu'on aura constaté qu'au lieu de puiser sa philosophie dans son expérience — qui n'a pas sa petite

expérience, et partant sa philosophie? — il l'a tirée
presque tout entière des livres, et de quels livres bien
souvent! Ses comédies de mœurs sont aussi succu-
lentes qu'elles sont courtes : est-ce qu'on n'aura pas
une raison de plus, de les admirer, quand on en aura
contrôlé avec nous la vérité à l'aide de quelques documents contemporains? On ne lit plus ni ses *Discours*, ni
ses *Élégies* : ne sera-t-on pas parfaitement édifié sur
les causes de la caducité de ces pièces, quand on aura
vu que, si la versification en est souvent originale,
elles ne sont guère autre chose cependant que du Ronsard un peu rajeuni ou du Desportes un peu moins
lâche? Enfin par un court examen de sa langue et de
sa versification, on achèvera sans doute de comprendre
par où il est à la fois excellent et incomplet.

MATHURIN REGNIER

CHAPITRE PREMIER

VIE ET CARACTÈRE DE REGNIER

La légende n'a pas beaucoup plus épargné le chanoine de Chartres que le curé de Meudon. Elle le fait naître dans un tripot, vivre dans les mauvais lieux, devenir chanoine par une supercherie burlesque, mourir pour avoir trop bu de vin d'Espagne en compagnie d'un charlatan qui l'avait guéri d'un mal honteux. Or, le tripot de Jacques Regnier fut un simple jeu de paume, comme chaque honnête homme est libre d'en avoir un dans son jardin ; l'anecdote du vin d'Espagne n'est contée que par Tallemant des Réaux, dont toutes les autres assertions relatives à Regnier ont été reconnues fausses ou inexactes ; notre poëte n'eut aucun besoin, pour obtenir son canonicat, d'installer une bûche dans le lit de son prédécesseur, préalablement enterré de nuit ; enfin, je soupçonne que cet homme mélancolique, plus débauché dans ses vers que dans sa conduite, vécut moins souvent dans la compagnie de Macette que dans celle de Pétrone et de l'Arétin. Comme il valut mieux sans doute que sa réputation, quoique certainement il valût peu, on doit regretter pour son honneur que

sa vie ne puisse être bien connue. Il importe moins à
l'intelligence de ses *Satires* que cette vie soit condamnée à
demeurer obscure : à peu près tout ce qu'il nous est utile
de savoir sur son caractère pour expliquer son œuvre, ou
il nous l'a dit lui-même, ou on le devine aisément en
lisant entre les lignes du petit livre qu'il nous a laissé.

Il naquit à Chartres le 21 décembre 1573[1]. Son dernier biographe a fait justice de la légende qui lui donnait
comme berceau une maison de jeu mal famée[2]. Son père,
Jacques Regnier, qui fut échevin de Chartres en 1595,
appartenait à l'une des familles les plus notables de la
ville. Sa mère, Simone Desportes, était la sœur du poète
Desportes, secrétaire de Henri III, chanoine de la Sainte-
Chapelle, abbé de Tiron, des Vaux de Cernay, de Josaphat
et de Bon-Port. On ne sait comment fut élevé le jeune
Mathurin. D'après sa douzième *Satire*, son père, en lui
apprenant la sagesse « aux dépens d'autrui », aurait éveillé
sa vocation satirique :

> Or, amy, ce n'est point une humeur de médire
> Qui m'ayt fait rechercher ceste façon d'écrire ;
> Mais mon Pere m'aprist que des enseignemens
> Les humains aprentifs formoient leurs jugemens,
> Que l'exemple d'autruy doibt rendre l'homme sage,
> Et, guettant à propos les fautes au passage,
> Me disoit : « Considere où cest homme est reduict
> Par son ambition....
> Ces jours, le bien de Jean par decret fut vendu ;
> Claude ayme sa voisine et tout son bien lui donne ».
> Ainsi, me mettant l'œil sur chacune personne
> Qui valoit quelque chose ou qui ne valoit rien,
> M'aprenoit doucement et le mal et le bien,
> Affin que fuyant l'un l'autre je recherchasse
> Et qu'aux despens d'autruy sage je m'enseignasse[3].

1. Dans ce chapitre, je ne renverrai pas aux sources quand j'avancerai
un fait déjà établi par les précédents biographes de Regnier, notamment par
M. Courbet.

2. Courbet, éd. de Regnier (Lemerre, 1875), *Introduction*, p. XVI-XIX.

3. *Satire* XII, vers 73-90, éd. Courbet, p. 102.

D'après une autre *Satire*, ce père, judicieux mais prosaïque, aurait essayé d'étouffer le génie précoce du futur poète. « Badin, lui disait-il,

> La Muse est inutile, et si ton oncle a sçeu
> S'avancer par cet'art tu t'y verras deçeu...
> Un mesme Astre tousjours n'eclaire en ceste terre :
> Mars tout ardant de feu nous menace de guerre ;
> Tout le monde fremit, et ces grands mouvemens
> Couvent en leurs fureurs de piteux changemens.
> Laisse donc ce métier, et sage prens le soing
> De t'acquerir un art qui te serve au besoing [1]. »

De ces deux passages, celui-là est presque traduit d'Horace ; celui-ci est imité d'une épître de Ronsard à Pierre L'Escot ; ni l'un ni l'autre ne mérite donc beaucoup de créance. Ce qui est vraisemblable, c'est qu'ébloui par la fortune rapide de son beau-frère, Jacques Regnier rêva pour son fils la bonne table, les dix mille écus de revenu, la gloire littéraire du mieux renté des beaux esprits, et qu'en bon oncle le favori du roi se chargea de l'enfant et conseilla de le faire entrer dans les ordres. Mathurin fut tonsuré le 31 mars 1582. Tout jeune encore, il fut attaché à la personne d'un puissant prélat et partit pour l'Italie, comme il l'a raconté lui-même :

> C'est donc pourquoy si jeune abandonnant la France
> J'allay vif de courage et tout chaud d'esperance
> En la cour d'un Prelat, qu'avecq' mille dangers
> J'ay suivi courtisan aux païs estrangers.
> J'ay changé mon humeur, alteré ma nature ;
> J'ay beu chaud, mangé froid, j'ay couché sur la dure ;
> Je l'ay sans le quitter à toute heure suivy ;
> Donnant ma liberté je me suis asservy,
> En publiq', à l'Eglise, à la chambre, à la table [2].

Brossette a supposé que ce prélat était le cardinal de Joyeuse. Un texte découvert par M. Courbet confirmerait

---

1. *Satire* IV, vers 65-84, éd. Courbet, p. 32.
2. *Satire* II, vers 59-67, éd. Courbet, p. 16.

cette hypothèse si elle avait besoin d'être confirmée[1]. Parmi les prélats de cette époque, il n'en est qu'un auquel ait pu s'appliquer le titre de « prince[2] », dont la suite ait pu être qualifiée de « cour », qui ait fait d'ailleurs les multiples voyages signalés par Regnier ; et c'est justement celui que la commune faveur de Henri III avait dû nécessairement rapprocher de Desportes et qui échangea avec l'oncle de Regnier l'abbaye d'Aurillac contre celle des Vaux de Cernay : le cardinal François de Joyeuse, frère cadet du fameux duc de Joyeuse, beau-frère du roi. Brossette aurait pu ajouter, à l'appui de sa conjecture, qu'elle explique, comme nous le verrons, l'origine des relations de Regnier avec le comte de Caramain.

Né le 24 juin 1562, nommé avec dispense d'âge archevêque de Narbonne, François de Joyeuse fit le voyage de Rome en 1583, avec le duc son frère, pour demander le chapeau rouge à Grégoire XIII ; il l'obtint et, deux ans après, il retourna à Rome le recevoir des mains de Sixte-Quint. C'est en 1583, d'après Brossette — simple hypothèse de sa part, — que Regnier, *âgé de vingt ans*, aurait été attaché à la personne du prélat. Regnier n'avait alors que dix ans. L'erreur étant manifeste, les biographes du poète, jusqu'à M. Courbet, se sont contentés de convertir en 9 le 8 de Brossette sans aucune preuve à l'appui et ont fixé le départ de Mathurin à l'année 1593. Hypothèse pour hypothèse, il faut adopter celle de M. Courbet ; c'est la plus vraisemblable, ou plutôt c'est la seule qui concorde avec les faits avancés par le poète : Regnier entra au service du cardinal de Joyeuse en 1587, quand celui-ci fut obligé de s'entourer d'une « cour ».

Le 16 février 1587, le cardinal de Joyeuse avait été

---

1. C'est une lettre du cardinal du Perron au cardinal de Joyeuse, datée du 9 novembre 1602. Malade, du Perron a reçu la visite du sieur Regnier et l'a chargé de ses excuses pour Joyeuse. Courbet, *Introduction*, p. xxiv.
2. *Satire* III, vers 163.

nommé protecteur des affaires du roi en cour de Rome à
la place du cardinal d'Este, décédé [1]. Il n'avait pas vingt ans,
quand il avait été pourvu d'un archevêché; il n'en avait
pas plus de vingt et un, quand il avait été créé cardinal;
il en avait vingt-cinq, quand il fut élevé à ces hautes
fonctions de protecteur, habituellement réservées aux
neveux des papes ou aux membres des familles ducales de
l'Italie. Il comprit que le Sacré Collège les verrait avec
déplaisir confiées à un Français, à un simple gentilhomme,
à un si jeune prélat. Il se dit, non sans raison, que pour
s'imposer aux Romains il fallait avant tout les éblouir, et
se composa une cour princière. Il n'y fit entrer, nous dit
un de ses biographes les mieux renseignés, que des personnes recommandables « par la noblesse et grandeur de
leur maison ou par l'éminence de leur piété et suffisance,
evesques, abbez, seigneurs de marque, docteurs en théologie, gens consommez en sçavoir et expérience des choses
appartenantes à l'Eglise et à l'Estat [2] ». Sa maison consti-
tuée, sans se douter que le fils d'un bourgeois de Chartres en serait un jour le membre le plus illustre, il alla
prendre possession personnelle de son archevêché [3], visita
ses père et mère, salua au nom du roi les ducs de Savoie

1. Le cardinal d'Este mourut le 31 décembre 1586. Les lettres patentes
par lesquelles Henri III donne la protection à Joyeuse sont datées du
16 février 1587. On en trouvera le texte à la page 97 des *Mémoires en forme
de preuve pour l'Histoire du cardinal*, imprimés à la suite de l'*Histoire du
cardinal duc de Joyeuse* par le sieur Aubery, Paris, 1654, Robert Denain.

2. *Oraison funèbre de Mgr le cardinal duc de Joyeuse* (Paris, 1616, Cra-
moisy), p. 37. Dans la dédicace au duc de Guyse, signée I. de Montereul,
l'auteur dit qu'il a servi le cardinal pendant l'espace de vingt-cinq ans.

3. Il fit l'office pour la première fois dans le chœur de Saint-Just de
Narbonne, le 11 juin 1587 : *Histoire des archevêques de Narbonne* par Guillaume Lafont, t. III, p. 87. Cette histoire, qui est du xviii° siècle, est manu-
scrite. Elle m'a été obligeamment communiquée à Narbonne par M. Lafont,
parent de l'historien. L'auteur renvoie constamment à ses sources. Le
chapitre relatif à Joyeuse est fait d'après Aubery, sauf quand il s'agit
d'actes intéressant l'archevêché de Narbonne : Lafont cite alors des pièces
de l'archevêché, en grande partie perdues aujourd'hui. Pour faire l'histoire du diocèse de Narbonne, ce travail serait à consulter.

et de Ferrare, accomplit le pèlerinage de Lorette[1], fit à Rome une entrée triomphale et eut des appartements plus beaux que ceux du pape lui-même[2]. Après avoir étonné ses collègues par son luxe, il conquit leur sympathie par sa haute intelligence, sa présence d'esprit et sa belle humeur. Il n'était pas à Rome depuis six mois qu'il était devenu le porte-parole du Sacré Collège. Tandis que tous les vieux prélats italiens courbaient passivement la tête devant l'irascible Sixte-Quint, ce jeune Français opposait aux emportements du pape le plus imperturbable sang-froid et finissait toujours par se faire écouter[3]. Des vertus dignes de son rang achevèrent de créer au nouveau protecteur une situation prépondérante à la cour pontificale. Tous ses biographes parlent de sa continence, de sa douceur, de sa modération, de sa piété[4]. Et voici qui vaut mieux que des paroles de panégyristes : parmi les pièces concernant l'épiscopat de Joyeuse à Toulouse, conservées aux archives de la Haute-Garonne, beaucoup attestent qu'il percevait avec une parfaite exactitude les revenus de ses innombrables bénéfices[5] et ne reculait pas devant les procès ; mais un grand nombre prouvent qu'il visitait lui-même les plus humbles paroisses de son diocèse, s'enquérant de l'état de l'église et de la moralité des habitants. Si l'on songe que le premier secrétaire du protecteur était le futur cardinal d'Ossat et que l'ambassadeur était le marquis de Pisani, père de la marquise de Rambouillet, le plus honnête homme sans contredit de la

1. *Harangue funèbre consacrée à l'heureuse mémoire de l'Illme cardinal de Joyeuse* par Hiérosme de Bénévent, conseiller du Roy et trésorier général de France en Berry, Paris, 1616, Mesnier.

2. « Ce fut comme un triomphe, tant il se trouva bien accompagné et magnifiquement suivy. » Montereul, *op. laud.*, p. 42 ; d'Ossat, *Lettre* à Villeroy du 23 mars 1592.

3. Voyez dans Hübner, *Sixte-Quint* (Paris, 1882, Hachette), t. I, p. 199, 202, avec quelle intrépidité il défendit le roi après le meurtre des Guise.

4. Montereul et Bénévent, *op. laud.*

5. Il resta jusqu'à la fin de sa vie réservataire des fruits de l'archevêché de Narbonne.

cour de Henri III, on conviendra sans doute que jamais prince ne fut représenté par de plus braves gens et de meilleurs diplomates que ce triste roi.

Un biographe de Regnier croirait manquer à tous ses devoirs, si, après avoir comparé le chanoine de Chartres au curé de Meudon, il n'établissait pas entre le secrétaire du cardinal de Joyeuse et le secrétaire du cardinal du Bellay un autre piquant parallèle commençant par ces mots : « Les choses n'avaient pas beaucoup changé à Rome depuis que du Bellay y prenait soin du ménage, se délassait de ses prosaïques fonctions dans l'aimable compagnie de la Marthe et de la Victoire, ou contemplait d'un œil moqueur les cardinaux promenant dans leurs carrosses les dames de l'aristocratie romaine. »

Je ne nie pas qu'une certaine communauté de goûts, plus encore que l'analogie de leurs destinées, rende presque inséparables les noms des deux poètes. Si du Bellay était plus fin, plus délicat, plus artiste, plus accessible aux sentiments élevés, plus capable de comprendre la majesté des ruines romaines, bien qu'il s'en soit moqué plus d'une fois; s'il avait plus de fierté dans l'âme; s'il souffrit davantage dans sa dignité d'homme d'être asservi à des occupations assez souvent voisines de la domesticité; s'il souffrit davantage dans sa dignité de poète d'être obligé de sacrifier la muse aux soins du ménage : n'avaient-ils pas tous les deux le même amour du naturel, le même don de saisir les ridicules au passage et, dans leur malice, la même bonté d'âme?

> Bizet, j'aymerois mieux faire un bœuf d'un formy
> Ou faire d'une mousche un Indique éléphant
> Que le renom d'autruy par mes vers estoufant,
> Me faire contre aucun le publiq ennemy.
> Souvent pour un bon mot on perd un bon amy [1].

[1]. *Regrets*, Sonnet CXLIII.

Ces vers sont de du Bellay. Ne pourraient-ils pas être du
poète

*A qui le nom de bon alloit-on reprochant,
D'autant qu'il n'avoit pas l'esprit d'estre meschant?*

Mais, parce qu'une assez étroite parenté de génie associe
leur mémoire dans notre souvenir, parce qu'ils furent l'un
et l'autre exilés dans la même ville étrangère auprès d'un
cardinal plus diplomate qu'homme de lettres, parce qu'ayant
conçu tous deux de grandes espérances ils éprouvèrent de
profondes déceptions, faut-il nous croire autorisés à compléter les lacunes de l'autobiographie de l'un par celle de
l'autre? Ce serait nous exposer à avoir l'idée la plus
inexacte de la situation de Regnier, comme des spectacles
qui s'offrirent à ses regards.

De poète qu'il était, transformé en intendant par son
cousin, du Bellay fut du moins l'un des personnages les
plus importants de l'ambassade après l'ambassadeur.
Regnier, qui mangeait au tinel, c'est-à-dire à la salle à
manger des domestiques et officiers inférieurs [1], qui suivait
son cardinal à toute heure, à la chambre, à la chapelle, à
la table [2], fut probablement une manière de valet de chambre
ou de secrétaire infime. Il ne venait qu'en troisième ordre,
écrit M. Courbet, après d'Ossat, premier secrétaire et le
sieur de Montereul, attaché laïc [3]. Qui sait s'il venait
même au vingtième rang? Ce Montereul, qui resta vingt-
cinq ans attaché au service du prélat, nous a nommé
quelques-uns des membres de cette cour ecclésiastique.
Nous en connaissons par ailleurs quelques autres. Pour
comprendre quel rôle effacé pouvait jouer à côté d'eux un
adolescent de quinze à vingt ans, il suffit de citer : le futur
cardinal d'Ossat, premier secrétaire; Génébrard, docteur

1. *Satire* VI, vers 248, éd. Courbet, p. 51.
2. *Satire* II, vers 67, éd. Courbet, p. 16.
3. *Introduction*, p. XXIX.

en théologie, depuis archevêque d'Aix, qui était, d'après
Montereul, une source de science inépuisable; le sieur de
Bonnaud, déjà nommé à l'évêché de Mirepoix, « savant
homme et grand prédicateur »; Guijon, docteur en théologie, ancien précepteur du cardinal; un médecin, M. Mer-
cier, homme de confiance, puisque de Gênes on l'envoie
à Rome chargé d'une mission auprès du pape ; les sieurs
de Orsan et de Concoules recommandés par Joyeuse à
sa nièce de Guise dans son testament [1]. Décrire d'après le
célèbre *Sonnet* de du Bellay sur sa vie à Rome les occupations qui échurent à Regnier, c'est se faire, je crois, une
complète illusion sur la situation de notre poète auprès
de son cardinal.

Encore moins faut-il chercher dans les *Sonnets* sur la
Marthe et la Victoire ou sur les galants cardinaux de 1550
une idée des comédies qui se jouèrent devant le jeune
satirique. Entre le départ de l'un des deux poètes et l'arrivée de l'autre, ce n'étaient pas seulement les acteurs qui
avaient changé sur le vaste théâtre romain, c'était surtout
le spectacle; car dans l'intervalle la cour pontificale fut sou-
mise à la rude discipline réclamée par le concile de Trente,
et jamais vieille pécheresse n'expia plus sévèrement ses
péchés que la Rome païenne de la Renaissance pendant les
gouvernements successifs du cardinal Borromée et du pape
Pie V. Pour diminuer la clientèle de la Marthe et de la
Victoire, Pie V les parqua comme les Juifs dans les
quartiers excentriques; pour leur enlever leur principal
attrait, il les obligea à couper leurs cheveux, ces blonds
cheveux qui du temps de l'Arétin étaient l'orgueil des
dames de la corporation; pour punir leurs révoltes contre
ces terribles règlements, il les contraignit plus d'une fois à
verser dans les caisses publiques le fruit de leurs petites

---

1. Montereul, *op. laud.*, p. 37-39; *Lettre* de d'Ossat à Villeroy du
16 février 1596; *Adieu et derniers propos de Mgr le cardinal de Joyeuse
envoyez à M. et à Mme de Guise*, Paris, 1615.

économies ou bien à offrir leur beau corps nu au fouet du
bourreau [1]. Sous le gouvernement de Pie IV et du cardinal
Borromée, on ne vit plus, au témoignage d'un ambassadeur
de Venise, un seul cardinal « ni parcourir les rues de
Rome en voiture en compagnie de dames, ni prendre part
aux divertissements publics »; c'était à peine si les hauts
prélats sortaient seuls et en carrosses fermés; banquets,
jeux, chasses disparurent et la Ville Éternelle « ressembla
à un honnête monastère ». Grégoire XIII et Sixte V furent
sans doute beaucoup moins sévères. Cependant, au dire
d'un autre ambassadeur de la Sérénissime République, l'on
continua de mener dans l'entourage du pape une vie
« réglée et chrétienne ». « L'ancienne licence » se réfugia
dans les petits cénacles [2]. L'ancienne culture l'y suivit. On
rencontrait encore des savants chez le cardinal Borromée.
Chez le cardinal de Joyeuse, Regnier ne coudoya que des
politiques et des théologiens. Génébrard, Bonnand, d'Ossat,
Guijon et autres personnages doctes et pies conféraient
tous les jours avec le protecteur, au témoignage de Montereul, sur des propos aussi édifiants que peu divertissants.
Du Bellay avait assisté aux dernières manifestations de
l'esprit païen de la Renaissance. Regnier vécut dans la
Rome vertueuse et triste du moyen âge.

Il n'y séjourna d'ailleurs jamais très longtemps. S'il est
vrai qu'il ait suivi son maître à toute heure pendant plus
de dix ans — et rien ne nous autorise à douter de sa
parole, — voici par quels pays il a raison de dire qu'on le
fit « courir [3] ». A la nouvelle de l'assassinat des Guise, les
représentants de la France ayant reçu l'ordre de quitter les
États Pontificaux, Joyeuse demanda un refuge à notre amie

<hr>

1. Voir Rodocanachi, *Courtisanes et bouffons, études sur la société italienne du XVIe siècle.* Paris, 1895.
2. Textes cités par Hübner dans son *Sixte-Quint* (Paris, 1882, Hachette),
t. I, p. 76-79.
3. *Satire* III, vers 2.

traditionnelle la Sérénissime République. Il rencontra à
Venise le président de Thou, ami et protégé des Joyeuse
et de Desportes : bonne fortune pour le maître, qui passa
presque toutes ses journées avec le docte historien [1]; non
moins bonne fortune pour le secrétaire, qui noua les liens
d'une solide amitié avec le jeune compagnon de voyage du
président, Nicolas Rapin [2]. A la mort de Henri III, Joyeuse
rentre à Rome, obtient de Sixte-Quint la permission d'aller
prendre possession de l'archevêché de Toulouse, dont le roi
défunt l'avait pourvu, arrive à Toulouse au commencement de l'année 1590 et y passe plus d'un an [3]. Le 9 juillet 1591, d'Ossat, écrivant à la reine Louise, signale la présence du cardinal à Notre-Dame de Montferrat, près de Barcelone : Joyeuse y attend le duc de Savoie, qui revient de
la cour d'Espagne, pour passer en Italie sur les galères du
prince. En effet, il est à Gênes le 10 juillet, à Rome le
26 août [4]. Il en est déjà loin, sans avoir cependant quitté
l'Italie, le 15 octobre 1591, quand meurt Grégoire XIV,
deuxième successeur de Sixte-Quint. Apprenant presque
en même temps l'élévation, puis la mort d'Innocent IX,
survenue le 29 décembre 1591, il rebrousse chemin, assiste,
le 30 janvier 1592, à la création de Clément VIII et rentre
immédiatement à Toulouse [5]. Nouveau et assez long séjour
dans son diocèse, fécond pour lui en événements : par la
mort de son frère Antoine Scipion, la famille de Joyeuse ne
se trouve plus représentée que par un cardinal et un
capucin; le parlement de Toulouse offre au premier le gou-

1. Aubery, *op. laud.*, p. 28. De Thou, *Mémoires*, Collection Petitot, t. XXXVII,
p. 132. A la p. 367 desdits *Mémoires*, de Thou conte qu'il fut nommé
président par l'intermédiaire de Philippe Desportes, « dont on sait le
crédit auprès du duc de Joyeuse, qui pour ces sortes d'emplois est tout
puissant auprès de Sa Majesté ».
2. A Coire, Rapin, « jeune homme plein de courage », sauva la vie à de
Thou; *Mémoires*, p. 441.
3. Lafont, *op. laud.*, p. 50; Aubery, *op. laud.*, p. 28.
4. *Lettre* de d'Ossat à la reine Louise du 6 août 1591.
5. Lafont, *op. laud.*, p. 95-96; Bénévent, *op. laud.*

vernement du Languedoc; le cardinal accepte cette charge; mais, comme il refuse de commander les armées, il obtient du pape que son frère soit transféré de l'ordre de Saint-François dans celui de Malte. Il fit à cette occasion un voyage en Italie au début de l'année 1594[1]. Ce voyage fut court, puisque à la fin de l'année il était de nouveau dans son diocèse. Le 8 janvier 1595, d'Ossat signale sa présence à Gênes, le 14 avril, son arrivée à Rome[2]. Peu de temps après, d'Ossat et du Perron négocient officiellement avec Clément VIII l'absolution de Henri IV. Joyeuse, qui avait longtemps tenu pour la Ligue, plaide chaleureusement auprès du pape la cause du roi, applaudit au succès des négociateurs, fait chanter un *Te Deum* à Saint-Louis en leur présence, dresse sur la porte de son palais les armes de France, allume des feux de joie, et, après avoir donné ces marques éclatantes du désir qu'il a de conserver la protection des affaires de France, il s'embarque pour porter au roi l'hommage de sa fidélité. Il quitte Rome, le 2 janvier 1596, va trouver Henri IV au siège de La Fère[3], et, comme l'indiquent les derniers vers de la *Satire* II de Regnier, accorde un congé à son jeune secrétaire. Depuis plus de neuf ans Mathurin n'avait probablement pas revu la vieille France; il avait fait quatre fois le voyage de France en Italie; il avait séjourné à Rome, à Venise, en Toscane, à Gênes, en Piémont, à Toulouse et à Barcelone : rappelons-nous qu'à cette date les ports étaient ravagés par la peste, la Méditerranée écumée par les corsaires, le Languedoc désolé par la guerre civile, la campagne romaine infestée par les brigands, et nous conviendrons que le jeune poète n'exagérait rien en parlant des « mille dangers » auxquels l'exposa un maître d'humeur si voyageuse.

1. Aubery, p. 35, cite une lettre du cardinal écrite à Rome et datée du 15 février 1594.

2. *Lettres* à Villeroy du 8 janvier et du 14 avril 1595.

3. D'Ossat, *Lettres* à Villeroy du 22 octobre et du 31 octobre 1595, du 16 et du 17 janvier 1596; Lafont, *op. laud.*, p. 99.

Rentré en France au commencement de 1596, le cardinal de Joyeuse ne repartit pour l'Italie qu'en octobre 1598. C'est dans cet intervalle que fut écrite la *Satire* II de Regnier. Dans la *Satire* à Fréminet, qui sert d'épilogue à son édition de 1608, le poète nous dit formellement qu'il « s'expose » alors « au vulgaire », c'est-à-dire qu'il fait imprimer ses *Satires*, pour la première fois. Un passage de la deuxième *Satire* semble indiquer que celle-ci avait déjà paru sans nom d'auteur :

> Ignorez donc l'auteur de ces vers incertains....
> Ce n'est pas que je croye en ces tans effrontez
> Que mes vers soient sans père et ne soient adoptez,
> Et que ces rimasseurs, pour faindre une abondance,
> N'approuvent impuissans une fauce semance, etc. [1]

Elle ne figure dans aucun recueil de cette époque. Si elle fut imprimée, Regnier en fit une plaquette, dont nous n'avons trouvé aucune trace. Elle est dédiée au comte de Caramain. Pour se rapprocher des terres de sa femme, Jeanne de Foix, et de son gouvernement de Foix, Adrien de Montluc, comte de Caramain, petit-fils du maréchal, s'était fixé à Toulouse, et, comme il se piquait de littérature, il y avait formé un petit cénacle de beaux esprits, dont le poète languedocien Goudelin fut plus tard le plus bel ornement. Difficilement explicables à cette date, si l'on cherche à Regnier un autre maître que l'archevêque de Toulouse, les relations du poète avec le comte de Caramain deviennent dans cette hypothèse extrêmement naturelles. C'est peut-être aussi à Toulouse qu'il vit pour la première fois François de Beccaria de Pavie de Rover, baron de Fourquevaux, à qui est dédiée une *Satire*. Ce personnage était le fils de Raymond de Beccaria, ambassadeur de France auprès de Philippe II, qui eut des relations suivies avec les Joyeuse.

---

1. *Satire* II, vers 21-28, éd. Courbet, p. 15.

Aux termes de cette *Satire* II, Regnier ne paraît pas avoir regretté ses voyages en Italie. Il a bu chaud, mangé froid, couché sur la dure ; il a donné sa liberté, reconnu

> Que la fidelité n'est pas grand revenu,

et, de dix ans déjà passés, ne rapporte pas d'autre récompense,

> Sinon que sans regret *il les a* despensez ;

mais il compte sur « l'âme royale » de son maître et il a une aveugle confiance en la Fortune, cette femme capricieuse,

> Qui sans chois s'abandonne au plus laid qu'elle trouve,
> Qui relève un pedant, de nouveau baptisé,
> Et qui par ses larcins se rend authorisé [1].

L'allusion est transparente : n'est-il pas étrange qu'avant M. Tricotel personne ne l'ait entendue [2] ? Pendant le dernier voyage de Regnier à Rome, en 1596 justement, la Fortune ou plutôt une rare adresse venait de « relever » un homme, que n'avait pas cependant désigné à la recommandation du roi et du pape une fidélité de la première heure : fils de ministre, on disait qu'il s'était converti par ambition ; et avant de se rallier au Béarnais il avait comploté avec Desportes et le cardinal de Bourbon la formation de je ne sais quel « tiers parti ». Huguenot converti, et par conséquent ayant reçu deux fois le baptème ; nullement docte, au témoignage de ses contemporains, mais devant sa réputation de théologien aux « larcins » qu'il faisait à saint Thomas ; qualifié de « pédant » par de Thou, par Scaliger et par Guy Patin ; auteur d'un livre *sur le Pesant*

---

1. *Satire* II, vers 84-86, éd. Courbet, p. 16.
2. Voir éd. Courbet, p. 278, note de la p. 241 ; et p. 259, note du vers 31 de la p. 16.

et le Leyer, sur lequel nous avons une épigramme attri-
buée à Regnier; aimant à entretenir les femmes du flux
et du reflux de la mer, de l'être métaphysique et du
principe de l'individuation, Jacques Davi du Perron[1],
pourvu en 1596 par le pape de l'évêché d'Evreux, est évidemment le personnage auquel Regnier donne ici en passant une atteinte assez légère. Je crois qu'il revint à la
charge. Dans une de ses dernières *Satires*, où il attaque,
sous des pseudonymes, quelques contemporains, un Jan
qui vend la justice,

> Un Lopet qui partis dessus partis propose,

c'est-à-dire Paulet, l'inventeur de la Paulette, il adresse
un sanglant reproche à un hypocrite :

> Je t'excuse, Pierrot; de mesme excuse moy :
> Ton vice est de n'avoir ny Dieu, ny foy, ny loy :
> Tu couvres tes plaisirs avec l'hypocrisie[2].

Or, c'est là précisément le reproche que d'Aubigné, Guy
Patin et d'autres adressent le plus souvent à du Perron[3].
J'hésiterais d'autant moins à reconnaitre le pédant de la
Satire II dans l'hypocrite de la *Satire* XV, que, s'il suffit

1. Voir Regnier, éd. Courbet, p. 241; *Thuana*, p. 48 de l'édition de 1740;
Secunda Scaligerana : « Ce cardinal d'Evreux a une grande ambition; il
n'est pas docte; il plaist aux dames. Lorsque j'estois à Paris, du Perron
estoit mon ombre, il me suivoit toujours lorsque j'allois chez les femmes :
il ne le niera pas. Il a lu estant jeune son Thomas; mais cela s'oublie
si l'on n'a point d'autre fondement »; Guy Patin, *Lettres*, éd. Réveillé-
Parise (Paris, 1844), t. III, p. 77 : « Tout cela est bon à la cour, parmi les
courtisans et les femmes, comme disoit J. Scaliger du cardinal du Perron,
qui, pour y paroître savant, entretenoit les dames du flux et du reflux de
la mer, de l'être métaphysique et du principe d'individuation »; *id.*, p. 345 :
« J. Scaliger a nommé quelque part un certain glorieux pédant, qui par
plusieurs artifices avoit trouvé le moyen de changer la couleur noire de
son bonnet en rouge, le charlatan de la cour de France. C'étoit le cardinal
du Perron qu'il entendoit ».
2. *Satire* XV, vers 139-141, éd. Courbet, p. 124.
3. Voir, par exemple, Guy Patin, *Lettres*, éd. citée, t. I, p. 493 : « Le
cardinal du Perron était un grand fourbe »; t. III, p. 345 : « Il a jadis été
un terrible compagnon ».

d'intervertir quelques lettres pour changer Paulet en
Lopet, il n'y a pas loin non plus de Perron à Pierre, ni
par conséquent à Pierrot.

Le début de la troisième *Satire*, adressée au marquis de
Cœuvres, atteste que Regnier finit par se lasser de suivre
son infatigable maître :

> Marquis, que doy-je faire en ceste incertitude?
> Doy-je las de courir me remettre à l'estude?...
> Ou si, continuant à courtiser mon maistre,
> Je me doy jusqu'au bout d'esperance repaistre.

Cette *Satire* fut évidemment composée à l'annonce d'un
nouveau départ pour l'Italie. Comme le cardinal de Joyeuse
y séjourna du mois d'octobre 1598 au mois d'août 1599,
du mois d'août 1603 au mois de mai 1604 [1], du mois de
novembre 1604 au mois de mai 1605 [2], et qu'en outre il
projeta à la fin de 1601 un voyage qui n'eut pas lieu [3], il
est difficile de savoir si la *Satire* de Regnier est de 1598,
de 1601 ou de 1603. J'incline à croire qu'elle est de 1598.
Le poëte fait, en effet, allusion, dans cette *Satire*, au « sort
cuisant » qui empêche son maître de le récompenser par

1. Il se rendit alors à Rome en passant par Vienne en Autriche et par
Venise (Aubery, *op. laud.*, p. 49).

2. Il est à Gênes le 31 octobre 1598, à Rome le 13 février 1599; il en
repart le 25 août 1599 (*Lettres* de d'Ossat à Villeroy du 31 octobre 1598, du
17 février 1599, du 25 août 1599). Il arrive à Rome le 31 octobre 1603 (*Lettre* de
d'Ossat à Villeroy du 20 octobre), en France après le mois de mai 1604
(Berger de Xivrey, *Lettres missives* de Henri IV, t. V, p. 249). Il est à Rome
le 29 novembre 1604 (*Lettres* de Henri IV, t. V, p. 335); il en part en
mai 1605 (Aubery, p. 107).

3. A la fin de 1601, le roi, prévoyant la mort de Clément VIII, ordonna
à Joyeuse de partir pour Rome. Le 20 septembre 1601, le cardinal écrit de
Narbonne au duc de Montmorency qu'il vient d'arriver à Narbonne « pour
d'icy en avant poursuivre le voyage que le roi lui a commandé de faire
en Italie » (Bibliothèque nationale, *Fonds français*, 3567, f° 41). Le
17 octobre 1601, Henri IV écrivant à Béthune, son nouvel ambassadeur à
Rome, pour lui témoigner le désir que le pape se fasse représenter au
baptême du Dauphin par le cardinal Aldobrandini, l'engage à prendre
conseil des cardinaux d'Ossat et de Joyeuse (*Lettres* de Henri IV, t. V,
p. 501). Ce voyage de 1601 était donc absolument décidé. Toutefois il ne
se fit pas.

un « honnête présent »[1]. Or, nous savons par d'Ossat que le cardinal éprouva à cette date toutes les rigueurs de créanciers intraitables. Le cardinal de Joyeuse, écrit-il à Villeroy, le 24 mai 1599, demande à quitter Rome. « D'ici peu de temps, il ne pourra disposer d'un écu de ses revenus; tous ses biens et revenus vont être saisis. » Et d'Ossat éprouve une grande compassion, « voyant une si bonne et si honorable maison prête à tomber sans espérance de se pouvoir onques relever, et un si grand prélat, portant titre de duc séculier et de tant de dignités ecclésiastiques, ne pouvoir faire état de rien pour s'établir convenablement selon sa dignité en quelque lieu que ce soit, ni tant s'en faut qu'à Rome ».

La suite de la *Satire* III prouve que le poète était décidé à ne pas changer son esclavage contre un autre :

> En vain me retirant enclos en une estude
> Penseroy-je laisser le joug de servitude :
> Estant serf du desir d'aprendre et de sçavoir,
> Je ne ferois sinon que changer de devoir.

Il reprit donc la route de Rome, et fit sans doute les trois voyages de 1598-1599, de 1603-1604 et de 1604-1605. Pendant l'un des deux derniers il composa sa sixième *Satire*, écrite, comme le texte l'indique, au pied du Palatin et dédiée au comte Philippe de Béthune, frère de Sully, qui fut ambassadeur à Rome de 1601 à 1605[2]. Brossette a conjecturé que Regnier l'avait suivi comme secrétaire. Tous les biographes du poète, à l'exception de M. Courbet, ont accepté cette hypothèse faite à l'étourdie : il résulte des derniers vers de la *Satire* que Regnier vivait alors à Rome auprès d'un maître qui n'était pas le comte de Béthune et devait être par conséquent son cardinal de Joyeuse[3].

1. *Satire* III, vers 167, éd. Courbet, p. 27.
2. Il s'embarqua à Marseille le 19 septembre 1601 (*Lettres* de Henri IV, t. V, p. 487). Il quitta Rome avec le cardinal de Joyeuse après l'élection de Paul V.
3. Si Regnier a suivi Béthune comme secrétaire, c'est en 1601 qu'il a été

On ignore à quelle date il abandonna le service du prélat. Rien ne démontre même qu'il ait jamais cessé « d'être à lui », comme on disait alors. Le *Combat de Regnier et de Berthelot poètes satiriques* nous laisse entendre qu'après la mort de Desportes, Regnier avait encore la prétention d'appartenir au corps diplomatique :

> Regnier ayant sur ses espaules
> Satin, velous et taffetas
> Meditoit pour le bien des Gaules
> D'estre envoyé vers les Estats
> Et meriter de la couronne
> La pension qu'elle luy donne....

Il s'agit des États de Hollande, avec qui Henri IV eut des démêlés, au mois de décembre 1606, et l'auteur du *Combat* suppose plaisamment que cet excellent Mathurin convoite la succession difficile de M. de Buzenval, notre ambassadeur en Hollande[1]. Il résulte cependant de plusieurs passages de diverses *Satires* que vers 1605 Regnier se fixa définitivement en France et qu'il eut de grandes déceptions. Il en fait part à Motin dans la *Satire* IV et à Bertaut dans la *Satire* V : ni l'une ni l'autre ne peuvent être, à mon avis, antérieures à 1605.

Dans la *Satire* V, après une sortie vigoureuse contre un homme puissant qui l'a desservi,

> Un traistre, un usurier, qui par misericorde,
> Par argent ou faveur s'est sauvé de la corde,

et qui est sans doute l'un de ces trésoriers généraux, Garrault, du Tremblay, Puget, Midorge, poursuivis, en

attaché à sa personne. Or, d'après Brossette — et c'est encore une simple hypothèse de sa part, — il n'aurait quitté le cardinal qu'en 1603. La contradiction est frappante. Il y en a bien d'autres dans les notes de Brossette.

1. Desportes mourut le 6 octobre 1606. Sur les affaires des États, voir Malherbe, *Lettres à Peiresc* du 17 et du 22 décembre 1606, du 2 janvier 1607. Le *Combat* parut pour la première fois dans les *Muses gaillardes* de 1609 sous ce titre : *Le combat de Bernier et de Matelot poètes satyriques*. Dans le *Cabinet satyrique*, les poètes sont appelés par leur nom.

1605, à la requête de Sully et si vite relâchés « par argent
et faveur », Regnier fait une allusion beaucoup plus claire
à un petit événement qui troubla à la même date la maison d'Hippocrate :

> Et ce qui plus encore m'empoisonne de rage
> Est quand un *charlatan* releve son langage
> Et de coquin faisant le prince revestu
> Bastit un *Paranimphe* à sa belle vertu,

c'est-à-dire à son beau talent.

Regnier vise, je crois, dans ces vers, l'éminent médecin
genevois de Mayenne-Turquet, venu à Paris en 1602.
Comme il n'avait pas conquis ses grades en France, ses
confrères de Paris le traitèrent tout naturellement de charlatan. « Ils firent un décret, nous dit Guy Patin, de ne
jamais consulter avec lui; il eut pourtant quelques amis de
notre ordre qui voyoient les malades avec lui. » De cette
querelle, ajoute Guy Patin, « provint une apologie du dit
Théodore Mayenne-Turquet », que Regnier appelle spirituel-
lement un « paranymphe », nom du discours officiel par
lequel la Faculté de médecine de Paris félicitait les nouveaux
licenciés et faisait l'éloge de leur « vertu ». « Il n'est non
plus l'auteur de cette apologie, poursuit notre médecin lit-
térateur, que vous ni moi. Deux doctes de notre compagnie
y travaillèrent, Seguin, notre ancien, qui a toujours porté
les charlatans, et son beau frère Akakia, qui mourut, l'an
1605, du mal français qu'il avoit rapporté d'Italie, où il
étoit avec M. de Béthune ambassadeur à Rome [1]. » L'un
des auteurs du « paranymphe » que Mayenne-Turquet fit
« bâtir à sa vertu » n'étant rentré en France que vers
le mois de mai 1605 et étant mort la même année, cette
apologie fut donc composée dans les six derniers mois de
1605, et la *Satire* où Regnier épousa avec tant d'ardeur la

---

1. Lettre du 16 novembre 1643.

querelle des doctes et chatouilleux médecins français le
fut sans doute peu après.

Si la *Satire* IV, où Patisson est cité comme l'imprimeur
à la mode [1], ne peut être très postérieure à l'année 1604,
date où disparaît sur les livres le nom de Patisson, la
veuve de Mamert Patisson ayant probablement cessé de
vivre, un trait décoché aux derniers vers contre dame Frédégonde, dont les « humeurs » font « gloser » tout le
monde, en doit faire reculer la composition jusqu'au mois
d'août 1605. Le nom de Frédégonde, « reine très impu-
dique », nous dit Brossette dans une note — et il nous
donne cette hypothèse comme étant d'un homme « très
habile » — cache celui de la reine Marguerite. Tout paraît
en effet le démontrer. Les contemporains de Regnier
aimaient fort à désigner leurs princes par des surnoms
historiques. Sa froide cruauté avait fait donner à la mère
de Margot celui de Brunehaut; rien d'étonnant que ses
mauvaises mœurs aient valu à sa fille celui de Frédégonde.
Il est d'ailleurs plusieurs fois question de Frédégonde dans
les *Muses gaillardes* et dans le *Cabinet satyrique*. Voici comment Motin nous présente le personnage en raccourci :

> N'esperez plus me retenir :
> Comment servir un momie,
> Une esquelette, une laye?....
> Vos os n'ont plus de couverture....
> Je t'adjure, esprit diabolique,
> D'abandonner ce corps étique
> Et le laisser au monument.

On sait qu'en véritable fille des Médicis cette pauvre
reine Margot était devenue tellement grosse qu'il fallut
élargir les portes de son hôtel. Si le froid Motin qualifie
d'étique ce corps opulent, c'est donc pour nous faire
entendre qu'il crevait de graisse : il fait de l'ironie à la

---

1. *Satire* IV, vers 124, éd. Courbet, p. 31.

manière des poètes bernesques, si souvent imités par les auteurs des *Muses gaillardes* dans leurs caricatures satiriques. D'ailleurs, en même temps qu'il nous trace de la dame ce portrait burlesque, il nous donne sur son entourage et sur le cas où la tient son mari des détails qui concordent parfaitement avec tout ce que nous savons par ailleurs du singulier monde qui fréquentait chez l'hospitalière Marguerite et de l'estime que faisait d'elle son ancien époux [1].

L'identité de Frédégonde et Marguerite une fois établie, nous devons admettre que la *Satire* IV de Regnier coïncide avec le retour de la reine et qu'en tout cas elle n'y est pas antérieure. Marguerite de Valois arriva à Paris au mois d'août 1605 : depuis vingt-quatre ou vingt-cinq ans elle vivait au fond de l'Auvergne. « Son arrivée à la cour, écrit L'Estoile dans son *Journal*, tant soudaine et précipitée qu'il semblait qu'elle n'y dut jamais etre assez à tems, réveilla les esprits curieux et fournit d'ample matière à toutes sortes de personnes [2]. » Parmi ces personnes « curieuses », on voit que les habitués de la Pomme de Pin ne furent pas les derniers à rire ni à « gloser ».

1. Voir dans les *Muses gaillardes* de 1609 :

      Vostre logis est une foire, etc.

et dans le *Cabinet satyrique* (éd. de 1632, p. 48) l'*Epigramme* qui commence ainsi :

      Jamais Fredegonde ne cesse
      De me dire que sa grandeur
      Luy fait tenir rang de princesse.

Si Motin était un écrivain précis, ces trois vers seraient embarrassants. Ils semblent désigner une maitresse toute-puissante, comme Henriette d'Entraigues, et non une princesse authentique, comme Marguerite. Qui mieux que la marquise de Verneuil eût d'ailleurs mérité d'être appelée Frédégonde? Est-ce qu'elle n'essaya pas, en effet, comme Frédégonde, d'assassiner la reine légitime pour se faire épouser par son royal amant? Mais il ne me parait pas possible de lui appliquer tout ce qui est dit de Frédégonde dans les pièces satiriques dont je parle. Les trois vers cités signifient donc sans doute tout simplement que Frédégonde est une princesse de haut rang.

2. Éd. de la *Librairie des Bibliophiles*, t. VIII, p. 487.

Donc, vers la fin de 1605, peu avant la mort de Desportes,
comme l'attestent les *Satires* IV et V, c'est-à-dire après
sept voyages en Italie, Regnier commença à se plaindre
amèrement de sa destinée. Il avait compté sans doute sur
l'appui de son cardinal pour obtenir un des bénéfices de
son oncle : ils furent tous donnés au fils du roi et de
Catherine de Balzac, sauf Josaphat, qu'obtint M. de Loménie; de cet immense héritage, le neveu de Desportes
recueillit uniquement, à la prière du marquis de Cœuvres,
une pension de deux mille francs sur les revenus de l'abbaye des Vaux de Cernay. De ses longues pérégrinations
à travers le Languedoc, la Provence, la Toscane, la
Savoie, les États pontificaux, il n'avait rapporté que des
amitiés et des protections : à Venise, il avait rencontré
Rapin, auquel il dédia la neuvième *Satire*; à Toulouse, le
comte de Caramain, auquel il dédia la deuxième; à Rome,
le comte de Béthune, à qui il dédia la sixième, et sans doute
Charles de Beaumanoir, nommé à l'évêché du Mans, à qui
il dédia la huitième [1]. Il y connut probablement aussi l'ancien secrétaire du cardinal Aldobrandini, vice-protecteur des
affaires de France, le vieux poëte César Caporali, dont il
imita le *Pédant* et la *Cour*. C'étaient là de précieuses relations. Mais elles paraissent avoir été le seul bénéfice de
ces longues années passées au service de l'illustrissime
cardinal duc de Joyeuse, archevêque de Toulouse, puis de
Rouen, réservataire des fruits de l'archevêché de Narbonne, abbé d'Aurillac et de beaucoup de riches monas-
tères, et qui était d'ailleurs, au témoignage de Montereul
et de d'Ossat, le plus libéral des maîtres et le plus généreux des amis.

On s'est demandé quel mauvais génie avait desservi
Mathurin Regnier. Dans la *Satire* à Bertaut, où il s'em-

---

1. D'Ossat signale sa présence à Rome dans une lettre à la reine Louise
du 18 mars 1600.

porte si aigrement contre ses ennemis, le poète a clairement désigné celui qui lui fit le plus de tort :

> Les Critiques du tans m'appellent debauché,
> Que je suis jour et nuict aux plaisirs ataché,
> Que j'y pers mon esprit, mon ame et ma jeunesse....
> ....Tout le mal que leur discours m'objette
> C'est que mon humeur libre à l'amour est sugette,
> Que j'ayme mes plaisirs et que les passetans
> Des amours m'ont rendu grison avant le tans [1].

« S'il arrivoit aux gens d'Église de se devoyer tant soit
peu », écrit dans sa notice sur le cardinal de Joyeuse, leur
commun maître, un des compagnons de voyage de
Regnier, « il les redressoit tantôt par la douceur de l'exor-
tation, tantôt par la rigueur de la correction [2] ». Le rapprochement de ces deux textes se passe de tout commentaire.
Après avoir donné trop souvent sans doute à son protecteur l'occasion de le redresser « par la douceur de l'exor-
tation », Regnier, qui était d'Église sans toutefois avoir
jamais été prêtre, finit par éprouver « la rigueur de la
correction ». Mais « cette humeur libre trop sujette à
l'amour », qui avait entravé sa carrière tant que sa fortune
avait dépendu d'un pieux archevêque, allait devenir son
meilleur titre de recommandation auprès de quelques personnages aussi influents que libertins.

La deuxième partie de sa vie est mal connue. On sait
toutefois qu'il vécut dans l'intimité de Sygognes, de Molin,
de Berthelot, du marquis de Cœuvres, du baron de Fourquevaux, du président Maynard et de Philippe Hurault de
Chiverny, tous personnages fort dignes de se connaître.
Sans être obligé de croire à toutes les infamies que
Tallemant des Réaux attribue au marquis de Cœuvres, on

---

1. *Satire* V, vers 11-13, 77-80, éd. Courbet, p. 36 et 38.
2. Montereul, *op. laud.*, p. 52.

ne peut nier qu'il fut toujours très reconnaissant au roi de
l'honneur qu'il avait bien voulu faire à sa sœur Gabrielle.

Le baron de Fourquevaux et le président Maynard ne se
montrèrent pas moins fiers de l'estime que la reine Margot
témoigna à leur caractère et à leur talent en les attachant
à sa personne et en leur demandant de chanter ses amours.

Gouverneur du château et de la ville de Dieppe, le sire de
Sygognes prouva, en 1572, qu'il avait du cœur et qu'il avait
lu Tacite. Aussitôt qu'il reçut l'ordre d'exécuter le mas-
sacre de la Saint-Barthélemy, il se rappela que l'empereur
Vitellius avait sauvé la vie à l'un de ses généraux en le
chargeant de fers et fit enfermer à la Citadelle une tren-
taine de protestants qui craignaient pour leur vie. Quand
la fureur populaire fut calmée, il relâcha ses prisonniers.
Je crois bien que c'est la seule bonne action qu'il ait faite
dans sa vie[1]. Lié, je ne sais comment, avec la famille
d'Entraigues, il devint le messager habituel de la marquise
de Verneuil auprès du roi et déploya dans ce joli métier
toutes les qualités d'un parfait Pétrolin[2]. Il entra dans la
grande conspiration de 1604, dont la marquise fut l'âme,
dont son frère, le comte d'Auvergne, et son père, le comte
d'Entraigues, furent les principaux agents. On ignore quel
rôle il y joua d'abord. Ce qui est bien établi, c'est qu'il
dénonça le complot. Mais les perquisitions faites au
château de Verneuil tournèrent à sa confusion : car en
guise de papiers d'État on ne découvrit dans la chambre
de la marquise qu'une liasse de billets doux, la plupart signés
du nom de Sygognes, et desquels il semblait résulter que

1. Voir Comte H. de Laferrière, *le XVIe siècle et les Valois* (Paris, 1879,
Imprimerie Nationale), p. 324; id., *la Saint-Barthélemy* (Paris, 1892,
C. Lévy), p. 129.

2. Une pièce satirique, intitulée *les Comédiens de la Cour*, reproduite par
L'Estoile dans son *Journal* en octobre 1603, prétend qu'il serait facile de
trouver à la cour tous les personnages de la comédie italienne. Sygognes
jouerait le rôle de Pétrolin (éd. de la *Librairie des Bibliophiles*, t. VIII,
p. 104). Voir aussi, dans le *Cabinet satyrique* (éd. de 1632, p. 560), la
pièce de Motin intitulée *Response au Combat d'Ursine et de Perette*.

du roi et de la favorite, c'était encore le premier qui avait
le plus à se plaindre de leur commun secrétaire. Henri IV
se contenta de le renvoyer à Dieppe en son gouvernement,
où, d'après un contemporain, il se vengea de sa disgrâce,
qui fut courte, en pillant les greniers publics et en se
faisant haïr de tous les gens de bien [1].

Philippe Hurault de Chiverny, évêque de Chartres, était
abbé de Royaumont, monastère où Louis IX, comme
Regnier le rappelle dans sa quinzième *Satire*, aimait à
venir se reposer et prier Dieu [2]. Une tout autre préoccupation que celle de louer le Seigneur ne rendit pas ce
« séjour » moins « cher » à l'arrière-petit-fils de ce grand
saint. L'abbaye de Royaumont était située entre le château
du Louvre et le château de Verneuil. La première fois que
le carrosse royal se rendit de l'un à l'autre, l'abbé fut avisé
que deux augustes voyageurs viendraient lui demander à
dîner. Il s'empressa de répondre qu'il serait très flatté qu'un
aussi vaillant roi et une aussi belle dame voulussent bien
partager son repas à chacune de leurs excursions. L'invitation fut acceptée. Après cela, étonnez-vous que cet évêque
ait eu l'idée de faire Regnier chanoine de sa cathédrale !

Tels furent les amis de Mathurin Regnier. On voit qu'il
passa la dernière partie de sa vie dans la compagnie de

---

1. *Mémoires* de Claude Groulart, *Voyage en cour en 1604* : « Il arriva
pendant tout ce ménage que S. M. découvrist que le sieur de Sigongnes
qui faisoit l'entremetteur des amours devint luy mesme amoureux; il
n'eust aucune honte qui le peust retenir qu'il n'escrivit plusieurs lettres
à la marquise, la sollicitant de l'aymer avec des hardiesses intolérables
et pleines de mépris du Roy, qui fut si bon neantmoins qu'il se contenta
de chasser le dit Sigongnes hors de sa présence, le renvoyant en son gouvernement à Dieppe, où il pille, exige et consomme toutes les denrées de
la ville par sa prodigalité insatiable. » (*Collection des Mémoires relatifs à
l'Histoire de France*, t. XLIX.) Voir aussi le *Journal* de L'Estoile,
décembre 1604, les pièces du *Cabinet satyrique* imprimées aux pages 197 et
582 de l'édition de 1632; enfin H. de la Ferrière, *Henri IV, le roi, l'amoureux* (Paris, 1890, C. Lévy), p. 262-279.
2. *Satire* XV, vers 63-64, éd. Courbet, p. 122.

quelques gens de bien, qui, suivant l'expression de Molin, cherchèrent à « manger de bons potages » en se faisant les « artisans du vice étranger [1] ». Présenté sans doute par eux à Henri IV, bientôt recommandé par l'éclatant succès de ses *Satires*, il obtint en 1609 un canonicat à Chartres [2], abandonna presque immédiatement ce bénéfice, parce qu'il l'obligeait à la résidence, en reçut plusieurs autres [3] et devint le plus considéré des poètes officiels : Marie de Médicis lui demanda de célébrer son entrée solennelle à Paris en 1610 [4]; Louis XIII, d'écrire un *Hymne pour la nativité de Notre Seigneur* [5]; Henri IV, de chanter ses maîtresses [6]. C'était bien la peine de s'écrier si fièrement dans sa troisième *Satire* :

> Puis, ma muse est trop chaste et j'ay trop de courage,
> Et ne puis pour autruy façonner un ouvrage !

Ayant réalisé le vœu de sa jeunesse, c'est-à-dire acquis assez de fortune pour qu'il vécût à l'aise et

> De *lui* oster *son* bien que l'on eust conscience,

1. *Response au Combat d'Ursine et de Perette*, déjà citée dans une note précédente.

2. Il fit sa profession de foi le 3 juillet 1609. On en trouvera le texte dans les *Notices sur les poètes beaucerons antérieurs au XIXᵉ siècle* de M. Lucien Merlet (Chartres, 1895, imprimerie Durand), t. I, p. 11, et dans l'édition Courbet, *Introduction*, p. xiv.

3. « Son humeur ne lui permit pas de fixer sa résidence à Chartres, ni de vivre aussi régulièrement que des chanoines sont obligez de le faire. Il quitta donc ce bénéfice; il en avoit plusieurs autres. » Ainsi s'exprime l'auteur de la note adressée au *Mercure de France* par la famille de Regnier pour contredire les assertions avancées par Dom Liron en sa *Bibliothèque chartraine* en 1719. Cette note a été publiée *in extenso*, en ce qui concerne Regnier, par M. Courbet, *Introduction*, p. xiv.

4. Les vers composés par Regnier pour célébrer l'entrée solennelle que la Reine devait faire à Paris en 1610, après son couronnement, et dont les préparatifs furent si tragiquement interrompus, ont été publiés pour la première fois par M. Roy dans la *Revue d'histoire littéraire de la France*, 1894, p. 422.

5. Éd. Courbet, p. 215.

6. Voir notamment dans l'édition Courbet, p. 207, l'*Élégie* qui commence par ce vers :

> L'homme s'oppose en vain contre sa destinée.

Regnier partagea les dernières années de sa vie entre la débauche et la poésie. Rien ne démontre qu'il ait été plus libertin que la majorité des poëtes de son temps. Tout prouve que, s'il ne le fut pas moins, il racheta un peu son inconduite par des qualités qui leur manquèrent. Ils lui reprochèrent sa bonté. Il les étonna par sa franchise. Peut-être même est-ce parce qu'il avoua ses fautes avec plus de bonne foi qu'un autre qu'on lui fit la réputation d'en avoir commis davantage. Encore faudrait-il être sûr qu'il ne se soit pas un peu chargé la conscience, sinon par fanfaronnade, du moins par esprit d'imitation : qui saura jamais jusqu'à quel point les *Satires* VII, XI, XIII, XVI, inspirées par Ovide, Pétrone, Berni, l'Arétin et Ronsard, sont de véritables confessions? Quant aux pièces ordurières, plus ou moins apocryphes, que lui attribuent si généreusement après sa mort les recueils de vers obscènes, il suffit d'observer que le nombre s'en accroît à chacune des rééditions de ces livres infâmes pour comprendre la tactique dont il fut victime : mettre sur le compte d'un mort illustre toutes les malpropretés qu'ils voulaient débiter, c'était pour les éditeurs un excellent moyen de désarmer la censure et d'allécher le client, comme faire allusion à l'immoralité de leur maître, c'était pour les disciples de Regnier une manière d'excuser la leur.

Nullement pires que celles de ses confrères en poésie, les mœurs de Regnier ne furent cependant pas meilleures et ses vers l'occupèrent moins que ses plaisirs. Il donna une première édition de ses *Satires* en 1608 [1]. Elle contenait, indépendamment des *Satires* II, III, IV, V, VI, dont nous avons parlé, la *Satire* VII, dont il est impossible de fixer la date; la *Satire* I au Roi et la *Satire* XII à Fréminet, qui, servant l'une d'introduction et l'autre d'épilogue au recueil, doivent avoir été composées peu de temps avant la

---

1. *Les premières Œuvres* de M. Regnier à Paris, chez Toussaincts du Bray, MDCVIII. Le privilège est du 23 avril 1608.

publication ; le *Discours au Roi*, postérieur à la naissance
du Dauphin, sans qu'on puisse lui assigner une date plus
précise ; enfin les *Satires* VIII et IX.

La *Satire* IX, nécessairement postérieure au mois
d'août 1605 (date de l'arrivée de Malherbe à Paris), est sans
doute antérieure à la mort de Desportes, c'est-à-dire au
6 octobre 1606 ; car Racan semble dire qu'elle fut une
réponse immédiate au fameux jugement du « régenteur
des mots » sur le potage et les *Psaumes* du vieux poëte :
« Il avoit été ami de Regnier le satirique et l'estimoit en
son genre à l'égal des latins ; mais la cause de leur divorce
arriva de ce qu'étant allés diner ensemble chez M. Desportes, oncle de Regnier, ils trouvèrent qu'on avoit déjà
servi les potages. M. Desportes reçut M. de Malherbe avec
une grande civilité, et offrant de lui donner un exemplaire
de ses *Psaumes* qu'il avoit nouvellement faits, il se mit en
devoir de monter dans sa chambre pour l'aller quérir.
M. de Malherbe lui dit qu'il les avoit déjà vus, que cela ne
valoit pas qu'il prît la peine de remonter, et que son
potage valoit mieux que ses Psaumes. Il ne laissa pas de
diner avec M. Desportes, sans se dire mot, et aussitôt
qu'ils furent sortis de table, ils se séparèrent et ne se sont
jamais vus depuis. Cela donna lieu à Regnier de faire la
Satire contre Malherbe [1]. »

La *Satire* VIII suppose l'oncle de Regnier vivant ; elle
fait allusion à l'achèvement du Pont Neuf et à un édit du
roi contre les clinquants :

> . . . . Je m'en vais icy pres
> Chez mon oncle disner.
>
> . . . .
> Il vint à reparler desus le bruit qui court
> Que Paris est bien grand, que le Pont neuf s'achéve.
> . . . .
> . . . . A propos on m'a dit
> Que contre les clinquants le Roy fait un edit [2].

1. *Vie de Malherbe*, par Racan ; Malherbe, éd. Lalanne, t. I, p. LXIX.
2. Vers 100-101, 159-160, 66, éd. Courbet, p. 61, 63, 60.

Henri IV fit trois édits contre les clinquants : le premier est du 24 mars 1600, le deuxième de 1601, le troisième de novembre 1606 [1]. Le public s'entretint à trois reprises de l'achèvement du Pont Neuf, pendant l'été de 1601, pendant l'été de 1603, vers la fin de 1606 : en 1601, parce que l'un des bras étant terminé, il s'agissait de trouver des fonds pour commencer l'autre [2] ; en 1603, parce que l'on commença à s'y risquer, comme le prouvent plusieurs textes de L'Estoile et notamment celui-ci : « Le vendredy 20 de ce mois (juin 1603), le roi passa du quay des Augustins au Louvre par dessus le Pont Neuf qui n'étoit pas encore assuré [3] » ; en 1606, parce qu'alors seulement furent achevés tous les travaux, ce qui résulte de cet autre texte de L'Estoile : « Le mardi 6 du mois de février 1606, notre Roy voyant que le Pont Neuf étoit parachevé sur lequel lui-même étoit déjà passé plusieurs fois [4]... ». C'est à l'achèvement définitif du pont que s'applique certainement le mieux le mot de Regnier. Pour admettre que la *Satire* VIII est de l'été ou de l'automne de 1606, il nous faut supposer dès lors qu'on parla de l'édit de novembre 1606, *postérieur à la mort de Desportes*, plus d'un mois avant qu'il fût signé. Mais cette hypothèse n'a rien d'invraisemblable. Le personnage de la *Satire* de Regnier ne dit-il pas expressément qu'au moment où il parle l'édit n'est pas encore fait, mais qu'il « se fait » ?

Les *Satires* du *Repas ridicule* et du *Mauvais gite* parurent pour la première fois dans l'édition de 1609 [5] ; elles circulaient déjà en manuscrit le 15 janvier 1609 [6] ; elles

---

1. Enregistrés le 4 mai 1600, le 6 août 1601, le 9 janvier 1607 ; Voir Isambert, *Recueil des anciennes lois*, Henri IV, n°° 140, 152, 183.
2. Voir E. Fournier, *Histoire du Pont Neuf*, Paris, 1862, Dentu.
3. Éd. de la *Librairie des Bibliophiles*, t. VIII, p. 83.
4. *Supplément tiré de l'édition de 1736*, t. VIII, p. 359.
5. *Les Satires* du sieur Regnier. *Reveues et augmentees de nouveau*. *Dédiées au Roy*, à Paris, chez Toussaint du Bray, MDCIX.
6. « Le jeudi 15 janvier 1609, M. D. P. m'a presté deux satires de Regnier... que je me suis contenté de lire parce qu'il est après les faire

n'étaient pas encore composées le 19 juillet 1608, jour où
Don Pèdre de Tolède, ambassadeur extraordinaire d'Espagne, à qui l'une d'elles fait allusion, présenta au roi ses
lettres de créance [1].

La fameuse *Macette* parut dans l'édition de 1612, la dernière que Regnier ait donnée lui-même [2].

Il avait fait également paraître, signés de son nom : en
1606, un *Sonnet sur le trespas de M. Passerat*, dans le
Recueil des œuvres poétiques de Ian Passerat (à Paris, chez
Claude Morel) ; en 1610, un *Sonnet sur la mort de M. Rapin*
dans les *Œuvres latines et françoises* de Nicolas Rapin,
Poictevin (à Paris, chez Pierre Chevalier) ; en 1609, quelques pièces ordurières dans les *Muses gaillardes recueillies
des plus beaux esprits de ce temps par A. D. B. parisien* (à
Paris, chez A. du Breuil) ; en 1611, dans le *Temple d'Apollon
ou nouveau recueil des plus excellens vers de ce temps* (à
Rouen, chez R. du Petit Val), une *Plainte* et une *Ode*, composées peut-être pour le royal amant de Charlotte de
Montmorency ; la dernière strophe de l'*Ode* et la *Plainte*
tout entière me semblent en effet faire allusion à l'enlève-
ment de la princesse, emmenée secrètement par son mari
au palais de Bruxelles :

> J'ay beau de mes deux yeux deux fontaines tirer ;
> J'ay beau mourir d'amour et de regret pour elle
>   Chacun me la recelle....
> Le regret du passé cruellement me point....
> Mais las ! mon plus grand mal est de ne sçavoir point
> Entre tant de malheurs ce qu'elle est devenue.

Indépendamment de ce mince bagage littéraire, édité
par ses soins, Mathurin Regnier, pour ne rien dire d'un

imprimer. » L'Estoile, *Journal*, éd. de la *Librairie des Bibliophiles*, t. IX,
p. 203.
  1. *Satire* X, vers 84 :

> Si Dom Pedre est venu, qu'il s'en peut retourner.

Il arriva à Fontainebleau le 19 juillet 1608 : L'Estoile, t. IX, p. 109.
  2. Même titre et même éditeur qu'en 1609.

certain nombre de pièces obscènes disséminées dans des
recueils d'où personne n'a le moindre intérêt à les exhumer,
laissa les pièces suivantes :

Trois *Satires*, dédiées, l'une au duc de Sully, la deuxième
à l'évêque de Chartres, abbé de Royaumont, la troisième
au baron de Fourquevaux [1]: une *Élégie* commençant par
ce vers

> Non, non, j'ay trop de cœur pour laschement me rendre [2];

deux *Élégies zélotypiques* [3]; l'*Impuissance*, imitée d'Ovide [4];
qui parurent pour la première fois dans l'édition donnée
immédiatement après la mort de Regnier par les amis du
poète : *Les Satyres du sieur Regnier revuës et augmentées de
nouveau; dédiées au Roy*, à Paris, chez Toussainets du
Bray, MDCXIII;

Le *Dialogue de Cloris et de Phylis*, qui parut dans le
Cabinet des Muses en 1619 (à Rouen, chez David du Petit
Val, t. I, p. 154);

Une *Satire* imitée d'Horace commençant par ces mots :

> N'avoir crainte de rien et ne rien espérer [5];

un coq-à-l'âne marotique [6], une *Élégie* composée pour
Henri IV et dont voici le premier vers :

> L'homme s'oppose en vain contre sa destinée [7];

des *Stances spirituelles*, un *Hymne sur la Nativité de Notre
Seigneur*, trois *Sonnets* spirituels et un *Commencement de*

---

1. *Satires* XIV, XV, XVI; dans les éditions de 1729-1875, la *Satire* XVI
est l'*Épître* II.
2. Dans les éditions de 1613-1729 et dans l'édition Courbet c'est la
Satire XVII, dans l'édition Brossette l'*Élégie* I.
3. *Élégies* II et III dans l'éd. Brossette.
4. *Élégie* IV dans l'éd. Brossette.
5. *Satire* XVI dans l'éd. Brossette; éd. Courbet, p. 199.
6. Ed. Courbet, p. 203.
7. Ed. Courbet, p. 207; *Élégie* V dans l'éd. Brossette.

Poème Sacré, qui parurent dans l'édition des Elzévirs en 1652 [1].

Regnier conservait sans doute les vers amoureux, légers et religieux, pour les faire imprimer, suivant l'usage, dans quelque recueil. Les quatre *Satires*, au contraire, étaient probablement destinées, dans sa pensée, à prendre rang un jour dans son petit volume de *Satires* à la suite de *Macette*. Mais, parce qu'elles ne figurent pas avec elle dans l'édition de 1612, il ne faut pas croire qu'il les ait nécessairement composées l'année de sa mort. La *Satire* à Fourquevaux est antérieure au 16 mars 1611, date de la mort de ce gentilhomme aux mœurs faciles. La *Satire* XIV, où le duc de Sully est félicité de s'être maintenu aux honneurs pendant cinquante ans et de s'y maintenir encore, dut être composée avant la première disgrâce du ministre, qui résigna ses fonctions le 24 janvier 1611 : j'ai peur que le bon Mathurin n'ait pas eu pour ses amis malheureux la même fidélité que son frère cadet La Fontaine et que la démission du ministre n'ait seule empêché la *Satire* XIV d'entrer avec la XIIIe dans l'édition de 1612.

Regnier mourut à Rouen en 1613. Si Tallemant des Réaux méritait quelque créance, si ses *Historiettes* n'étaient pas pour la plupart de deuxième ou de troisième main, si ses assertions relatives à Regnier n'avaient pas toutes été reconnues inexactes, à l'exception de celles qu'il a puisées

1. Je ne doute aucunement de l'authencité des pièces qui parurent pour la première fois en 1613. Mais celles qui virent le jour seulement en 1652 sont-elles bien authentiques? Les *Poésies Spirituelles* étaient de nature à faire le plus grand honneur au poète : pourquoi ses amis ne les ont-ils pas publiées? Il n'y a rien dans l'œuvre de notre satirique qui ressemble au coq-à-l'âne marotique. Quant à la *Satire* posthume, si elle est imitée à la fois d'Horace et de Montaigne, comme tant d'autres *Satires* très authentiques, n'est-elle pas peut-être un peu brève pour qu'on puisse l'attribuer sans aucune hésitation à un écrivain d'ordinaire assez verbeux? L'imitation n'y est-elle pas aussi un peu trop servile? Enfin cette *Satire* est la seule du recueil qui ne soit pas une épître. Ne serait-elle pas d'un disciple ayant parfaitement « attrapé » la manière du maître? Dans toutes ces pièces nous retrouvons cependant — et c'est ce qui m'incline à croire à leur authenticité — le style, la langue, la versification de Regnier.

dans la *Vie de Malherbe* par Racan, il faudrait ajouter ici
que l'auteur de *Macette* s'était rendu à Rouen pour se faire
traiter d'un vilain mal par un nommé Le Sonneur; qu'il
voulut, après guérison, donner à manger à ses médecins;
qu'ils lui laissèrent boire par complaisance du vin d'Espagne; qu'il en eut une pleurésie et fut emporté en trois
jours. La seule chose certaine, c'est qu'il mourut, comme
il en avait peur quand il courait l'Italie à la suite du cardinal de Joyeuse, dans un lit d'auberge. De l'Hôtellerie de
l'Écu d'Orléans son corps fut, suivant ses désirs, porté à
l'abbaye de Royaumont. Quelque temps avant cette fin pré-
maturée, imitant l'exemple de Desportes, il s'était converti. Ce repentir tardif fit la joie des contemporains. L'un
d'eux soutint dans une épigramme

> Que Cygoignes, Regnier et l'abbé de Tyron
> Firent à leurs trepas comme le bon Larron :
> Ils se sont repentis ne pouvant plus mal faire [1].

En dépit des moqueurs, quand on relit les *Stances spirituelles* où Regnier a confessé ses fautes avec tant de
candeur et le *Sonnet* où il en a demandé pardon avec tant
de foi, on ne peut s'empêcher de lui appliquer le mot de
la garde-malade de La Fontaine : « Dieu n'aura pas eu le
courage de le damner ».

Telle fut la vie de Mathurin Regnier. Il n'eût tenu qu'à
lui qu'elle fût plus longue, plus heureuse et plus féconde
pour la littérature. Si quelqu'un mérite toutefois qu'on
plaide pour lui les circonstances atténuantes, c'est ce
grand enfant. Tous les mauvais exemples qu'un homme
peut recevoir, il les reçut : car, parmi ceux qui cultivaient
alors les lettres ou protégeaient les lettrés, il n'en était
pas un seul qui vécût bien; renoncer à la protection d'un

---

1. Pièce de l'*Espadon satyrique*, citée par Brossette dans l'appendice à
sa préface où il a recueilli quelques jugements sur Regnier.

marquis de Cœuvres ou à l'amitié d'un Sygognes, c'eût presque été renoncer à la poésie. Et puis, Regnier ne trouvait-il pas le plus détestable encouragement à la débauche dans la prodigieuse fortune de son oncle maternel? Pour combattre l'influence d'un pareil milieu, il aurait fallu qu'il fût armé d'une volonté de fer. Or, le trait principal de son caractère fut justement de manquer de volonté. Regnier était en effet sur ce point tout l'opposé de Malherbe : jamais homme ne fut plus dépourvu de l'esprit d'initiative et de résistance. Victime de l'ambition de sa famille, tonsuré presque avant d'avoir l'âge de raison, il se laissa promener six ou sept fois à travers l'Italie, sans avoir le goût des voyages; il demeura attaché seize ou dix-sept ans peut-être à la personne d'un prélat, sans avoir la moindre vocation ecclésiastique; il se résigna à faire tout ce qui répugnait à sa nature : il vendit sa plume au roi, après avoir solennellement déclaré qu'il avait « trop de courage pour façonner un ouvrage pour autruy » et que sa muse était « trop chaste » pour jouer le rôle de Macette; il vécut autant que personne au pays de Bohême, après avoir flétri les poètes

> Qui desirent en eux ce qu'on mesprise en tous.

Cette atrophie de la volonté, qui excuse l'irrégularité de sa conduite, explique aussi trop bien l'imperfection de son œuvre. Aussi peu hardi en littérature que dans la vie, il fut révolté par la réforme de Malherbe. Il ne comprit pas qu'on osât rien innover après les chefs de la Pléiade et lui-même se garda de rien innover. Quand il chanta ses amours, ce fut dans le style de Desportes; quand il célébra les armes du roi, ce fut dans le goût de Ronsard. Il écrivit des satires parce que tout le monde en composait autour de lui. Il imita les écrivains que d'autres avaient mis à la mode. Il eut la plus sainte horreur pour les sujets neufs :

avant lui, Amadis Jamyn avait traduit le seul des éloges paradoxaux des Bernesques que Regnier trouva bon à transporter dans notre langue, l'apologie du déshonneur par Mauro ; avant lui, le sujet de *Macette* avait été traité par son ami Lespine, secrétaire du cardinal du Perron, dans un *Discours* qui parut en 1609, et des sujets très analogues par Ronsard, dans une *Gaillardise* qui fut imprimée en 1609, et par du Bellay, dans sa *Vieille Courtisane*, qui fut rééditée en 1610 ; avant lui, enfin, Sygognes paraît avoir imité les portraits burlesques de Berni, dans un certain nombre de pièces publiées dans les *Muses Gaillardes*, l'année même où furent composés le *Repas ridicule* et le *Mauvais gîte*[1]. Je ne crois donc pas qu'aucune œuvre soit davantage le reflet de son temps que les *Satires* de Regnier : insignifiante assez souvent sur les génies de premier ordre, lourde en général sur les esprits de deuxième rang, c'est sur les écrivains dénués, comme Regnier, de toute force de volonté que l'influence des milieux exerce une véritable tyrannie.

Regnier était d'ailleurs d'autant plus disposé à « fuir toute nouveauté[2] » que l'effort lui coûtait davantage. Car je ne sais pourquoi, quand il nous dit précisément le contraire, on s'obstine à le représenter comme un poète qui n'avait qu'à laisser sa plume courir sur le papier pour qu'elle le couvrit aussitôt de beaux vers :

> Ouy, j'escry rarement et me plais de le faire.
> Non pas que la paresse en moy soit ordinaire ;
> Mais, si tost que je prens la plume à ce dessein,
> Je croy prendre en galere une rame en la main[3].

Cet aveu était inutile. Si l'on ne connaissait pas depuis longtemps à quels signes se trahit le défaut de facilité, on

---

1. Voir le chap. III.
2. *Satire* IX, 244, éd. Courbet, p. 73.
3. *Satire* XV, 1-4, éd. Courbet, p. 120.

pourrait apprendre par l'exemple de Regnier que c'est à la
rareté des œuvres, au décousu de la composition, à la
pauvreté du vocabulaire, mais surtout à la répétition des
procédés. Entre tous les écrivains, en effet, celui qu'imite
le plus souvent ce grand imitateur, c'est encore lui-même.
A-t-il réussi un jour l'exorde *ex abrupto* par voie d'inter-
rogation ou d'exclamation? il n'en connaîtra désormais
presque plus d'autres :

> Motin, la Muse est morte ou la faveur pour elle!...

> Charles, de mes pechez j'ay bien fait penitence!...

> Bertaut, c'est un grand cas! quoi que l'on puisse faire,
> Il n'est moyen qu'un homme à chacun puisse plaire!...

> Non, non! j'ay trop de cœur pour laschement me rendre!...

> Sotte et fâcheuse humeur de la plupart des hommes,
> Qui, suyvant ce qu'ils sont, jugent ce que nous sommes [1]!

A-t-il un mot dans la mémoire, un tour dans l'oreille, une
cheville sous la main? On peut être sûr qu'il va les répéter
deux, trois et quelquefois même cinq ou six fois de suite :

> Tout depend du Destin, qui sans avoir esgard
> Les faveurs et les biens *en ce monde* depart....
> La liberté par songe *en la terre* est cherie :
> Rien n'est libre *en ce monde* et chaque *homme* depend
> Comtes, Princes, Sultans de quelque autre plus grand.
> Tous les *hommes vivans* sont *icy bas* esclaves....
> Au joug nous sommes nez; et n'a jamais esté
> *Homme* qu'on ayt vu *vivre* en pleine liberté....
> C'est l'arrest de nature et personne *en ce monde*
> Ne sçauroit controler sa sagesse profonde.
> Puis, que peut il servir aux mortels *icy bas*,
> Marquis, d'estre sçavant ou de ne l'estre pas [2]?

1. *Satires* IV, VIII, V, XVII, VII. Voir aussi le 1er vers des *Satires* III
et XV.
2. *Satire* III, vers 27-52; voir plus loin, 104-120 : *avecq'* l'honneur,
avecq' mespris, *avecques* un bon jour; 129-153 : *par* discours, *par* vives
raisons, *par* escrit, *par* leurs vers; 221-244 : le loup qui l'advise (cela), le
long qui l'aperçoit; *Satire* I, la transition *aussi que* (sans compter que) se

Je doute que Boileau ait jamais rongé ses ongles en
faisant la chasse aux transitions, ni Malherbe en construi-
sant une strophe, autant que cet infortuné Mathurin pei-
nait et suait pour « prendre ses vers à la pipée », et surtout pour les assembler.

Encore n'était-il pas soutenu, comme eux, contre les
mauvais conseils de la paresse, je ne dis pas par l'amour
de la poésie, qu'il a si vaillamment défendue contre ceux
qui lui semblaient la déshonorer, mais par le sentiment
de l'art et le goût de la perfection. Il lui plaît de dire que
les nonchalances sont les plus beaux des artifices : la
vérité est qu'il n'était pas homme à être choqué par l'impropriété d'un mot, la cacophonie d'un vers, l'incohérence
d'une pièce. Et quand son œuvre ne serait pas là pour
l'attester, la vie que nous avons essayé de conter ne
prouve-t-elle pas tout entière qu'il demeura presque
étranger à l'impression des choses les plus vraiment
poétiques? N'est-il pas significatif, par exemple, que de
cette Rome, dont du Bellay, malgré ses préventions, avait
fini par tant goûter les ruines mélancoliques et les fêtes
joyeuses, Regnier n'ait rapporté d'autres souvenirs que
celui des Juifs qui lui volèrent son argent?

Ainsi, trop dénué du sentiment de l'art pour sentir,
comme Malherbe, par où péchait la poétique de ses devanciers et de ses contemporains, ayant le travail trop difficile
pour aimer à sortir des routes tracées, naturellement
ennemi de la nouveauté, Regnier fit bien de naître dans un
temps où tout favorisait l'éclosion de la satire des mœurs.
S'il eût vécu trente ans plus tôt, il n'eût pas fait autre
chose que des élégies ovidiennes, des plaintes pétrarquistes
et des discours pindariques; et personne aujourd'hui ne
connaîtrait son nom. Mais comme on doit regretter que, au

trouve aux vers 112 et 123; *Satire* XIV, à 7 vers d'intervalle on trouve
deux fois une proposition relative employée dans le sens d'une supposi-
tive (111-120), etc.

au lieu d'être le neveu de Desportes, il n'ait pas été celui
de Malherbe! Car il eût sans doute juré aussi docilement
par sa parole qu'il jura par celle de Ronsard; et son œuvre
eût atteint ce point de perfection classique qui lui manque,
et qui lui manque surtout, parce que cet avocat de l'audace
« n'osa, peu hardi », se dégager suffisamment de l'influence
de son milieu, de ses modèles et de ses antécédents.

CHAPITRE II

LES PRÉCURSEURS DE REGNIER DANS LA SATIRE AU XVIe SIÈCLE

I. La satire italienne. — II. La Pléiade. — III. Vauquelin de la Fresnaie. —
IV. Coup d'œil sur le mouvement général de la littérature au temps de
Regnier.

La Pléiade, qui voulait transplanter chez nous tous les
genres cultivés par les anciens, appela de ses vœux un
poète satirique, et, lui traçant d'avance son programme
par la bouche de du Bellay, elle le convia à l'imitation
d'Horace. S'il en faut croire Mathurin Regnier, personne
ne répondit avant lui à cette invitation :

> Suivant les pas d'Horace entrant dans la carrière,

je m'engage, écrit-il avec fierté quelque part, dans

> un grand chemin jadis assez frayé,
> Qui des rimeurs François ne fut oncq' essayé [1].

Il serait cependant étrange que dans un pays où tout le
monde naît malin, l'appel de la Pléiade fût demeuré sans
aucun écho pendant cinquante ans. Il n'avait pas tardé, en
effet à être entendu, et, sans qu'on puisse dire que la
satire ait trouvé au xvi° siècle un véritable interprète, les

---

1. *Satire* XIV, vers 101-102, éd. Courbet, p. 117.

chefs de l'école, du Bellay en tête, avaient largement
ouvert sa voie à Mathurin Regnier. Seulement, dérogeant
à leurs principes, au lieu de s'adresser à Horace ou à
Juvénal, c'est à une poésie satirique plus moderne, toute
contemporaine même, ayant encore en 1560 les attraits de
la nouveauté, qu'ils avaient demandé le plus souvent leur
inspiration. Aussi ne saurait-on comprendre les origines
de la satire en France sans jeter d'abord un coup d'œil
sur la satire italienne.

I

L'Italie offrait à l'imitation des poètes français du
xvie siècle deux sortes de satires, les unes plus spéciale-
ment connues sous le nom de *Satires*, les autres désignées
tour à tour par les titres de *Satire alla berniesca*, de *Capitoli*, ou tout simplement d'*Opere piacevole*. Elles sont écrites
les unes et les autres en tercets. Elles ont à peu près toutes
la forme d'une épître familière. Mais, en dépit de ces ressemblances extérieures, elles se distinguent habituellement
par des caractères bien tranchés et n'eurent pas la même
vogue. Fruit de l'imitation des anciens, la satire proprement
dite ne compta qu'un nombre restreint de représentants,
Arioste, Bentivoglio, Alamanni, Vinciguerra, Sansovino,
dont toutes les satires réunies composent un seul petit
volume. Plus vivace, parce qu'elle avait de plus profondes
racines dans le sol italien, la satire plaisante, dont les
Buveurs de Laurent de Médicis peuvent passer pour la première manifestation, fournit une longue et brillante carrière. Après avoir illustré les noms de Berni, de Mauro, de
Molza, du Lasca, d'Annibal Caro, de Varchi, de Firenzuola,
de della Casa, combien d'autres noms encore! dans la première moitié du xvie siècle, elle florissait de nouveau dans
la seconde avec César Caporali.

Les satires proprement dites furent réunies par F. Sansovino en un seul recueil, qui parut en 1560 [1]. Il est divisé en sept livres, précédés d'un *Discours sur la matière de la satire*. Le premier livre est composé des sept *Satires* de l'Arioste, le second des six *Satires* de Bentivoglio, le troisième des douze *Satires* de Luigi Alamanni, le quatrième des huit *Satires* de Pietro Nelli, le cinquième des huit *Satires* d'Antonio Vinciguerra, le sixième des trois *Satires* de l'éditeur, le septième de sept *Satires* de divers auteurs. Les *Satires* de Bentivoglio, depuis longtemps composées, étaient imprimées alors pour la première fois. Celles de Vinciguerra l'avaient déjà été en 1527 [2], celles d'Alamanni en 1532 [3], celles de l'Arioste en 1534, puis en 1537, et de nombreuses copies en avaient circulé auparavant. Ces détails ne sont point inutiles. Nous devions constater que les *Satires* de l'Arioste étaient à Rome entre toutes les mains quand Joachim du Bellay y écrivit ses *Regrets*. Il n'était pas hors de propos de décrire le recueil de Sansovino, peu connu en France aujourd'hui, mais grâce auquel nous verrons qu'un de nos poètes du xvie siècle s'est fait à bon marché une réputation tout usurpée de poète satirique.

De toutes les satires réunies dans ce volume, celles de l'Arioste sont les seules qui méritent qu'on les lise aujourd'hui, les seules qui pouvaient avoir et eurent, en effet, une influence sérieuse sur la littérature italienne et sur la nôtre. Il faut répéter à leur sujet ce qu'on a dit avec tant

1. *Sette libri di Satire di Ludovico Ariosto, Hercole Bentivoglio, Luigi Alamanni, Pietro Nelli, Antonio Vinciguerra, Francesco Sansovino et d'altri Scrittori, raccolti per F. Sansovino, Venetia.* La date de 1560 est donnée par Brunet. L'exemplaire que possède la Bibliothèque de l'Arsenal porte la date de 1563. C'est peut-être une deuxième édition.

2. *Opera nova de Messer Antonio Vinciguerra*, 1521. Ce volume est à la Bibliothèque de l'Arsenal.

3. *Opere Toscane di Luigi Alamanni al christianissimo Re Francesco primo*, Firenze, 1532. Ce volume est à la Bibliothèque nationale.

de vérité des *Regrets* de du Bellay : elles ont créé dans la
patrie de l'auteur la poésie personnelle. Ce sont comme des
lettres intimes adressées à ses frères Alessandro et Galasso,
à ses cousins germains Annibale et Sismondo Maleguccio,
à ses amis Pistofilo et Bembo ; les *Satires* de l'Arioste ne sont
pas autre chose en fait que ses confessions. Bien qu'elles
rappellent de plus près qu'aucune autre œuvre satirique
des temps modernes la manière d'Horace, leur auteur
s'élève rarement, comme son modèle, à la satire des
travers généraux. Il se préoccupe moins encore de discuter, comme lui, certaines questions éternellement actuelles
de morale ou de littérature. Il ne prétend nullement
laisser après lui à l'humanité un manuel complet de philosophie pratique ni un code du bon goût. Il ne parle guère
que de lui-même, de son caractère, de sa famille, de ses
relations, de ses déceptions, de ses chagrins. Et il n'entretient pas seulement ses correspondants de son patrimoine,
de la dot de sa sœur, des efforts qu'il lui faut faire pour
obtenir après un vieux prêtre un certain bénéfice de
Sainte-Agathe ; il leur révèle qu'il redoute les rudes
hivers, exècre les boissons fumeuses, déteste la cuisine
au poivre, qu'il mêle à son eau juste assez de vin pour la
couper et qu'il l'achète au détail chez le cabaretier du coin.
Telle *Satire* est pour la moitié pleine de ces détails infimes.
Montaigne n'attache pas plus d'importance à tout ce qui
regarde sa précieuse personne. Il ne convient pas de ses
défauts avec plus de franchise. Car l'Arioste nous fait les
honneurs de son âme avec autant de bonne foi que de
complaisance. Il ne songe pas à dissimuler cette faiblesse
de caractère ou cet égoïsme qui ne lui permit pas d'opter
une fois pour toutes entre le sacerdoce et le mariage, ni
de secouer résolument le joug de ses protecteurs.

C'est surtout sur les relations qu'il eut avec ceux-ci qu'il
est intarissable. Il n'avait pas un de ces dos auxquels le bât
s'adapte tout seul. Il n'était pas un de ces oiseaux auxquels

conviennent les cages dorées. Plus semblable, sinon à
l'hirondelle, qui y meurt de rage, du moins au rossignol,
qui y traîne une vie misérable, qu'au chardonneret, qui y
chante volontiers, il eût mieux aimé manger chez lui des
raves cuites sous la cendre que des perdrix à la table
d'autrui [1]. Si pour prévenir le malheur d'être l'aîné de
dix frères et sœurs avec qui il fut obligé de partager un
modeste patrimoine, il avait fait à son père, dès le lendemain de sa naissance, la mauvaise plaisanterie que Jupiter
se permit contre le sien, il n'aurait donc jamais imité la
folie des grenouilles : il n'aurait pas cherché quelqu'un
devant qui il eût à se découvrir la tête et à plier les
genoux [2]. Moins par ambition, s'il faut l'en croire, que par
affection pour une vieille mère qu'il fallait nourrir, pour des
sœurs et des frères qu'il fallait doter ou aider, cet homme,
si peu souple d'échine, se résigna à faire des courbettes
devant le duc de Ferrare; cet homme sobre se condamna
à manger des perdrix chez le cardinal d'Este. Pour
comble d'infortune, on lui demanda de les découper. Et le
malheureux se plaignit amèrement que, transformant un
poëte en valet de chambre, les petits-fils de Roger l'em-
ployassent à autre chose qu'à célébrer en vers la gloire
de leur ancêtre. Et il exhala sa colère contre Apollon qui
ne lui avait pas donné de quoi se faire un manteau. Et il
maudit cette cour où on lui préférait ceux qui mettaient le
vin au frais pour le soir ou veillaient dans l'antichambre
jusqu'au chant du coq. Le pis, c'était qu'on le faisait voya-
ger, qu'on l'enlevait à ses habitudes, qu'on le troublait
dans sa paresse; c'était que le duc l'envoyait gouverner au
milieu des montagnes le troupeau de Castelnuovo [3] ou le
dépêchait à Rome en ambassadeur pour apaiser les ter-

---

1. Pour tracer le portrait de l'Arioste, je me sers de ses propres
expressions.
2. *Satire* III, à Annibale Maleguccio.
3. Voir la *Satire* à Pistofilo.

ribles colères du second des Jules ; c'était que le cardinal voulait l'entraîner à sa suite en Hongrie, où l'on mangeait du poivre, où l'on buvait du vin fumeux, où l'on habitait jour et nuit dans des étuves [1]. Pour lui, il préférait reposer ses membres que de pouvoir se vanter de les avoir promenés chez les Scythes, les Indiens ou les Hongrois. Les voyages qui lui plaisaient davantage étaient ceux qu'il faisait sans payer d'aubergiste, dans le livre de Ptolémée. Il aimait mieux naviguer sur les cartes que sur le bois des navires, où l'on est obligé de se vouer à tous les saints du Paradis chaque fois que le ciel s'illumine d'éclairs [2]. Aussi s'insurgeait-il quand il lui fallait sacrifier aux exigences du cardinal son repos et ses commodités. « Si de m'avoir donné vingt-cinq écus tous les quatre mois, écrit-il à son frère Alessandro, et encore pas si assurés que bien des fois ils ne m'aient pas été comptés, doit m'enchaîner, me tenir esclave, m'obliger à suer et à grelotter sans souci que j'en meure ou que j'en tombe malade, ne lui laissez pas cette croyance ; dites-lui que plutôt que d'être esclave je prendrai la pauvreté en patience [3]. » Il n'osa cependant jamais rompre son frein et se contenta de le ronger en grommelant, trop irrésolu ou trop égoïste pour échanger contre la prêtrise ou le mariage, une domesticité beaucoup moins amère d'ailleurs qu'il ne veut bien le dire.

Livre de bonne foi, comme les *Essais*, les *Satires* de l'Arioste nous offrent un peu le même genre de plaisir. Nous savons au poète un gré infini d'avoir avec tant de candeur raconté son histoire, décrit son existence, mis son cœur à nu, convenu de ses défauts. Nous regretterions qu'il eût été plus discret. Car nous sentons bien que ce n'est pas seulement sa physionomie personnelle qui revit

1. *Satire* I, à Alessandro Ariosto.
2. *Satire* III, à Annibale Maleguccio.
3. *Satire* I.

dans cette œuvre aimable. Non pas qu'il ait étudié en lui-
même, comme l'auteur des *Essais*, « l'homme en général »,
dont il n'était pas un type aussi réussi que Montaigne et
dont la connaissance était le dernier objet de ses soucis.
Mais, en fixant sur la toile ses propres traits, il nous a
laissé en même temps un admirable portrait du bourgeois
lettré italien du xvi siècle. Francesco de Sanctis l'a excellemment expliqué : « En un siècle si artificiel, où, soit par
une passion excessive d'imitation, soit pour obtenir certains effets artistiques, on perdait de vue la réalité de la
vie, Ludovico, qui, en écrivant des comédies, des chansons
ou des sonnets pétrarquistes, se place dans un monde de
convention, mis ici en présence de lui-même, crée un
caractère comique des plus intéressants, parce que ce
n'est pas seulement son portrait à lui tout seul, mais celui
de l'Italien lettré du xvi siècle [1]. » Le bourgeois cultivé
de ce temps-là, continue en substance l'éminent critique,
ayant pour sa famille une touchante affection, mais négligent, paresseux, tranquille, n'aspirant qu'à vivre retiré
chez lui ou dans les joyeuses compagnies au moment où le
pays était sillonné de barbares ; qui, pendant que sa patrie
râlait, n'avait pas d'autre préoccupation que sa santé, ses
soucis domestiques, ses petits dédains, ses amours, ses
relations littéraires ; qui, dans un temps où Français, Allemands et Espagnols se ruaient chez leurs voisins, pas-
saient les océans, franchissaient les monts, avides de spectacles et de conquêtes, s'estimait fort satisfait d'avoir vu
Rome, la Lombardie et la Toscane, les monts qui divisent
et ceux qui ferment l'Italie, les deux mers qui la bai-
gnent [2] ; qui, pour les avoir vus, n'en continuait pas
moins de placer le centre de l'Italie et du monde entier
dans sa petite patrie locale, dans sa modeste ville de

1. *Storia della letteratura italiana* (Napoli, 1890, Morano), 4ª édit.,
t. II, p. 13.
2. Arioste, *Satire* III, à Annibale Maleguccio.

Ferrare ou dans sa bourgade d'Urbin; ce bourgeois revit tout entier dans les *Satires* de l'Arioste avec son amour du repos et son éternelle devise : *fuge rumores*. On a dit avec raison que souvent, dans un seul portrait de Tintoret ou de Frans Hals, se révélait soudain à nous toute l'histoire d'une race de doges magnifiques ou de glorieux bourgeois et, avec cette histoire, celle même de la République de Venise ou des États de Hollande [1]. L'intérêt est le même ici. A mesure que nous avançons dans la lecture des confessions de Ludovico, nous voyons se lever devant nous toute une génération d'Italiens aussi cultivés qu'égoïstes, et aussitôt s'éclaire à nos yeux d'un singulier jour l'histoire de l'agonie politique d'un grand pays dans la première moitié du XVI° siècle.

Et cela d'autant mieux que, si l'auteur remplit de sa personne le premier plan de tous ses tableaux, son crayon ne laisse pas de dessiner çà et là d'un trait juste et spirituel, habituellement fin et délicat, quelquefois au contraire un peu trop appuyé, la silhouette de quelque contemporain, homme d'Église ou homme de cour, moine, lettré ou soldat : comme celle de ce Médicis, nouvellement élu pape, qui, recevant pour la première fois son vieil ami Ludovico depuis qu'il a revêtu le plus beau des manteaux, se penche aussitôt vers lui du haut de la bienheureuse chaire, le prend par la main, le relève, lui imprime un saint baiser sur les deux joues et... le renvoie, les poches pleines d'espérances et de promesses, le dos humide et les pieds crottés, souper le soir à l'auberge du Mouton [2]; ou celle de Fra Ciurla, qui déguste du vin grec pendant que le peuple à jeun attend qu'il vienne lui expliquer l'Évangile et qui monte ensuite en chaire, rouge comme une écrevisse cuite, menaçant et tempêtant à épouvanter chacun, poursuivant de ses anathèmes les religieux qui font monter le prix du

1. Brunetière, *l'Évolution de la poésie lyrique au XIX° siècle*, t. I, p. 9.
2. *Satire* III, à Annibale Maleguccio.

vin muscat et s'en vont manger des chapons gras et des
pigeons dodus à l'auberge du More, choses qu'il se contente, lui, Ciurla, de faire dans sa cellule, en sortant du
réfectoire [1]. Par la malice ou l'âpreté du mot de la fin,
par l'exiguïté du cadre, par la précision de la ligne, par
la discrétion du coloris auquel on peut reprocher parfois
d'être un peu terne, comme par la méchanceté avec
laquelle y sont exagérés les vices du clergé romain, d'ailleurs peu estimable, de cette époque, rien ne ressemble
plus aux peintures satiriques de Joachim du Bellay que ces
miniatures. Ne voilà-t-il pas un sonnet presque tout fait?

« Bien fou qui veut contredire son seigneur, quand
même il dirait qu'il a vu le jour plein d'étoiles et le soleil
au milieu de la nuit. Que le seigneur loue ou raille autrui :
aussitôt on entend un concert de voix variées se mettre à
l'unisson; ce sont celles de tous ceux qui sont autour de
lui. Et si quelqu'un n'a pas assez de hardiesse pour ouvrir
la bouche, il applaudit avec tout le visage; à sa physionomie on voit bien qu'il veut dire : Et moi aussi, je suis de
cet avis [2]. »

Serait-il difficile d'enfermer dans l'étroite enceinte des
quatorze vers réglementaires cette petite scène de la vie
romaine et serait-elle déplacée dans les *Regrets*?

« A l'heure où les prélats demandent à leur huissier de
ne laisser entrer personne (comme font également à tierce
les moines, que ne dérange jamais le son de leur cloche
quand ils se sont mis à table), *Signor*, dis-je au portier (on
ne se sert plus du mot de *fratello* depuis que la vile adula-
tion espagnole a introduit la seigneurie jusque dans les
mauvais lieux), *Signor*, lui dis-je donc (fût-il le mousse
de la navette [3]), faites, je vous prie, que Monseigneur le
Révérendissime entende un mot. — *Agora non se puede*,

1. *Satire* II, à Galasso Ariosto.
2. *Satire* I, à Alessandro Ariosto.
3. Le portier d'un tisserand.

ed es meiore che vos torneis a la mañana. — Au moins faites qu'il sache que je suis ici dehors. — Il répond que son patron ne veut pas qu'on lui fasse ces ambassades-là, quand viendrait Pierre, ou Paul, ou Jean, ou le maître Nazaréen. — Si j'avais des yeux de lynx qui pussent pénétrer là où je pénètre avec la pensée ou que les murs fussent de verre, peut-être le verrais-je occupé à des choses qu'il devrait cacher au soleil et non pas seulement à mes yeux[1]. »

Plus rarement le cadre s'élargit, comme lorsque le poète établit un long parallèle entre la liberté des serviteurs et l'esclavage des maîtres. Lieu commun vieux comme les moralistes ! Histoire cent fois contée de l'ambitieux toujours plus avide à mesure qu'il comble plus de désirs, et toujours moins indépendant à mesure que plus d'honneurs l'enchaînent par plus de liens ! Mais en la retraçant à son tour, comme l'Arioste la fait sienne ! Comme il ressuscite à nos yeux la « fastueuse » Rome d'Alexandre VI ! Là, personne n'est plus libre qu'un valet. Il va où il veut, dans l'équipage qui lui plaît, dans la compagnie qui lui agrée, vêtu comme bon lui semble. Enveloppé d'un manteau roux, noir ou jaune, ou, s'il n'en a pas, en haut-de-chausses, il s'arrête au pont Saint-Ange ou s'égare dans les ruelles, n'ayant pas d'autre souci en tête que la légèreté de la signora Fiammetta. Son maître, qui, pour avoir le plaisir de se mettre sur la tête un chapeau noir doublé de vert, a échangé un bon bénéfice contre un mauvais, qui a beaucoup de gens à repaître et peu d'argent à dépenser — car les frais de chancellerie ont dévoré les deux premières années du revenu, — ne peut aller à Saint-Pierre où on le mande en hâte : parce qu'il n'a pas sous la main son cuisinier ou son économe pour l'accompagner, parce que sa mule est à la campagne, ou qu'elle s'est blessée à la hanche, qu'elle est revenue déferrée et boiteuse de la berge du Tibre où on

1. *Satire* II, à Galasso Ariosto.

l'avait louée à des bateliers, ou bien encore parce que la selle est brisée, la rue est interdite au malheureux. Il n'étudie ni Marc ni Mathieu : c'est bien un assez gros travail pour lui d'examiner jusqu'où il pourra tirer la corde sans rompre l'arc. Est-il enfin pourvu d'assez d'abbayes pour vivre heureux sans que les frais de son écurie ou de son tinel lui pèsent? Déjà son rang lui déplaît : il aspire à celui qui vient immédiatement après le souverain pontificat. Parvient-il à réaliser son rêve? Aussitôt il convoite le siège élevé que le cardinal de Saint-Georges[1] se désespère d'avoir tant désiré en vain. A-t-il obtenu la bienheureuse chaire? Le voilà qui entreprend de retirer ses neveux et ses fils de la vie privée. Il ne songera pas à leur donner le gouvernement des Achéens, ni à leur tailler des royaumes chez l'Ottoman au grand profit de l'Europe. Il pensera seulement à briser la Colonne et à exterminer l'Ours[2], pour leur enlever Palestrina ou Tagliacozzo. Il égorgera celui-ci dans les Marches, décapitera cet autre dans les Romagnes. Triomphant du sang chrétien, remplissant des papiers d'excommunications, payant les fureurs de Mars par des indulgences plénières, il donnera l'Italie en proie à la France ou à l'Espagne, afin qu'en la bouleversant il en puisse laisser un morceau à son sang bâtard. Mais pour cela il lui faudra solder à grands frais le Suisse ou l'Allemand : évêques, cardinaux et papes n'ont jamais ni argent dans leurs coffres ni tranquillité d'esprit[3].

Ce n'est plus ici la manière un peu grêle d'un du Bellay, c'est la large touche d'un Horace, dont le poète italien est d'ailleurs le meilleur disciple, et dont il est presque l'égal par la facilité, la grâce, l'enjouement du style, par l'ingéniosité des apologues dont il aime à semer ses causeries, par l'art avec lequel il les conte.

1. Francesco Orsini, cardinal du titre de Saint-Georges.
2. Les Orsini et les Colonna.
3. *Satire* à Galasso Ariosto.

L'étude de ces charmantes épîtres, où l'imitation est si
originale, ne pouvait être que fort salutaire à nos poètes du
xvi° siècle. Composer des œuvres qui missent à chaque
instant le lecteur dans le cas de se demander : « Ceci
n'est-il pas d'une grâce virgilienne? N'ai-je pas lu cela
chez Horace? », sans cependant jamais traduire ni Virgile
ni Horace : voilà ce qu'ils surent d'abord le moins faire.
Le danger était que, en un temps où nos écrivains se
pâmaient devant la moindre ligne partie d'une plume italienne, leur admiration ne s'étendît mal à propos des
Satires de l'Arioste à celles qui étaient réunies avec elles
dans le recueil de Sansovino. Or, il ne serait pas difficile
sans doute de relever nombre de traits agréables dans les
Satires de Bentivoglio, quelques gracieuses comparaisons
dans celles d'Alamanni, de vigoureuses tirades dans celles
de Sansovino. Mais, sans compter que ces qualités ne com-
pensent pas d'insupportables défauts, que rien ne rachète,
par exemple, la futilité des sujets chez Bentivoglio, l'affectation du style et la monotonie du tour chez Alamanni, la
crudité, la vulgarité, l'obscénité du mot chez Sansovino, la
froideur des personnifications et la banalité des allégories
chez Vinciguerra, ils méritent tous en commun le reproche
de n'avoir pas sérieusement étudié la vie ailleurs que dans
les livres de l'antiquité. Déclamant sans aucune sincérité
contre des travers inconnus de leur génération ou s'empor-
tant à froid contre des vices imaginaires, exécutant des
variations sur la misère des gens de lettres d'après la septième *Satire* de Juvénal, ou sur le bonheur de la vie cham-
pêtre d'après l'*Épode* : *Beatus ille qui procul negotiis*, ils
ne pouvaient que détourner notre poésie satirique de l'observation féconde de la réalité pour l'engager dans la voie
détestable du pastiche et de la paraphrase.

Pour d'autres raisons, ce ne devait pas être une entreprise moins dangereuse que de vouloir transporter chez

nous la satire bernesque. Car entre toutes les productions d'une littérature exclusivement artiste, il n'en était peut-être pas qui fût plus caractéristique du génie italien ni qui fût par suite moins susceptible de s'acclimater sur un sol étranger. Tout l'intérêt y est dans la forme. Il est tellement peu dans le fond qu'on pourrait dire qu'il y a un style bernesque, non une poésie bernesque. Sous un même titre se trouvent en effet juxtaposés, dans les recueils d'*Œuvres plaisantes*, des lettres, des sonnets, des portraits, des récits de voyages, des éloges burlesques en l'honneur des choses les plus frivoles, les plus dangereuses ou les plus honteuses. Ces dernières pièces sont cependant de beaucoup les plus nombreuses.

Cette poésie, qui ne pouvait florir, même en Italie, que dans un siècle où l'on concevait la vie à l'imitation d'un carnaval, naquit un mardi gras, et eut pour père le poète qui, s'il n'inventa pas le chant carnavalesque, l'éleva du moins à la hauteur d'un genre littéraire. Pour donner plus d'éclat à certaines mascarades qui, les jours de fête, parcouraient les rues de sa bonne ville, Laurent de Médicis mit dans la bouche des figurants des vers joyeux en l'honneur des dieux mythologiques, des divinités burlesques, comme la Folie et la Pommade, ou des corps de métier, dont ils conduisaient le triomphe. C'est ainsi que les places publiques de Florence retentirent de l'éloge de Bacchus et d'Ariane, de l'avarice et de la neige, des cardons et des cure-dents, mais surtout de tous les corps d'artisans dont le travail prêtait à d'infâmes équivoques[1].

De la place publique ayant passé dans les académies, ces apologies paradoxales devinrent pour un temps la principale occupation des beaux esprits. Par toute l'Italie il se

---

1. Voir *Tutti i trionfi, carri, mascherate e canti carnalieschi, andanti per Firenze dal tempo del Lorenzo de' Medici*, in Cosmopoli, 1750. Ce volume, plus facile à trouver que le Recueil du Lasca, publié en 1559 à Florence sous le même titre, en est la reproduction.

forma des compagnies d'hommes cultivés pour entendre des harangues en faveur de la salade et des poèmes sur les œufs durs. La plus célèbre fut l'académie romaine des Vignerons, dont les membres portaient chacun le nom d'un objet se rapportant à la culture de la vigne. Berni, Mauro, Molza, Firenzuola, della Casa en firent partie. Ils reconnurent comme ancêtre le vieux poète populaire Burchiello, barbier florentin, dont les *Sonnets*, semblables aux *Coq-à-l'âne* de Marot (rapprochement déjà fait plus d'une fois), sont assez souvent des enfilades de vers dont chacun a un sens précis sans que la pièce en ait un. Ils donnèrent à leurs poèmes le titre de *Capitoli* (*chapitres*), pour les rattacher aux *Buccurs* de Laurent de Médicis, vaste parodie de la *Divine Comédie* en neuf *chapitres*, et qu'on appelait couramment à cause de cela les *Capitoli* de Lorenzo. Et le succès ayant couronné les premières élucubrations des Vignerons, ces satires plaisantes allèrent se multipliant. Un premier recueil, publié à Venise en 1538 et réédité en 1542, en contenait un grand nombre [1]. Quelques années plus tard, le Lasca en donna un autre plus complet, qu'il enrichit encore dans une seconde édition [2]. Et toute la littérature burlesque n'y était pas comprise [3]. Depuis les anciens sophistes, on n'avait pas revu un pareil débordement d'écrits plus laborieux sur de plus frivoles inepties. Pas un légume, pas un fruit, pas une sauce ne resta sans pané-

---

1. *Tutte le opere del Bernia, in terza rima, nuovamente stampate*, Venezia, Curtio Navo, 1538. À la suite sont imprimés des *Capitoli* de Mauro, de Bino, de Giov. della Casa et d'autres. La Bibliothèque nationale possède un exemplaire de la deuxième édition (même titre), qui est de 1542 et contient des *Capitoli* de Berni, Mauro, Molza, Varchi, Dolce et autres.

2. *Opere burlesche di Franc. Berni, di Giov. della Casa, del Varchi...*, Firenze, Bern. Giunti, 2 vol. Ce recueil est à la Bibliothèque nationale. La 2e édition (1552-1555) est à la Bibliothèque de l'Arsenal. Celle-ci possède le recueil d'Utrecht (1760) en 3 volumes, qui est très complet.

3. Dans les recueils précédents ne figurent pas en général les pièces comprises dans celui-ci : *Capitoli del S. Pietro Aretino, di M. Ludovico Dolce, di M. Francesco Sansovino et di altri acutissimi ingegni*, 1540. Ce volume est à la Bibliothèque de l'Arsenal.

gyriste. Varchi chanta le fenouil et les pieds de mouton,
Bronzino les raves, Molza les figues, le grand Berni les
pêches, les goujons et les anguilles, Mattio Franzesi les
carottes; Grazzini, dit le Lasca, se fit une spécialité de
plaider pour tout ce qui se mange : il défendit successivement les droits de la soupe, des pois verts, des omelettes,
des épinards, des saucisses, des melons et des châtaignes.
Tous les travers de l'esprit, toutes les choses réputées
malfaisantes ou incommodes trouvèrent un avocat pour
mettre en lumière leurs vertus cachées; toutes les choses
estimables, un accusateur pour rabaisser leur réputation
usurpée. Mauro déshonora l'honneur et réhabilita le mensonge; le Lasca s'en prit à l'habitude de penser; Mattio
Franzesi exalta la toux, Dolce les longs nez, Bronzino le
tapage, della Casa la colère, Firenzuola la soif; Berni se
rendit immortel par l'éloge de la peste. On ne s'étonnera
pas que pendant cette épidémie d'extravagance trois poètes
se soient rencontrés pour célébrer : l'un, le bois de gayac, un
autre, la maladie dont les racines de ce bois étaient alors le
principal remède, et un troisième, les maisons où elle se
prend[1]. Beaucoup plus que de la fréquentation de certains
lieux la onzième *Satire* de Regnier se sent, on le voit, du
commerce avec certains poètes. Si l'auteur de *Macette* a
commis la faute que lui reproche si justement Boileau, sa
principale excuse est que Sansovino lui en avait donné
l'exemple et Berni le conseil[2].

Il serait tout aussi injuste de caractériser la satire bernesque d'après le *Capitolo* de Ludovico Martelli sur la
balançoire, que d'incarner la satire italienne dans Luigi
Alamanni, ou de reconnaître dans le *Manlius* de Lafosse le
type de notre tragédie française, à supposer que la maladie

1. Firenzuola, Bino, Sansovino.
2. Voir le sonnet qui commence par ce vers :

    S'io avessi l'ingegno del Burchiello.

de langueur dont elle est morte fût en germe dans l'*Andro-maque* de Racine. Bien que Berni et Mauro soient en partie responsables de l'ineptie et de l'obscénité de leurs imita-teurs, leurs *Capitoli* à tous les deux, mais surtout ceux du *gentile et dabbene* auteur de *la Peste*, comme l'appelle le Lasca, peuvent compter parmi les manifestations les plus heureuses de cet esprit éminemment italien qui dérive de l'imagination. Disant sérieusement des choses bouffonnes ou folâtrement des choses graves, plaidant pour Aristote devant un cuisinier, faisant invoquer les saints par un ado-rateur de Jupiter, se moquant toujours de ses sujets, de ses lecteurs et de lui-même, le poète bernesque plaisante pour plaisanter, uniquement docile aux caprices de sa verve joyeuse. Et alors, quand il s'appelle Sansovino, il n'est qu'un Scarron de bas-étage, spirituel de parti pris, gai sur commande, péniblement cocasse pour obéir aux lois du genre, et chez qui rien ne coule de source, sauf le mot malpropre et la comparaison indécente. Mais, quand il est Berni, il se fait dans sa fantasque cervelle des rappro-chements si inattendus, sa plume court sur le papier en semant des images surprenantes et des contrastes imprévus avec tant de facilité et de brio, elle garde dans sa folle allure un respect si scrupuleux du rythme et de la langue, que le plus hostile des lecteurs français se sent désarmé.

Le plaisir redouble, lorsque l'œuvre plaisante est une véritable satire. Car elle l'est quelquefois, d'autant plus mordante alors qu'elle est d'une plus apparente bonhomie et qu'elle blesse l'ennemi en le couvrant de fleurs. Si l'on conçoit qu'il ne peut rien y avoir de très méchant dans un éloge des épinards ou des carottes, on devine aisément de quelle jolie façon l'ironie, maniée par une main romaine, florentine, ou même angevine, peut accommoder nos tra-vers et nos ridicules dans un soi-disant panégyrique du mensonge, du déshonneur, du style pétrarquiste, de la poésie courtisanesque, de la vie monacale :

« Les moines s'asseoient à côté de leurs pénitentes pour converser saintement avec elles, et prennent souvent par la main les plus chères de leurs servantes obéissantes. Puis, ils leur disent que le monde est trompeur et infirme, qu'il ne s'y conserve aucune foi, qu'elles devraient songer à un amour stable et ferme. Puis, ils leur représentent comme on pèche facilement et comme la chair est fragile ; mais Dieu n'est pas long à pardonner, ou plutôt il veut que nous nous aimions les uns les autres, et il ne nous lie pas si étroitement que nous ne puissions nous divertir ensemble. Et ils leur donnent des exemples tirés des paroles sacrées, et si la dame y trouve des choses embarrassées, qui n'entrent pas très bien dans son intellect, l'adroit père les explique et les développe avec tant d'art que toutes les duchesses finissent par l'écouter.... Si je fais un péché en prêtant ce serment, que Dieu me le pardonne : je jure sur ma vie que tous les moines sont dévots, saints et bons ; car ils disent leur *Ave Maria* à genoux et tiennent à péché de rejeter les commodités que Dieu leur envoie ; car ils ne violent pas le commandement qui nous a été donné : « Croissez et multipliez[1] ».

Ne croirait-on pas entendre Macette ou Tartufe ? Mais surtout ne voit-on pas immédiatement combien pétille d'une malice tout italienne cette jolie pièce *alla berniesca*, où le venin, comme dans un *Capitolo* de Mauro, se dissimule constamment sous l'apologie, et qui s'appelle le *Poète courtisan* de du Bellay ?

Les véritables satires sont rares dans les recueils d'*Œuvres plaisantes*, les poëtes bernesques ayant été des hommes sans fiel, incapables de haïr personne en dehors de ceux qui voulaient les empêcher de rire, comme le pape Adrien VI. Aussi, nos poëtes du xvie siècle n'au-

1. Mauro, *Capitolo dei Frati*.

raient-ils pas sans doute feuilleté d'une main très studieuse
les deux volumes du Lasca, si ce recueil avait contenu
uniquement ces burlesques plaidoyers, dont l'esprit était
si difficile à transporter en terre étrangère, sans qu'il
s'évaporât dans le voyage. Mais leur attention devait être
attirée vers quelques pièces de Berni, *Capitoli* ou *Sonnets*,
qui, moins célèbres d'abord que le poème de *la Peste*,
ne tardèrent pas à passer au premier rang dans l'estime
publique : je veux parler de ces portraits de personnages
grotesques, de ces récits de voyages plaisants, de ces
descriptions d'habits lamentables, qui, soit directement,
soit par certains *Sonnets* de Pulci se rattachent au *Voyage*
d'Horace *à Brindes*, à son *Repas ridicule*, à ses caricatures
de sorcières, et qui enfantèrent dans la littérature italienne
des poèmes entiers, comme *le Pédant, la Cour* et *le Voyage
au Parnasse* de César Caporali, avant de susciter dans la
nôtre *le Repas* et *le Mauvais gîte* de Mathurin Regnier. Au
fond, ce sont encore des dithyrambes en l'honneur d'objets
hideux ou méprisables, et d'un *Capitolo* à un *Sonnet* de
Berni le style ne change guère : la trame en est toujours
formée de disparates inespérées et de comparaisons imprévues. Mais, outre le plaisir que nous procurent toutes les
œuvres de Berni, celui de nous faire assister à la produc-
tion ininterrompue d'une imagination infatigable, ses
portraits nous réservent encore cette agréable surprise
qu'on y voit rarement la plus audacieuse fantaisie déformer la réalité. La plaisanterie a beau être d'un calibre
énorme : la lecture de la pièce achevée, l'objet décrit par
le poète se lève tout entier devant nos yeux. Impossible
en apparence d'altérer plus impudemment les choses ;
impossible cependant, comme l'observe avec raison Francesco de Sanctis, d'en mieux mettre en saillie le côté
comique. Qu'on lise plutôt la description du lit où le trop
aimable curé de Povigliano invita un jour Berni à reposer
sa tête, et qui est devenu, dans la onzième *Satire* de Regnier,

le « grabat fait d'une étrange sorte » où notre poète fait
vœu de ne jamais se coucher [1]. Qu'on lise encore le *Sonnet
sur les beautés de sa dame* [2], qui est devenu dans les *Regrets*
de du Bellay le portrait de ces impudiques Romaines à qui
le poète préférait ses Angevines ; ou bien l'étonnante
caricature d'un chrétien étique, moins semblable à un
homme qu'à une ombre, à un songe, à une fièvre quarte,
modèle de la peur, *lanterne vive sous une forme humaine*,
qui, changeant de sexe sans changer de visage, est devenu
l'une des trois vieilles rechignées de Regnier, et dont le
poète italien termine triomphalement ainsi la description
burlesque, en peintre confiant dans la puissance de son
art : « Et maintenant vous avez le personnage sous les
yeux » :

> *Ora ecco vi dipinta*
> *Una figura arabica, un arpia*
> *Un uom fuggito della notomia.*

Combien digne de sa réputation est aussi maître
Guazzaletto, dont le bonnet est plus usé que le bréviaire
d'un prêtre qui a beaucoup de dévotion et peu de revenus,
et où l'on voit peintes certaines comètes avec ce dont on
assaisonne la salade ! Sa robe lui sert de saye, de cappe,
de botte, de manteau et de couverture ; « autour du cou il
semble qu'elle soit de cuir ; elle ferait une bonne passoire ;
quelqu'un qui l'aurait devant les yeux verrait la lumière
au travers, si la crasse ne l'incommodait pas ». Son pourpoint semble attaché à son dos avec de la poix. Sa mule
surtout est divine : « elle semble une mauvaise vieille
barque abandonnée, brisée et disjointe ; on lui compte les
côtes une à une ; le soleil la traverse, ainsi que les étoiles
et la lune ; elle jeûne à des vigiles dont le calendrier ne
fait pas mention ; comme un sanglier, elle a les dents hors

1. *Capitolo a Messer Ieronimo Fracastoro Veronese.*
2. *Chiome d'argento fine*, etc.

de la bouche. Pour paraître courtisane, elle mord au lieu
de baiser les gens et donne certains soufflets sourds. Des
moines n'en voudraient pas. Quand son maître veut lui
sauter sur le dos, elle gémit comme une cornemuse. Et la
mule s'en va boitant et ruant, et le maître dit : *vobis me
commendo*. »

Rien ne permet mieux de mesurer la distance qui sépare
Berni de ses rivaux que de lire après ce portrait de la
servante ou de maître Guazzaletto, soit le *Capitolo* d'un
Strascino de Sienne sur les beautés de son amoureuse,
soit *le Pédant* et *la Cour* d'un Caporali. Chez le premier,
c'est toujours le triomphe de l'obscénité [1], et, chez tous les
deux, c'est le plus souvent, au pire sens du mot, le
triomphe de la fantaisie. Avec plus d'audace que Berni,
parce qu'ils ont moins de génie, ils entassent les comparaisons sur les antithèses sans aucun souci de faire vrai,
perdant sans cesse leur modèle de vue ou dépeignant des
êtres de leur invention. Plus dignes de Berni, quoique
trop luxuriants, sont les portraits de Mauro et de Firenzuola, deux grands stylistes : « Ses cheveux sont proprement deux écheveaux de lin, posés sur une canne à
sécher. Que dirai-je de cette allègre face, qui brille comme
un vieil étang, nette comme des œufs brouillés et de l'eau
de lessive? De côté et d'autre pend une oreille beaucoup
plus belle que celle de mon grand seau, que j'achetai hier
chez un marchand de ferraille. Sa tête semble un morceau
de savon; ses deux petits yeux, deux pesons à faire
tourner les fuseaux; ils sont peints à l'huile, teints au
charbon. Son nez est comme celui de mon mortier; ses
joues ressemblent à des navets de janvier; sa gueule
paraît proprement une cruche de cuivre sur l'évier. »
Telles sont « les beautés » de l'amoureuse de Firenzuola,

---

1. Je ne dis pas cela pour Caporali, dont les poèmes sont rarement
indécents.

fort analogues à celles des dames que Mauro rencontra dans la montagne : « Jamais eau limpide ne les baigne, ni fard ne les teint en rouge, ni gant d'Ocagna ne leur couvre les mains. Mais comme la nature les fit de pure terre, ainsi s'en vont-elles ornées de terre de la tête aux pieds.... Semblable aux citrouilles est cette race de femmes : toutes sont longues et toutes d'une seule couleur : je ne saurais les dépeindre autrement.... Je me suis délivré des tentations de la chair, rien qu'à regarder les ténèbres de ces yeux, la forêt profonde de ces obscurs sourcils, et ces dents émaillées de ricotte. Leur joue paraît un oignon cuit, leurs lèvres une demi-lune et leur démarche est proprement celle d'un âne qui trotte. »

Et maintenant l'on voit clairement sur quels modèles ont été copiées toutes ces caricatures de dames en ruines et de pourpoints en loques qui surabondent dans le *Cabinet satyrique* et qui devaient entrer sous les auspices de Regnier dans la satire littéraire.

II

La poésie bernesque avait été révélée à Regnier par les chefs de la Pléiade. Ces hardis initiateurs, dont l'éternel honneur sera d'avoir ouvert toutes les voies à l'imagination française, ne pouvaient rester insensibles aux séductions d'une poésie étourdissante, ni résister au désir d'en donner un avant-goût à leurs compatriotes. Ils n'y réussirent pas mieux que dans l'ode pindarique. Mais il n'en faut pas moins savoir gré de leur tentative à ces audacieux, qui ne craignirent pas de s'exposer, en osant tant de nouveautés, à instruire leurs successeurs par leurs échecs autant que par leurs succès.

Environ trente ans avant que Regnier traduisît les *Capitoli* de Mauro au *Prieur de Jésus*, Amadis Jamyn

avait déjà eu l'idée de « déshonorer l'honneur ». Elle
n'était pas mauvaise. En un temps où le rigoureux point
d'honneur faisait moins de héros que de victimes et de
grotesques, c'était une bonne inspiration pour un poète,
que de vouloir rendre les duels ridicules, comme pour un
roi de les interdire. Aucun sujet n'avait plus d'actualité.
Et un Amadis Jamyn lui-même en aurait pu tirer un
excellent parti, si, au lieu d'avoir les yeux rivés sur le
texte de Mauro, il les avait quelquefois levés sur les
frères aînés du baron de Fœneste. Malheureusement il se
contenta presque, comme Regnier, d'être un traducteur.
Et quelle traduction que la sienne! On ne saurait imaginer quelle chose terne, froide et pesante est devenue
entre ses mains cette chose si légère et si vive qui s'appelle un poème de Mauro. Encore Jamyn, comme s'il
sentait qu'il forçait son talent, a-t-il singulièrement
écourté son modèle : son *Capitolo* est beaucoup moins
long que la sixième *Satire* de Regnier, beaucoup moins
longue elle-même que les deux pièces italiennes réunies [1].

Plus original, l'*Hymne* de du Bellay à Ronsard *sur la
surdité* n'a pas beaucoup plus de valeur. C'est un vrai
Capitolo. Pour être de Sansovino, il ne lui manque que
d'être obscène; pour être de Varchi, que d'être amusant,
pour être de Berni, que d'être poétique. A cela près, il est
aussi bien conçu d'après les traditions du genre qu'une
tragédie de Campistron est conforme à la poétique de Boileau. Longue dédicace de l'auteur à son correspondant;
protestation qu'il va prendre son sujet au sérieux, n'étant
pas de ceux qui « changent le blanc en noir », « déguisent
la douleur sous le nom de plaisir », et se creusent la cervelle

> Pour louer la folie ou pour louer la peste;

[1]. *Contre l'honneur.* Cette pièce se lit aux pages 203-207 dans l'édition
Brunet : *Œuvres poétiques* d'Amadis Jamyn, avec sa vie par G. Colletet et
une introduction par Charles Brunet, Paris, 1879, Wilhem.

dissertation sur les origines de la surdité; satires inno-
centes contre tous les bruits qui nous rompent la tête,
contre le braiement des ânes et contre le caquet des avocats, contre le grincement des charrettes et contre le babil
des femmes : tout y est, sauf ce brio, cette verve, cette
fantaisie qui rendent supportables de pareilles élucubrations. Décidément, même pour être manié par un homme
d'esprit comme du Bellay, l'éloge bernesque n'était pas
une marchandise bonne à importer en France.

A moins cependant qu'il ne se rapprochât tout à fait de
la satire proprement dite. *Le Poète courtisan* le prouve
bien. Car cette pièce célèbre, qui, pour n'être pas traduite,
ni même imitée d'aucun poème bernesque, n'en rappelle
pas moins de près les *Capitoli* de Mauro, peut passer pour
l'un des plus parfaits modèles d'un art où excellent quelques Français du xixe siècle finissant, mais où le moindre
rimailleur d'outre-monts est depuis longtemps passé
maître : l'art de dire une chose pour faire entendre exactement le contraire.

L'œuvre de du Bellay en offre un autre spécimen, moins
important et moins heureux. C'est l'un des *Sonnets* contre
les impudiques beautés romaines, le xci^e des *Regrets* :

> O beaux cheveux d'argent mignonnement retors!
> O front crespe et serein! et vous face dorée!

Il est traduit à peu près littéralement du plus ironique et
du moins chargé en couleurs parmi les portraits burlesques de Berni, le *Sonnet sur les beautés de sa dame* :

> *Chiome d'argenta fine, irte e attorte*
> *Senz'arte, intorno ad un bel viso d'oro.*

L'influence de Berni est d'ailleurs sensible dans presque
toutes les pièces satiriques des *Regrets*. Si du Bellay n'a
pas tenté de lui prendre son coloris, il a visiblement
essayé d'attraper, si l'on peut dire, son tour de main. En

effet, outre que l'idée de faire de la satire en sonnets ne pouvait guère venir qu'à un lecteur de Berni, de Pulci et de Burchiello, on n'aura pas de peine à constater que la plupart des sonnets satiriques du recueil sont un peu taillés sur le patron de ceux-ci :

« Avoir un rôti de passereaux et de becfigues maigres; manger du porc salé sans boire; être las et ne pouvoir s'asseoir; être assis trop près du feu et trop loin du vin; faire tôt ses paiements et tard ses recouvrements; être à une fête et ne rien voir; suer en janvier comme en août; avoir une petite pierre dans son escarpin et dans une chausse une puce qui se promène de haut en bas comme une estafette; avoir une main propre et l'autre sale, un pied chaussé et l'autre nu; être attendu et en retard : qui plus en a, plus en mette, et compte tous les genres de souffrances : la plus grande de toutes est d'avoir une femme. »

« Une papauté composée d'égards, de considérations et de discours, de plus, de peu, de mais, de si, de peut-être, de pourtant, de beaucoup de paroles sans effet, de vous amuser (pour ne pas débourser) avec des audiences, des répliques et de belles paroles, de pieds de plomb et de neutralité, de patience, de démonstrations, de foi, d'espérance et de charité, d'innocence, de bonnes intentions (autant dire de simplicité, pour ne pas donner une autre interprétation), fera peu à peu, vous le verrez, canoniser le pape Adrien [1]. »

Les *Regrets* doivent moins cependant au créateur de la satire plaisante qu'au créateur de la satire régulière. Cette parenté entre l'Arioste et du Bellay n'avait pas échappé à Sainte-Beuve. « La Rome des *Satires* de l'Arioste, écrit-il

---

1. Une œuvre qui ne fut peut-être pas étrangère à la conception première des *Regrets* est celle d'Alamanni. Exilé de Toscane en Provence, il chanta ses regrets dans une série de sonnets, d'ailleurs peu intéressants, imprimés avec le reste de ses œuvres en 1532 : *Opere toscane di Luigi Alamanni al re christianissimo Francesco primo*, Firenze, 1532.

quelque part, revit tout entière dans les *Regrets*. » C'est beaucoup dire. La Rome de l'Arioste ne revit pas plus entièrement dans la Rome de du Bellay que ne revit entièrement dans celle-là la Rome d'Horace. La deuxième n'est pour ainsi dire qu'une réduction de la première, qui n'est elle-même qu'une réduction de la troisième : à travers les tableaux satiriques du Latin, c'est en effet toute l'humanité qui se laisse voir en raccourci; à travers ceux du Ferrarais, ce n'est plus que toute l'Italie à un certain moment de son histoire; à travers ceux du Français, c'est uniquement le coin de l'Italie que pouvait découvrir un étranger qui ne sut pas s'y acclimater. Tandis que sous leur petit volume les *Satires* de l'Arioste — et c'en est le mérite — sont le journal complet de la vie d'un homme, en qui s'est incarnée toute une génération; tandis que les *Satires* d'Horace sont en quelque sorte le journal de toute vie humaine, les *Regrets* de du Bellay ne sont pas autre chose qu'un journal de voyage.

Et non seulement l'on ne doit pas y chercher toute l'Italie de l'Arioste; mais il ne faut pas s'attendre à y trouver tout à fait la même Italie. Entre le dernier séjour à Rome de Ludovico et l'arrivée de Joachim, il n'était pas passé beaucoup d'eau sous le pont Saint-Ange; mais il était passé dessus beaucoup de barbares :

> Ne pense, Robertet, que ceste Rome cy
> Soit ceste Rome là, qui te souloit tant plaire.
> On n'y fait plus crédit, comme lon souloit faire;
> On n'y fait plus l'amour, comme on souloit aussi.
>
> . . . .
>
> On ne voit que soldartz et morrions en teste;
> On n'oit que tabourins et semblable tempeste,
> Et Rome tous les jours n'attend qu'un autre sac.

Le meilleur éloge qu'on puisse faire des sonnets des *Regrets* est même qu'ils nous offrent généralement une autre Rome que les *Satires* de l'Arioste, et la plus juste

critique qu'on puisse adresser à quelques-uns, c'est qu'ils
ressemblent trop à tout ce qui s'écrivait depuis un siècle
contre l'entourage des papes, et que le poète y semble,
non pas peindre d'après nature, mais développer un des
lieux communs de la satire italienne. Quand il franchit
les monts, le mouvement de contre-Réforme commençait à
se dessiner à Rome. Le cardinal Borromée allait bientôt
transformer en monastère la ville païenne de la Renaissance. L'indécence, sinon l'immoralité, en disparaissait
déjà. Pour montrer par un seul exemple avec quelle
réserve il faut croire parfois à la parole de du Bellay, je
ne nie point qu'il ait pu surprendre les neveux de Sa
Sainteté en train d' « épier cautement » s'il n'y aurait
pas dans les crachats de leur oncle quelque signe avant-
coureur de sa mort et de leur disgrâce, mais je ne suis
pas aussi sûr qu'il les ait vus « faire l'amour en manteau
rouge » ailleurs que dans les tercets des poètes et dans la
prose des nouvellistes [1].

A quelques détails près, la satire de du Bellay me paraît
sincère. Je la crois originale ; car, à ma connaissance, rien
n'y est traduit, sauf le XCI° *Sonnet*. Si les *Regrets* ressemblent aux *Satires* de l'Arioste, ce n'est donc pas qu'ils
en soient une contrefaçon. Ce n'est pas non plus seulement
parce que les deux observateurs ont assisté à peu près aux
mêmes spectacles. C'est surtout parce qu'ils les ont vus du
même œil malicieux et dessinés à peu près du même trait,
plus grêle chez du Bellay ; parce qu'ils ont enfermé tous
deux leurs portraits dans le cadre d'une épître familière,
plus développée chez l'Arioste ; enfin, parce que dans ces
lettres intimes les deux poètes ont si complètement épanché

1. Du Bellay a certainement vu des cardinaux promener dans leur carrosse des dames de l'aristocratie romaine. Voilà ce qui l'a choqué, voilà ce
à quoi il fait allusion, quand il dit qu'il les a vus « faire l'amour en cappe » ;
il ne faut pas prendre pour une vérité ce qui n'est qu'une plaisanterie
de satirique. A partir du pontificat de Pie IV, les cardinaux cessèrent de
se promener avec des dames.

leur cœur, que à l'aide des *Satires* on peut reconstituer
toute la vie de Ludovico et à l'aide des *Regrets* toute une
partie de la vie de Joachim. Et voilà pourquoi, bien qu'on
ne puisse pas plus dire de du Bellay qu'il s'est contenté de
convertir en sonnets les tercets de l'Arioste, qu'on ne
peut dire de celui-ci qu'il s'est borné à répéter en italien
ce qu'Horace avait dit en latin, on ne saurait lire cependant les vers du premier sans se demander à plusieurs
reprises s'ils ne seraient pas par hasard traduits du second.

Très admirés à leur naissance, très populaires encore
auprès des auteurs qui collaborèrent au *Cabinet satyrique*
et qui ne se sont pas fait faute de les piller à l'occasion [1],
curieusement étudiés par Regnier qui y a dérobé plus
d'un vers, les *Regrets* ont eu et devaient avoir une influence
sérieuse sur le développement de la satire française. Ils
donnaient un premier modèle de la satire des mœurs. Ils
révélaient à nos poètes l'existence des deux satires italiennes. Ils leur enseignaient le prix du bon goût et de la
décence. Ils laissaient cependant beaucoup à faire. Après
eux, la satire des idées restait à naître, et, comme dans
l'enceinte exiguë de quatorze alexandrins, si bien appro-
priée du reste à la mesure de son talent, l'auteur n'avait
pu ni mettre en scène des comédies, ni développer des
récits, ni en somme dessiner ses personnages autrement
que de profil, il fallait que la satire des mœurs cherchât
un cadre beaucoup plus ample pour se déployer à l'aise.
Ce cadre pouvait-il être celui du conte ou du dialogue
plutôt que celui de l'épître en alexandrins? Évidemment.
Mais sous l'influence des Italiens et des Latins c'était ce

1. Voir dans le *Cabinet satyrique* un sonnet sur les dames courtisanes
(éd. de 1632, Paris, p. 95) et dans le *Parnasse satyrique* cinq sonnets sur
les jeunes courtisans (éd. de Gand, 1861, Duquesne, p. 88). Tous ces sonnets sont calqués sur ceux de J. du Bellay. Voir aussi les dix sonnets
satiriques de Jean de la Taille.

dernier qui avait le plus de chances d'être adopté, et c'est aussi bien celui-là que fit adopter l'autorité de Ronsard.

L'œuvre de Ronsard est en effet la première en date dans notre littérature d'où l'on puisse extraire une riche collection d'épîtres. Car rien n'empêcherait de réunir sous ce titre un grand nombre de pièces tirées des *Poèmes*, des *Discours*, du *Bocage Royal* et même des *Élégies*. Ce recueil comprendrait notamment la troisième pièce du *Bocage royal*, où Ronsard trace tout un programme de poète satirique et s'emporte contre les vices de son temps en combinant la première *Satire* de Juvénal avec la quatrième *Satire* d'Horace :

> Qui, bon dieux! n'escriroit voyant ce temps icy?
> Quand Apollon n'auroit mes chansons en soucy,
> Quand ma langue seroit de nature muette,
> Encores par despit je deviendrois poëte [1];

le *Discours contre Fortune* au cardinal de Chastillon ; deux lettres au même, une à Jean du Thier, une à Pierre L'Escot, une à Christophe de Choiseul, pour lui recommander Belleau, une au roi Henri II *Sur la paix*, une à Charles de Pisseleu ; deux billets à Olivier de Magny ; un *Discours* à Jacques Grévin ; toutes pièces qui font partie du recueil des *Poèmes*; enfin le *Discours* à Louis des Masures et les éloquentes épîtres à la reine et au peuple de France *Sur les misères de ce temps* [2]. Ces dernières pièces exceptées, ces épîtres ne brillent guère par l'originalité des idées. L'auteur y reprend tous les lieux communs de la morale antique sans grande conviction, s'étendant sur les vicissitudes de la fortune, conseillant la modération dans les désirs, gémissant avant Regnier et parfois dans les termes mêmes que celui-ci devait reprendre plus tard sur la ser-

---

1. Éd. Blanchemain, t. III, p. 285.
2. Éd. Blanchemain, t. VI, p. 156, 275, 301, 150, 188, 201, 216, 229, 276, 308, 269, 270, 311; t. VII, p. 49, 9-32, 54.

vitude où les courtisans sont assujettis, en attendant que la mort les surprenne « sur un coffre [1] » :

> Lors j'appris le chemin d'aller souvent au Louvre ;
> Contre mon naturel j'appris de me trouver
> Et à vostre coucher et à vostre lever,
> A me tenir debout dessus la terre dure,
> A suivre vos talons, à forcer ma nature [2] ;
> Et bref, en moins d'un an, je devins tout changé
> Comme si de Glaucus l'herbe j'eusse mangé [3].

Que ces lettres en vers soient les chefs-d'œuvre du genre, je ne le prétends donc nullement. Que la satire des mœurs eût avantage à prendre chez nous la forme du discours ou de l'épitre, je ne l'affirme pas non plus. Mais si quelqu'un la lui a imposée, ce n'est pas un Passerat par sa *Divinité des procès*, un Jean de La Taille par son *Courtisan retiré*, un Nicolas Le Digne par son *Discours satyrique contre ceux qui écrivent d'amour* [4]; c'est évidemment Ronsard par ses *Poëmes* et ses *Discours*.

Je ne sais, en effet, si aucune partie de l'œuvre du chef de la Pléiade fut plus imitée. Aucune assurément n'était plus digne de l'être. Il fallut sans doute que les successeurs de Ronsard rendissent son alexandrin moins terne et moins flasque ; que, satirique ou non, l'épitre évitât entre leurs mains les deux écueils où il la fait tomber tour à tour : une excessive facilité qui la rapproche d'une lettre en prose, un lyrisme de mauvais aloi qui l'encom-

---

1. Comparer Regnier, *Satire* III, vers 14, et Ronsard, *Poëmes*, livre I, *la Salade*, épitre à Amadis Jamyn (éd. Blanchemain, t. VI, p. 88) :

> En peu de temps les courtizans s'en vont
> En chef grison ou meurent sur un coffre.

2. Regnier, *Satire* II, vers 63, éd. Courbet, p. 16 :

> J'ay changé mon humeur, altéré ma nature.

3. *Poëmes*, livre II, *Discours contre Fortune* au cardinal de Chastillon, t. VI, p. 160.

4. Sur ces pièces, d'ailleurs intéressantes, voir l'*Histoire de la satire*, par Viollet-le-Duc en tête de son édition de Regnier (*Bibliothèque elzévirienne*), et surtout Lenient, *la Satire au XVIe siècle*.

bre de comparaisons ambitieuses, d'allégories glaciales,
d'insupportables généalogies mythologiques. Songez qu'au
plus beau moment de l'éloquent *Discours sur les misères
de ce temps*, le poète s'interrompt tout à coup pour nous
conter les vilaines actions d'une certaine dame Opinion,
qui dut la vie à Présomption, surprise un jour par Jupiter
ivre au pied de l'Olympe, suça le lait de Cuider

> et fut mise à l'escole
> D'Orgueil, de Fantaisie et de Jeunesse folle.

Il est encore des critiques qui protestent contre la réforme
de Malherbe : n'ont-ils jamais lu l'histoire de ce caprice
d'un dieu mythologique pour une allégorie et de ce substantif masculin servant de nourrice à un défaut moral?
Ces réserves faites, à qui donc revient l'honneur d'avoir
essayé le premier chez nous de construire une période
en alexandrins à peu près bien équilibrée? A qui, celui
d'avoir tenté de rendre notre grand vers capable de porter
une idée, d'exposer une théorie, de réfuter un adversaire?
A qui, sinon à l'auteur du *Poète courtisan* sans doute,
mais surtout à celui des deux *Discours sur les misères de
ce temps*, de la *Remontrance au peuple de France*, du
Discours contre Fortune? Une preuve me suffira : incomparable dans la satire des mœurs plutôt que dans celle des
idées, moins satirique en somme que peintre et poète
comique, Regnier ne s'est montré qu'une seule fois un
vigoureux polémiste : nous verrons que ce jour-là, pour
terrasser son adversaire, il ne se fia pas uniquement à sa
haine contre le regratteur des mots et des syllabes, mais
qu'il demanda à Ronsard une leçon d'escrime.

Après les chefs de la Pléiade, où en était en somme la
satire française? Ronsard ne l'avait pas créée : mais il
lui avait façonné un cadre. Du Bellay en avait donné un
premier modèle : mais chez lui elle étouffait dans un

cadre trop étroit. Que restait-il donc à faire? Une chose bien simple, semble-t-il : il restait à verser la matière déjà travaillée par du Bellay dans le moule préparé par Ronsard. Il est vrai, et Regnier ne fit pas autre chose. Mais ce n'était pas faire peu que de faire seulement cela. Car autant la matière était pauvre encore, autant ce moule était encore inapte à recevoir des contes, des fables, des dialogues, des scènes de comédie, voire des portraits en pied. C'est dire qu'après les chefs de la Pléiade, l'œuvre en était encore à ses fondations, et qu'en dehors des sources où ils s'étaient adressés, satires latines, satires italiennes, œuvres plaisantes de Berni, notre satire avait tout intérêt à en chercher de plus vivifiantes.

Celui qui les découvrit ne fut pas le sieur de la Fresnaie, Vauquelin. Car, adoptant sans aucune modification la forme d'épître inaugurée par Ronsard, il se contenta d'y transporter des idées volées aux poètes avec qui du Bellay avait rivalisé de talent. Aussi peut-on lui appliquer en toute vérité la plaisanterie que Regnard se permit un jour contre Boileau : à supposer que ses *Satires* disparaissent toutes un jour, nous n'en perdrions pas une seule pour cela; celles que nous ne retrouverions pas chez Horace ou Juvénal, nous irions les chercher dans le livre suivant : *Sette libri di Sattire di Ludovico Ariosto, Hercole Benti-voglio, Luigi Alamanni, Pietro Nelli, Antonio Vinciguerra, Francesco Sansovino et d'altri scrittori, raccolti per F. Sansovino.*

III [1]

Entre les soixante et trois façons que Panurge avait de s'enrichir, Vauquelin pratiqua la dernière : il prit leurs vers aux Italiens par manière de larcins furtivement faits. Il

---

1. Ce paragraphe est en partie extrait d'une étude sur les *Satires* de Vauquelin que j'ai publiée dans la *Revue des universités du Midi*, t. I, nº 4.

avoue sans doute dans sa préface qu'il a suivi l'Arioste dans quelques *Satires*; il déclare ailleurs qu'il s'est « quelquefois inspiré des vulgaires voisins » et qu'il a emprunté à autrui de quoi « meubler sa maison ». Mais ces demi-confessions n'ont été qu'une habileté suprême. Chacun y voyant l'expression d'une noble franchise, personne ne s'est encore avisé de découvrir que s'inspirer « quelquefois des vulgaires voisins », c'était puiser à pleines mains, sans jamais en nommer un seul, chez les Hercule Bentivoglio, les Alamanni, les Vinciguerra, les Nelli, les Sansovino, les Dolce, et chez d'autres seigneurs de moindre importance; qu' « emprunter des meubles » aux Italiens, c'était mettre au pillage le recueil de Sansovino au point d'en voler jusqu'à la préface : *Discorso sopra la materia della Satira.*

On nous dit que Vauquelin nous offre dans les *Satyres françoises* « un sincère portrait de lui-même [1] ». La vérité est que cet impuissant ne sait par lui-même ni louer ses amis, ni parler de ses livres, ni définir son caractère, ni dater une pièce, ni faire une transition. « Mais, dit-il à d'Angennes, après une digression,

> Mais, pour tourner au port où du commencement
> Je detachay l'esquif de mon entendement
> Quand j'entray dans la mer de vos vertus si rares [2].... »

C'est absolument dans les mêmes termes que Dolce, après une digression, revient à l'éloge de Bentivoglio :

> *Ma per tornar al lito, onde io slegai*
> *La navicella del mio poco ingegno,*
> *Quando nel mar de vostri honori entrai [3]....*

1. Lemercier, *Étude littéraire et morale sur les poésies de Jean Vauquelin de la Fresnaie* (Nancy, 1887), p. 208.

2. Livre I, à Messire Claude d'Angennes, édition Travers (Caen, 1869), p. 171.

3. Recueil de Sansovino, livre VII, *Satire* I.

« Amy de la Vérune, dit Vauquelin à messire Gaspard de Pellet, sieur de la Vérune,

> Plus je voy le mespris et l'envie estre au monde,
> Plus en moy le desir de te louer abonde [1]. »

Tel est exactement le compliment adressé à son ami Giuliano Buonaccorsi, trésorier de Provence, par Luigi Alamanni dans sa *Satire* VII, dont celle de Vauquelin est une traduction :

> *Quanto piu il mondo d'ogni intorno guardo,*
> *Honorato Giulian, piu d'hora in hora*
> *Di voi sempre lodar mi struggo et ardo.*

« Je ne sçauroy, écrit ailleurs Vauquelin dans une *Satire* bien connue [2],

> Je ne sçauroy, comme à dieux immortels,
> Aux plus mechants dresser vœux et autels.
> Je ne sçauroy d'une parole fine
> De feintes fleurs embellir une epine....
> Je ne sçauroy, quand je scay le contraire,
> Suivre le mal et laisser à bien faire,
> A l'honneur vrai l'utile preferant....
> Je ne sçauroy, promettant faussement,
> Decevoir Dieu par quelque faux serment
> Ni mes prochains ; et je ne m'approprie
> Ce qui n'est mien ni de mon industrie,
> Voilà pourquoy d'honorer ne me chaut
> Les Grands à qui la Fortune plus vaut
> Que le bon sens, et pourquoi tant m'agree
> Auprès de Caen la normande contree,
> Et cela fait que nos lieux me sont or
> Ma cour, mon Louvre et mon palais encor [3]. »

Il est singulier comme les goûts de Vauquelin ressemblent à ceux d'Alamanni : « Je ne saurais plus qu'aux dieux immortels rendre honneur, les genoux courbés,

<hr>

1. Éd. Travers, p. 387.
2. Lemercier, p. 212 ; Marcou, *Morceaux choisis, Poésie,* p. 102 ; A. Darmsteter, *Morceaux choisis des Auteurs du XVIe siècle*, p. 279.
3. Livre III, à Ph. de Nolent, éd. Travers, p. 266-269.

aux plus injustes, trompeurs et scélérats qui soient. Je
ne saurais en parlant couvrir les épines de feintes fleurs.
Je ne saurais, quand je sais le contraire, user comme bons
des mauvais conseils, préférant l'utile à l'honneur vrai....
Je ne saurais décevoir les hommes et Dieu avec des serments et de fausses promesses, ni ne saurais faire mien
ce qui est à autrui. Voilà pourquoi il ne me chaut, ni ne
m'a jamais importé, de suivre ceux en qui la Fortune vaut
plus que le bon sens. C'est ce qui a fait que mon royaume
et mon trésor sont mon encre et mes papiers et que je
demeure aujourd'hui en Provence plus volontiers qu'ailleurs [1]. »

Après cela, irons-nous chercher dans les *Satyres françoises* un tableau fidèle de la société française au
xvie siècle? Tous ceux qui ont étudié jusqu'ici l'œuvre du
poète normand ont pensé qu'ils pouvaient et devaient le
faire [2]. Sur quelle base fragile reposaient ces prétendues
reconstitutions historiques et toutes celles qu'on tenterait
à l'aide des œuvres de Vauquelin, je n'ai pas eu de peine
à le démontrer ailleurs. Un seul exemple ici me suffira.

1. *Satire* X :

  Non saprei piu ch'a gli immortali Dei
   Render honor con le ginocchia inchine
   A piu ingiusti che sian, fallaci et rei.
  Non saprei nel parlar coprir le spine
   Con simulati fior....
  Non saprei, no, dove 'l contrario intendo.
   I malvagi consigli usar per buoni
   Davanti al vero honor l'util ponendo....
  Io non saprei ingannar gli uomini et Dio
   Con giuramenti et con promesse false,
   Ne far saprei quel ch'e d'un altro mio.
  Questo e cagion che non mi cal, ne calse
   Anchor gia mai, di seguitar coloro
   Ne quai fortuna piu che'l senno valse.
  Questo fa che'l mio regno, e'l mio thesoro
   Son gli inchiostri et le carte et piu ch'altrove
   Hoggi in Provenza volentier dimoro.

2. Allais, *Malherbe et la poésie française à la fin du XVIe siècle* (Paris,
1891), p. 145-148; Lemercier, p. 204-208.

C'est dans la *Satire* à Bertaut, dit-on, que Vauquelin « a fait l'énumération lamentable des maladies qui travaillent la France. Tous les crimes, tous les vices se sont donné rendez-vous dans ce malheureux pays [1] ». Voici la vérité : si vous exceptez les huit premiers vers et les huit derniers, cette longue *Satire*, qui n'occupe pas moins de quatorze pages dans l'édition Travers, est traduite, j'entends traduite mot à mot, de la deuxième *Satire* de Vinciguerra.

Que Vinciguerra donc et Sansovino, que Dolce et Bentivoglio, que Nelli et l'Arioste, qu'Horace et Juvénal reprennent chacun son bien dans les *Satires* de Vauquelin, il ne lui restera pas une idée, même de détail. Semblable au Ménippe de La Bruyère, « il ne sent pas, il ne pense pas ; il répète les sentiments et les pensées d'autrui ». Il est vrai qu'il a cherché à les répéter à propos. Il a été assez avisé pour comprendre, par exemple, que les paroles adressées par l'Arioste à Bembo, cardinal et lettré, ne pouvaient s'appliquer à aucun autre Français mieux qu'à du Perron, également évêque et lettré, et que le chancelier de Chiverny pouvait être consulté sur le même sujet que le jurisconsulte Trebatius. Avouons donc, puisqu'il se vante d'avoir « inventé », qu'il n'a pas été dépourvu de tout esprit d'invention : il en a eu assez pour savoir bien choisir ses correspondants.

Avec le même empressement, nous concéderons qu'il a poussé l'art de la composition (puisqu'il se glorifie aussi d'avoir « composé [2] ») jusqu'à faire quelquefois des centons. Juvénal, Nelli et Alamanni peuvent revendiquer chacun sa part de la *Satire* à Ponthus de Thiard [3], et dans la

1. Lemercier, p. 209.
2. J'imite, je traduis, j'invente, je compose.
3. Édition Travers, p. 422. Comparez Juvénal, *Satire* I ; Alamanni, *Satire* XII ; Pietro Nelli, *Satire* II

S'io havessi 'l spirto di Pietro Aretino.

Vauquelin a traduit ce début dans la *Satire* au comte de Tillières :

Si médisant un Arétin j'estois.

Satire au Roi, les vers qui ne sont pas imités de la première *Épître* d'Horace, et pour l'un desquels on a fait à Vauquelin l'honneur de le rapprocher de Musset :

> Je sçay combien il faut de liqueur en mon vase [1],

sont tirés de la première *Satire* de Vinciguerra :

> *Et so quanto empie il mio vaso.*

Mais le travail de la mosaïque paraît à notre poète trop difficile encore ou trop pénible. Le plus souvent il choisit un modèle unique, et, élaguant un peu, paraphrasant beaucoup, il suit pas à pas le chemin tracé. C'est ainsi, sans compter deux chapitres d'Epictète, qu'il a traduit six *Satires* d'Horace, trois de Sansovino, trois d'Alamanni, deux de Bentivoglio, une de Vinciguerra, une de Dolce, cinq de l'Arioste. Ou bien encore il fond deux ou trois œuvres ensemble, quand elles sont exactement sur le même sujet. Lorsque vous lisez ce début :

> Depuis la mort du chantre Epinevaux,
> Sans pleurs n'ont point esté les bons frelaux [2],

vous vous rappelez aussitôt la *Satire* d'Horace : *Ambubaiarum collegia.* Mais l'imitation de Vauquelin vous paraît libre et originale [3]; car il a modifié le plan du modèle, et voici des traits nouveaux :

> Combien de fois, Sibary, parfumé,
> Peigné, mignard, d'amour tout alumé,
> T'es tu trouvé faisant le pied de grue,
> Long attendant en quelque coin de rue
> En esperant de la grande approcher,
> Que retournois éperdu te coucher,
> N'ayant souvent chez toy de quoy repaistre ?

---

1. Éd. Travers, p. 141.
2. *Id.*, p. 402.
3. Ainsi la qualifie M. Travers, p. 801.

Détrompez-vous : ce petit tableau appartient à Bentivoglio et le plan à Sansovino [1]. Quand Vauquelin semble s'affranchir de son modèle, c'est qu'il traduit servilement les imitations libres et originales que d'autres en ont faites.

Il ne lui reste donc que son style, et chacun s'accorde à le trouver terne et languissant. Ses traductions ne sont cependant pas toujours malheureuses. Inhabile à construire la plus courte période, il avait du moins appris de son ami Robert Garnier à ramasser sa pensée dans un vers solide. Çà et là, entre deux phrases embarrassées, on en voit de tels qui se détachent et qu'on croirait de Regnier ou de Rotrou :

> Le pleur de l'héritier sous le masque est un ris [2].

Il faut convenir également que le vieil esprit gaulois l'a parfois bien inspiré :

> ...J'ay dit plusieurs fois qu'en bonté
> Nul n'est parfait sans femme à son côté,
> Et qu'on ne peut jamais vivre sans blame,
> Ni sans peché, quand on vivra sans femme :
> Car qui de soy n'en a point, il faut bien
> Qu'il emprunte à quelques gens de bien [3].

L'Arioste avait dit moins heureusement : « Nul n'est parfait en bonté sans femme à ses côtés, ni ne peut être sans péché s'il est sans femme; car qui de soi n'a rien est forcé de chercher son bien au dehors, mendiant ou volant [4]. »

Mais de tels éclairs brillent rarement dans l'œuvre de Vauquelin. En général, s'il rencontre dans son modèle un jeu de mots, il le rend inintelligible; une expression fami-

1. Bentivoglio, *Satire* I, à Andrea Napolitano; Sansovino, *Satire* III, à Alessandro Campesano.
2. *Haeredis fletus sub persona risus est* (Publius Syrus); éd. Travers, p. 339.
3. Éd. Travers, p. 348.
4. *Satire* à Annibal Maleguccio, tercets 5 et 6.

lière, il l'efface; une page vigoureuse, il l'énerve. Nul ne
sait aussi bien accumuler les synonymes ou multiplier les
équivalents. Pour traduire un vers, il lui en faut deux ou
trois :

> Si pour avoir tu suis la poesie
> Et si tu l'as pour le profit choisie,
> Docte Baïf, à vivre tu n'entends [1].

> *Se tu eleggi per ben la poesia*
> *Giulio, tu intendi malamente il mondo* [2].

Au lieu d'un mot, il en met trois ou quatre :

> Quand on dit : « j'ai » toute la compagnie
> S'en éjouït; mais quand on dit : « *je sai,*
> *Je suis savant et j'en ai fait l'essai* »,
> Cela ne plait.

> *Il dir « io ho » gli animi altrui consola;*
> *Ma il dir « io so », s'altro non hui, non giova.*

C'est pitié de voir de quelle allure languissante Vauquelin fait marcher ces jolis contes si vivement enlevés
par l'Arioste et quelle peine il se donne pour noyer dans
son verbiage l'admirable concision d'Horace. Car, comment pense-t-on qu'il ait traduit cette demi-ligne : *virtutem*
verba putas? En épuisant la liste des synonymes qu'on peut
donner au mot « parole » :

> Peut-estre penses tu que ce sont des *paroles,*
> Que ce sont *contes faux,* que ce sont *mots frivoles,*
> Que les noms des vertus, que ce sont des *discours*
> Qui ne peuvent donner à nos defauts secours [3].

Ce passage de Vauquelin nous donne une idée exacte de
son talent d'écrivain. Trouver des synonymes aux termes
d'autrui est en somme sa manière d'inventer; éteindre les

---

1. Livre III, à Baïf.
2. Sansovino, *Satire* II, début.
3. Éd. Travers, p. 283.

expressions originales du modèle, son procédé pour démarquer ses emprunts, et mettre une cheville au bout d'un vers, sa façon de se l'approprier :

> Depuis Maroc jusqu'à Catay *d'ici*
> Depuis le Nil jusqu'en Dacie *aussi*
> Je m'en iroy[1].

> *Dal Marocco al Catai, dal Nilo in Dazia,*
> *Non che a Roma, andero.*[2]

Quelle influence pouvaient avoir sur le développement de la satire naissante ces cinq livres de *Satyres*, soi-disant *françoises*, publiées en 1605, mais écrites depuis assez longtemps, puisqu'elles sont dédiées pour la plupart à des contemporains de Desportes? Est-ce qu'elles apportaient quelque nouveauté, à tout le moins quelque perfectionnement? On voit assez comment il faut répondre à cette question. Loin d'inaugurer dans notre poésie la peinture des mœurs, Vauquelin enseignait à la contrefaire. Loin de révéler des sources inconnues, il épuisait les anciennes sans en tirer un véritable profit. Au lieu d'établir définitivement la suprématie de l'alexandrin, déjà recommandé aux épistoliers par les exemples de la Pléiade, il lui faisait encore de nombreuses infidélités pour le vers de dix pieds; au lieu de tremper l'acier d'une arme, qui n'avait pas assez de fermeté chez Ronsard pour être tout à fait propre aux combats de la satire, il l'amollissait et l'émoussait encore. Qu'il ait dans la mesure de ses forces contribué à mettre la satire à la mode, voilà tout le mérite qu'on peut lui reconnaître. Mais il ne fut à aucun degré un initiateur. Ce n'est pas à lui que Regnier dut l'orientation de son génie. Si Mathurin se tourna vers la satire, c'est surtout, nous allons le voir, parce que le mouvement littéraire de son temps tendait tout entier de ce côté.

---

1. Éd. Travers, p. 283.
2. Arioste, *Satire* à Annibal Maleguccio.

IV

A première vue, rien n'est plus confus que l'histoire de notre poésie pendant le règne de Henri IV. La préciosité et la gauloiserie y sont également en honneur. Les stances doucereuses, les sonnets quintessenciés, les quatrains obscènes et les odes polissonnes y trouvent un égal débit. Les mêmes libraires éditent avec le même succès, et parfois dans les mêmes recueils, la *Douche* de Rapin *aux belles biberonnes des eaux de Pougues* et les *Psaumes* de du Perron. Les Sygognes, les Berthelot, les Motin, qui dépeignent en vers rabelaisiens les appas de Perrette et de Macette, courtisanes jurées, se rangent parmi les poètes « les plus signalés de leur temps » au même titre que les Porchères, les Sponde, les du Perron, qui chantent en vers pétrarquistes les

> Doux chaînons de *leur* prince, agréable supplice ;

traduisez : les cheveux de la marquise de Monceaux [1]. Ces poètes se connaissent et s'estiment. Quelques-uns cultivent tous les genres à la fois. Regnier dédie une *Satire* à Bertaut, et sa muse, tour à tour affétée et forte en gueule, parle tantôt le langage maniéré de Philis, tantôt l'idiome épicé de Macette. Bref, il semble qu'il n'y ait plus à cette date ni règles certaines, ni modèles consacrés, ni genres préférés, et que la littérature flotte au hasard sans avoir personne pour la diriger, sans même se soucier de trouver quelqu'un qui lui imprime une direction.

Cependant avec un peu d'attention on découvre que certains courants l'emportent dans un sens bien déterminé. Et tout d'abord, est-ce qu'on n'assiste pas à une renais-

---

1. Premier vers des *Stances* de Porchères sur les cheveux de la marquise.

sance de la peinture des mœurs, qui avait presque disparu pendant l'épanouissement de l'art tout lyrique de la Pléiade? Bornons-nous à citer des œuvres qui comptent. Tandis que d'Aubigné corrige les vers de ses *Tragiques* et médite son *Baron de Fæneste*, paraissent en 1608 les *Satires* de Regnier, en 1605 celles de Vauquelin, en 1600 une traduction française de *Gusman d'Alfarache*. Si nous remontons un peu plus haut, les *Dialogues* de Henri Estienne nous introduisent à la cour italienne des derniers Valois; si nous descendons un peu plus bas, *les Caquets de l'accouchée* nous font pénétrer dans la bourgeoisie parisienne du règne de Louis XIII; si nous portons nos regards en dehors des œuvres qui ont survécu à l'oubli, ils tombent sur une multitude de piécettes satiriques, que les contemporains se sont arrachées avec fureur à leur apparition, par exemple : *l'Ile des hermaphrodites*, en 1605, *les Visions d'Aristarque* en 1606, *l'Inventaire du courtisan*, en 1609, le *Discours nouveau sur la mode*, en 1613, pour ne point parler de cette lignée de poètes satiriques enfantés par les succès de Regnier [1].

Que s'était-il donc passé en France depuis Ronsard et du Bellay? Les originaux étaient-ils devenus plus nombreux, les travers plus grotesques, la liberté de les fustiger plus complète? Cette thèse serait facile à établir. Songez-y donc : des cadets de Gascogne et des aventuriers italiens venant se disputer les faveurs d'un roi navarrais et d'une reine florentine, quel gibier pour des satiriques! Les fanfaronnades des uns et la dissimulation des autres, la grossièreté cynique des premiers et l'élégant libertinage des seconds, quelle admirable matière à mettre en anti-

---

1. *L'Ile des hermaphrodites nouvellement découverte* (sans nom de lieu, ni date); nous savons par L'Estoile que cette pièce parut en avril 1605 et qu'elle se vendit un prix excessif. *Les Visions d'Aristarque* sont de novembre 1606; L'Estoile nous en a conservé le texte primitif; elles figurent dans le *Parnasse satyrique*. *L'Inventaire du courtisan* figure dans les *Muses gaillardes* de 1609.

thèses! Et quelle bonne fortune pour un médisant que
de vivre sous un prince, ennemi du mensonge, qui
répondit, d'après L'Estoile, à ceux qui le sollicitaient de
rechercher l'auteur de l'*Ile des hermaphrodites* : « Je ne
puis pourtant pas punir un homme pour avoir dit la
vérité! » Vit-on jamais un étalage plus impudent de toutes
les sottises humaines, des poètes moins gênés pour faire
monter les ridicules sur le théâtre, des spectateurs plus
disposés à applaudir la pièce? J'en conviens. Je ne suis
pas très sûr cependant que le libertinage ait été un vice
inconnu à la cour de Henri II, ou l'ambition un travers
étranger à l'entourage de François II. Peut-être les
exemples de cruauté n'ont-ils pas tout à fait manqué sous
le règne de Charles IX. Je serais même surpris qu'en
aucun pays et en aucun temps les sujets eussent fait défaut
aux observateurs ou l'occasion aux mauvaises langues.
On assure qu'en France la satire ne perd jamais ses droits,
qu'elle est parfois d'autant plus audacieuse qu'elle est
moins libre, et que les choses qu'elle n'a pas le droit
d'appeler par leur nom, elle sait les appeler autrement, et
de façon à en doubler l'effet.

Mieux vaudrait soutenir que, les guerres civiles ayant
suspendu toute vie littéraire à la fin du xvıᵉ siècle, la
France revint alors d'elle-même aux genres de poésie qui
auront toujours ses prédilections, quand elle échappera
aux influences d'une culture importée de l'antiquité ou
de l'étranger. Et quelle belle série de parallèles on pourrait exécuter sur ce thème, qui contient un grand fonds de
vérité! On comparerait la résurrection des traditions gau-
loises de la littérature avec la renaissance de la vie
nationale; on rapprocherait l'avènement de Henri IV de la
popularité reconquise par son aïeul Pantagruel; on mon-
trerait Malherbe et Regnier accomplissant à eux deux dans
la république des lettres l'œuvre que le prince accomplis-
sait à lui seul dans le royaume de France, l'un y rétablis-

sant le bon ordre et l'autre la bonne humeur. Le malheur pour cette thèse est que le mouvement d'où est sorti ce réveil de la satire commence à se dessiner avec les *Dialogues* d'Henri Estienne, et même avec les *Regrets* de du Bellay. Et puis, est-il bien établi que les guerres civiles aient vraiment supprimé en France les habitudes intellectuelles créées par la Pléiade? Loin de là : peut-être serait-il aisé de démontrer au contraire qu'autant la littérature de 1793 sentit parfois son ancien régime, autant celle des sujets du Béarnais fut à l'occasion éminemment ronsardisante. Est-ce que vous connaîtriez rien de moins rabelaisien que les vers d'un Porchères? rien de plus fade que les premières poésies d'un Malherbe? Et quand les Bertaut, les du Perron, les Regnier chantent la bataille d'Arques et l'entrée de Henri IV à Paris, écriraient-ils par hasard d'un autre style que les chefs de la Pléiade, applaudissant aux exploits de la maison de Guise?

Je ne veux pas nier, sans doute, le contre-coup que les désordres de la Ligue et l'avènement de Henri IV ont pu avoir sur notre poésie. Encore moins songerai-je à contester qu'il suffit de la première occasion venue pour réveiller chez nous, quand elle a disparu, l'habitude si française d'épier les mœurs du voisin et de s'amuser à ses dépens. Mais c'est surtout dans l'histoire elle-même de la littérature que je chercherai l'explication de ses évolutions. Les poètes dépendent moins de ceux qui vivent à leurs côtés que de ceux qui ont écrit avant eux. Quelquefois ils les imitent; plus souvent ils les combattent, semblables à ces nouveaux rois qui, craignant de persévérer dans les errements de leurs pères, recommencent les fautes de leurs aïeux. Pour plaire à ses auditeurs, Racine songea moins à leur offrir leur portrait sur la scène qu'à prendre le contre-pied de Corneille, dont ils étaient las. Quand il fut passé de mode à son tour, on refit des *Rodogune* et des *Astrate* pour ne pas continuer à faire des *Andromaque*. De même, les contemporains de Henri IV ne revinrent à la peinture des mœurs pour aucune autre cause plus pressante sinon que la Pléiade y avait renoncé. Si nous voyons à cette date remonter la sève gauloise, ce n'est pas seulement parce que les mœurs ambiantes en favorisent la poussée; c'est surtout parce que Ronsard l'avait comprimée. On dira que cette littérature satirique dérive en grande partie des *Regrets* et des *Discours sur les misères de ce temps;* mais par cela même on reconnaîtra qu'elle procède de ce qu'il y avait dans l'œuvre de la Pléiade de moins conforme au programme de l'école. Une réaction n'en mérite pas moins son nom, parce que le signal en a été donné par les anciens révolutionnaires. Et il y eut vraiment réaction : si quelque tendance générale se dessine alors dans la poésie, c'est même uniquement celle-là, et le seul caractère bien déterminé de cette période de notre histoire littéraire, c'est que de tous les côtés, sans toujours le vouloir, ni même le savoir, on s'insurge contre l'école antérieure. La preuve, c'est qu'on fait revivre à peu près tout ce qu'elle avait condamné à mort : poésies de circonstances, coq-à-l'âne et gauloiseries; c'est qu'on restaure le culte des deux divinités dont elle avait brisé l'autel : toute la littérature courtisanesque de cette époque accuse en effet une admiration mal dissimulée pour Marot; toute la littérature satirique, une vénération manifeste pour Rabelais. Et pour nommer uniquement deux grands poètes, qu'est-ce en définitive que Desportes, sinon un Marot qui s'est nourri des Italiens? Qu'est-ce que Regnier, sinon un Rabelais qui écrit en vers?

Rabelais surtout fit les délices de cette génération. Discréditée par la Pléiade, mais soigneusement entretenue pendant cette disgrâce par quelques dévots, par les Noël du Fail, les Étienne Tabourot, les Guillaume Boucher, la religion de la Divine Bouteille et de son joyeux prophète ose reparaître au grand jour de la place publique. Le *Pantagruel* devient la source vive où s'abreuvent les écrivains. Chacun essaie d'y puiser un élément de succès. Les uns, comme l'auteur de l'*Ile des hermaphrodites*, demandent au maître un cadre pour y enfermer le portrait de leurs contemporains. Pour la plupart, son œuvre se substitue à la vie, et, au lieu de peindre les mœurs de leur temps comme il avait fait celles du sien, ils se contentent de mettre en vers le portrait de sa Sibylle, la consultation de son Rondibilis ou le naufrage de son Panurge :

> Pousse la rame, tire, serre,
> Guinde ce mast. Bo, bo, la terre
> S'enfuit de nous....
> A deux doigts de la mort nous sommes.
> O! le souverain bien des hommes
> Planter des choux dans les marès,
> Un pied sur terre et l'autre auprès [1]!

Ceux-ci frappent en médailles ses proverbes. Ceux-là, en lui empruntant, comme Beroalde de Verville, ce qu'il y avait de plus facile à lui prendre, à savoir l'énormité de son ordure, s'imaginent lui avoir dérobé tout le secret de son génie. Mais personne ne remonte par-dessus sa tête jusqu'à nos vieux trouvères. Du moyen âge, les contemporains de Regnier connaissent uniquement le *Roman de la Rose*, qu'ils imitent à l'occasion avec profit et dont ils citent l'auteur avec admiration [2]; des fabliaux et des farces, ils n'ont pas l'air de soupçonner l'existence; d'un Villon même, c'est à peine s'ils semblent avoir lu le *Grand Testament* : car il ne me souvient pas qu'un seul ait jamais nommé le poète, loin de s'être réclamé de son œuvre ou d'avoir revendiqué son héritage. Nul doute cependant

---

1. *Le Royaume de la febve* dans les *Fleurs des plus excellents poètes de ce temps* (Paris, Bonfons, 1601), p. 205. Voir la *Satyre contre une vieille* de Sygognes dans les *Muses gaillardes* de 1609, p. 87, et dans *le Cabinet satyrique*, p. 163; et Regnier, *Satire IV*, vers 59-60.

2. Voir Regnier, *Discours au Roy*, vers 182.

qu'ils l'aient recueilli sans le savoir, et qu'en eux revive tout l'esprit du moyen âge. Faut-il s'en étonner? Ils le retrouvaient dans le *Pantagruel*.

Ils le retrouvaient aussi dans leurs chers Italiens. En effet, avec une réaction générale contre les tendances de la Pléiade, avec la renaissance de la peinture des mœurs et le renouveau de la popularité de Rabelais, qui sont deux conséquences de cette réaction, ce qui caractérise cette période de notre littérature, c'est que l'admiration pour les Italiens y atteint son apogée. La Pléiade les avait consacrés classiques et placés aux côtés des anciens. Mais de modèles subsidiaires, ils deviennent alors modèles principaux, quelquefois uniques. Ne sait-on pas que Malherbe et Regnier en ont usé un jour, l'un avec Tansillo, l'autre avec Mauro, exactement comme Vauquelin avec Alamanni et Bentivoglio? Est-il besoin de rappeler que, un plaisant ayant publié sous le nom de *Rencontre des muses françoises et italiennes* des sonnets de Desportes mis en regard de leurs prototypes italiens, le poëte se déclara prêt, si on le voulait, à allonger lui-même la liste de ces rapprochements [1]? A-t-on oublié les *Dialogues* où Henri Estienne flétrissait cet asservissement du génie français au génie italien? Mais puisque, malgré ses efforts, malgré la mort des fils détestés de Catherine, malgré l'avènement d'un roi si français par le cœur et le caractère, cet engouement ne fit que croître, ne faut-il pas, pour s'expliquer comment il est né et surtout comment il a persisté, chercher ailleurs que dans la tyrannie de la mode et dans l'influence personnelle de princes italianisés? Oui, sans doute. En pillant les Grecs et les Romains, la génération précédente avait cru simplement reprendre, là où elle les trouvait, ces idées générales qui lui paraissaient constituer sa part légitime

---

1. La liste vient d'être beaucoup allongée par M. Francesco Flamini dans ses *Studi di storia letteraria italiana e straniera*, Livourne, Guisti, 1895.

du patrimoine commun de l'humanité; celle-ci, en volant
les Italiens, sentit, plus ou moins vaguement, qu'elle se
bornait à rentrer en possession d'une moitié de notre héritage national, qui s'en était allé au delà des Alpes pendant
que l'autre passait les Pyrénées. Tout ce qu'il y avait de
chevaleresque et de religieux dans la littérature épique et
dramatique du moyen âge français, les Espagnols, on le
sait, s'en étaient emparés; tout ce qu'il y avait de galan-
terie précieuse dans la poésie lyrique de nos trouvères, de
caustique dans nos fabliaux et nos farces, les Italiens en
avaient fait leur profit [1]. Voilà pourquoi il ne faut pas
blâmer un Desportes, un Regnier, un Malherbe, un Rotrou
d'avoir réclamé notre bien à ses détenteurs pour le léguer
après eux aux Corneille, aux Molière et aux Racine. Encore
moins faut-il s'étonner qu'ils aient agi avec les Italiens
comme un propriétaire agit avec ceux qui recèlent une
partie de sa fortune. Supprimez cette cause profonde : il
devient incompréhensible que la France soit demeurée
aussi longtemps tributaire de l'Italie. Quand bien même
nos rois auraient pendant plusieurs générations demandé
aux banquiers de Florence des femmes aussi bien dotées
qu'acariâtres, jamais l'esprit courtisanesque n'aurait suffi
à lui seul pour nous mettre pendant une aussi longue
suite d'années à l'école de l'étranger.

Une observation essentielle le confirme. Cet enthousiasme
pour les Italiens s'est-il étendu à toutes leurs productions
indistinctement? Il s'en faut de beaucoup. L'empire de la
mode a beau passer pour être irrésistible, jamais elle n'a
pu mettre en vogue chez nous ce qu'il y avait en Italie de
vraiment indigène. Si nos écrivains demandent aux Italiens des inspirations, c'est quand ils rencontrent dans
leurs vers ou dans leur prose une étincelle de cette pré-

---

1. Voir Gebhart, *les Origines de la Renaissance en Italie*, et Brunetière,
la Littérature française au moyen âge, Études critiques, 1ʳᵉ série, p. 55 et
suiv.

ciosité galante ou une parcelle de cet esprit gaulois qui avaient distingué nos anciens poètes. Et, par exemple, à qui s'adressèrent les prédilections de ces enfants sanssouci qui, entre 1600 et 1615, entretinrent à la Pomme de Pin les traditions de Villon pour les transmettre à Théophile et à Faret? Ce fut d'abord à l'auteur des *Dialogues plaisants* sur la vie des courtisanes, des femmes mariées et des religieuses, au divin Pietro Aretino [1]. Ce fut ensuite à la poésie bernesque, mais seulement à ce qu'elle avait de moins italien. Ni Berthelot, ni Sygognes, ni Motin, ni Regnier ne songèrent, en effet, à chanter les louanges de la gélatine. La réputation usurpée d'Aristote les laissa froids. L'ingratitude des hommes envers la saison de la Peste les toucha médiocrement. Les épinards et les cardons leur parurent meilleurs à manger qu'à mettre en alexandrins, et peut-être préféraient-ils, comme Panurge, le cervelas qui donne soif. Conter le *Voyage* des poètes au *Parnasse* ou les *Obsèques de Mécènes*, c'était bon pour Caporali. Mais traiter les sujets « suaves » recommandés par Berni au Burchiello de l'avenir; mais emprunter tous les procédés de l'éloge bernesque pour établir victorieusement qu'une paire de cornes est le plus bel ornement d'un front masculin; mais déshonorer ce stupide honneur,

> Qui veut nous faire entendre en ses vaines chimeres,
> Que pour ce qu'il nous touche, il se perd, si noz meres,
> Noz femmes et noz sœurs font leurs maris jaloux;

mais entonner un hymne en l'honneur de la profession dont Macette est chez nous le plus illustre représentant [2] : voilà qui sembla aux Sygognes, aux Regnier et aux Motin, digne de leur muse gauloise et digne du cabaret de la

1. Voir chap. III, § III.
2. Voir la *Satire* VI de Regnier; l'*Éloge des cornes* dans *les Muses gaillardes* de 1609; l'*Apologie de don Chagos* dans *les Muses inconnues* de 1604, dont le sujet est le même qu'un *Hymne* de Motin, publié dans *le Cabinet satyrique*.

Pomme de Pin, où se réunissait cette nouvelle Académie
des Vignerons. Encore préféraient-ils chez Berni ce qui
leur rappelait l'Arétin, et par conséquent Rabelais. Pour
trois éloges *a la berniesca* qui figurent dans les éditions
successives du *Recueil des vers piquants et gaillards de ce
temps*[1], *Muses inconnues* de 1604[2], *Muses gaillardes* de 1609,
Cabinet satyrique de 1618, on y compte au moins vingt
caricatures de dames maigres, de dames grasses, de dames
édentées, de courtisanes en retraite, d'entremetteuses
jurées, et combien de descriptions de manteaux en loques
et de pourpoints crasseux !

Comment d'ailleurs on imitait la littérature italienne
autour de Regnier, les exemples de Vauquelin suffiraient
à le montrer. On peut y joindre ceux de Sygognes. Leurs
recettes ne diffèrent pas. Ils n'ont chacun que deux formules. Tout le monde les connaît : car, pour être vieilles
comme l'imitation, elles sont toujours en usage. Ce sont
celles qui ont servi à Campistron pour faire du mauvais
Racine, à Regnard pour faire de l'assez bon Molière.

Première formule : Prenez une page d'un satirique italien et la délayez en dix ; vous aurez suivant le modèle
choisi du Vauquelin ou du Sygognes. Voulez-vous un
échantillon du premier ? Contentez-vous d'extraire de Sansovino la ligne suivante : « les courtisans préfèrent le
jambon à la poésie », et de substituer au mot « jambon »
une énumération de victuailles digne de Rabelais :

> Puisque les grands au *jambon* de Mayence,
> Au *cercelas* donnent la preference
> Sur mille vers qui leur sont presentés,
> Ne rendant pas leurs esprits contentés ;
> Qu'ils prisent plus la *poire* bergamotte,
> La *pappardelle* et la bonne *ricotte*,

1. Sous-titre du *Cabinet satyrique.*
2. *Les Muses inconnues ou la seille aux Bourriers*, 1604. Il n'en reste
qu'un exemplaire, qui est à la Bibliothèque de l'Arsenal. Il en a été donné
une réimpression en 1862, chez Gay, à Paris.

> Le *marzepain* et le *biscuit* bien fait
> Que de Ronsard le carme plus parfait,
> O que lourdauts et que bestes nous sommes
> De tant louer indignement les hommes,
> J'entends les grands! [1]

Préférez-vous avoir un avant-goût du second? Vous n'avez qu'à cueillir dans Berni cette comparaison : « ce chrétien est une lanterne vive sous une forme humaine », et qu'à faire ensuite un sort à votre lanterne :

> On dit de peur que je ne mente
> Qu'en la bataille de Lepente
> Sur la galère d'Ouchaly
> Vous estiez fanal d'importance,
> Et depuis encore qu'en France
> Vous feustes longtemps chez Gondy.
>   Mais par un accident cassée,
> D'un rang vous estes abaissée;
> Changeant à tous les coups de lieu,
> Comme misérable lanterne,
> Vous servez ore à la taverne
> Tantost aux morts à l'Hostel Dieu [2].

Deuxième formule : Prenez cent vers à Horace, vingt à Bentivoglio, autant à Luigi Alamanni; agitez et servez : c'est le Vauquelin demandé. Fondez en un seul et même personnage la sibylle de Rabelais, l'homme étique de Berni et la dame de Firenzuola, et insérez hardiment ce portrait dans les *Muses gaillardes* : c'est un Sygognes authentique :

> Ceste vieille et noire corneille
> Des ans la honte et la merveille....
> Qui deja froide, seche et blesme
> Portoit la sallière au babtesme
> De la Sibille de Pansoust;
>   Ceste respirante momie
> Dont l'on cognoist l'anatomie
> Au travers d'un cuir transparant

1. Vauquelin, *Satire* à Baïf (livre III); Sansovino, *Satire* II.
2. *Satyre contre une vieille sorcière*, dans les *Muses gaillardes* de 1609, p. 91, dans le *Cabinet satyrique*, p. 397. J'ai adopté le texte des *Muses* en corrigeant un mot.

> Et dont le corps sec et etique
> Rendroit dedans une boutique
> Sçavant un barbier ignorant....
>   Ses yeux dont la clarté décline
> Sembloient deux flambeaux de resine
> Dont la fumée esteint le feu....
>   Et ses dents, vray rateau d'ebeïne,
> Rendoient si forte son haleine
> Qu'un chien en eust éternué [1].

Cette sympathie pour l'Italie et pour Rabelais n'excluait pas chez les contemporains de Henri IV la vénération pour les modèles antiques, ni même chez la majorité d'entre eux le respect pour la Pléiade. L'auteur du *Pantagruel* ne détrôna pas l'auteur de *la Franciade*. On les adora l'un et l'autre comme deux puissants dieux. Dans la poétique de la Pléiade on prisait fort, en effet, tout ce qui autorisait les négligences et encourageait la paresse sous prétexte de défendre les droits de l'inspiration. Et puis, le programme de la *Deffense et Illustration de la langue françoise* n'était-il pas si vaste qu'il semblait tout embrasser? Est-ce qu'il n'embrassait pas en effet tous les genres de poésie à la seule condition que l'antiquité ne les eût pas ignorés? Or, que n'a-t-elle pas connu, cette vénérable antiquité? Est-il une forme de l'affectation qu'elle ait oublié d'inventer? Est-il une grivoiserie qui ne puisse se faire pardonner, s'il suffit pour l'excuser qu'un ancien en ait une semblable à nous offrir? Quand les Porchères, les Sponde, les du Perron faisaient des concetti sur la chevelure de la marquise de Monceaux, est-ce qu'ils ne continuaient pas la tradition des Alexandrins? Quand Regnier entrait dans les lieux qui riment en français avec le nom de Faret et dans ceux qui riment en italien avec le nom de Burchiello, est-ce qu'il n'y retrouvait pas les traces de Pétrone? Aussi Ronsard ne croyait-il pas avoir manqué à ses principes

---

1. *Satyre contre une vieille.* J'ai adopté le texte du *Cabinet satyrique*, celui des *Muses gaillardes* étant très fautif.

pour être descendu quelquefois des hauteurs où il planait
avec Pindare et avoir entonné quelques chansons gaillardes
dignes de Martial, et qui n'étaient pas indignes de Rabelais. Enfin, quoique, à tout prendre, le réveil de la littérature satirique et de l'esprit gaulois aux environs de 1600
nous apparaisse comme une réaction contre les tendances
générales de la Pléiade, et qu'il ait été provoqué en effet
par une lassitude mal avouée de l'art savant de Ronsard,
est-ce qu'on vit jamais les révolutionnaires de la première
heure rompre entièrement avec le passé? Est-ce qu'ils ne
sont pas au contraire les plus ardents à le défendre? Voltaire et Ducis ont-ils renié Racine pour Shakespeare?
L'auteur d'*Andromaque* eut-il de plus chauds partisans que
ces précurseurs éloignés du romantisme? Ne trouvons
donc pas étrange que les poètes du xviie siècle commençant aient confondu pour la plupart Ronsard et Rabelais
dans une même admiration; qu'en désaccord avec la
Pléiade pour tout le reste, ils lui aient encore appartenu
par leur prosodie, par leur grammaire et par leurs procédés de composition, et qu'ils aient par suite combattu
Malherbe, sans se douter qu'ils faisaient souvent campagne
avec le réformateur.

V

Révolte incomplète, révolte inconsciente chez la plupart
des écrivains, mais révolte à peu près universelle contre la
Pléiade; et, par suite de cette insurrection contre une
poésie toute lyrique et toute éloquente, retour à la peinture des mœurs; et, par suite de ce réveil de nos vieilles
tendances à la satire, regain de popularité en faveur de
Rabelais et en même temps recrudescence d'admiration
pour les Italiens, avec une prédilection pour tous ceux

d'entre eux chez qui s'était réfugié le vieil esprit gaulois :
tel fut donc dans ses grandes lignes le mouvement général
de la littérature au début du xviiᵉ siècle. Il ne fut créé
ni par Regnier, ni par Malherbe. Tout ce qu'ils firent,
d'autres l'avaient déjà tenté. Avant Malherbe, on l'a
démontré, une école de réformateurs avait inventé, suivant le mot de Regnier, « de sauvages lois pour gêner
Apollon [1] ». Avant Regnier, Vauquelin avait composé des
satires imitées des anciens; d'autres avaient mis en vers
du Rabelais ou essayé de la poésie bernesque [2]. L'honneur
de Regnier est d'avoir fait profiter la satire de toutes les
ressources créées par ce mouvement littéraire et qu'on
gaspillait autour de lui sans en soupçonner la valeur. Il
comprit notamment que le *Pantagruel* et les *Plaisants
dialogues* recélaient non seulement de la matière à *gaillardises* et à *folastreries*, mais d'excellentes études de
mœurs, bonnes à transporter dans la poésie la plus classique. Pour remplir le moule satirique façonné par les
efforts de Ronsard, il ne suffisait pas d'y verser les *Regrets*
de du Bellay. Vauquelin s'était contenté d'y introduire
du Bentivoglio et du Sansovino, c'est-à-dire de l'Horace
délayé et du Juvénal réchauffé. Regnier y fit entrer un
peu de Berni, mais surtout du Rabelais et de l'Arétin, et,
guidé par ces deux grands maîtres, s'il ne créa pas chez
nous la satire philosophique, bien qu'il ait mêlé à son
Horace beaucoup de Montaigne, il fonda du moins la
comédie de mœurs et de caractères.

1. Voir Brunot, *la Doctrine de Malherbe d'après son commentaire sur
Desportes*, Paris, 1891.
2. Voir, par exemple, *le Royaume de la febve* dans *les Fleurs des plus
excellens poètes*, Paris, 1601, et *l'Apologie de don Chagos* dans *les Muses
inconnues* de 1604.

CHAPITRE III

I. La Pléiade et les anciens, l'Arioste. — II. Les poètes bernesques. — III. Rabelais et l'Arétin. — IV. Ce que Regnier a voulu faire; ce qu'il a fait.

A quelles sources Regnier a-t-il puisé davantage? Si nous nous en rapportons uniquement aux impressions qu'aura éveillées en nous une première lecture des *Satires*, nous répondrons sans hésiter : il a recueilli l'héritage de nos vieux trouvères. Ses œuvres ont, en effet, une saveur toute gauloise. « Même quand elles sont traduites des anciens, dit avec raison M. Lenient, elles ont le goût du terroir »; sa *Macette* ressemble moins à une élégie d'Ovide qu'à un fabliau; les héros de son *Repas ridicule* et de son *Mauvais gîte* ne rappellent pas tant les personnages des satires latines que ceux dont les aventures défrayent les contes pour rire de notre moyen âge.

Mais si nous interrogeons le poète lui-même sur ses ascendants, il nous répondra qu'il s'est contenté de « glaner le reste des moissons que les poètes de la Pléiade avaient rapportées des champs de l'antiquité sur leurs fortes épaules [1] ». Élevé, en effet, dans le culte de Ronsard, il s'est nourri l'esprit de ses poèmes; il n'a pas vu de salut

1. Début de la *Satire* III.

pour l'art en dehors des règles posées par du Bellay; il n'a
pas cherché de moules pour verser ses pensées, en dehors
des genres classés et définis dans la *Deffense et Illustration
de la langue françoise*.

La vérité, c'est qu'il fut le disciple de Ronsard un peu
dans la mesure où Lagrange-Chancel, Crébillon et Voltaire
le furent de Corneille et de Racine. Rien n'est plus
contraire à la poétique de *Polyeucte* et de *Phèdre* qu'*Inès*,
Rhadamiste et *Mérope*; mais en apparence rien n'y est plus
conforme. Ce sont toujours des sujets tirés de l'histoire
ou de la légende; c'est toujours la règle des trois unités;
ce sont toujours des rois et des princesses, et toujours
des vers. Ces vers sont même ceux des modèles. Car pour
un poëte dramatique du xviii⁰ siècle, le triomphe de l'art
d'écrire, c'était d'enchâsser une expression tirée d'*Athalie*
dans un distique emprunté à *Cinna*; le triomphe de l'art
de versifier, c'était de faire rimer les hémistiches de
Corneille avec ceux de Racine; et le triomphe de l'art
de composer, c'était de mettre les héros de l'un dans la
situation des héros de l'autre. On supposait par exemple
que les deux fils d'un despote asiatique aimaient la même
femme, comme les deux fils de Mithridate, et qu'ils
avaient, comme eux, leur propre père pour rival; que l'un
défendait, comme Xipharès, la politique nationale, et que
l'autre conseillait, comme Pharnace, l'alliance avec les
Romains; mais on supposait en même temps que l'un des
frères était marié à la princesse dont on lui disputait le
cœur, et qu'ayant passé pour mort, comme Thésée, il
revenait inopinément, comme lui, auprès de sa femme au
moment où elle allait s'abandonner, comme Phèdre, à un
nouvel amour; qu'à la vue de son mari, elle renonçait
immédiatement, avec la générosité de Pauline, à une passion qui devenait coupable; que le prince disparu retour-
nait d'ailleurs dans sa patrie, déguisé en ambassadeur
romain, et qu'il y était insulté, comme Flaminius, par un

Nicomède, mais par un Nicomède doublé d'un Mithridate, qui recevait les envoyés du Sénat, comme le héros de Corneille, et aimait la maîtresse de son fils, comme le héros de Racine : — et l'on avait *Rhadamiste* et *Zénobie*. Mais rien n'était plus différent, en réalité, des chefs-d'œuvre de notre répertoire tragique que ce drame touffu dont chacun de ces chefs-d'œuvre pouvait revendiquer un morceau. Dans un cadre tout classique, il était impossible de faire entrer des aventures plus romanesques. Par la complication de l'intrigue, par l'imprévu des situations, par l'invraisemblance des sentiments, cette tragédie, comme celles de tous les successeurs de Corneille et de Racine, fait songer à celles de leurs prédécesseurs. Les Lagrange-Chancel, les Lafosse, les Campistron, les Crébillon, les Voltaire même croyaient ne relever de personne autre que des grands modèles ; ils prétendaient conserver intact le patrimoine qui leur avait été légué; ils le défendaient avec acrimonie contre l'invasion des étrangers; mais, bien qu'ils se parent des plumes de Racine, on dirait qu'ils ont étudié leur métier uniquement à l'école des Théophile, des Rotrou et des Hardy.

Regnier donne une illusion semblable. C'est avec ceux de nos poètes qu'il a le moins pratiqués qu'il a le plus d'affinité : avec Villon et Marot, auxquels il n'a pas emprunté un seul vers; avec les auteurs des fabliaux, dont il ne soupçonnait probablement pas l'existence. Et s'il diffère généralement de quelqu'un, c'est de celui dont il savait les poèmes par cœur, dont il s'appropriait sans scrupule les vers et les rimes : le chef de la Pléiade.

I

Les poèmes de Ronsard et de ses disciples furent pour Regnier ce que furent pour Crébillon et Voltaire les tragédies de Corneille et de Racine : des dictionnaires de rimes, des cahiers d'expressions, des *Gradus ad Parnassum*, où il allait cueillir l'épithète qui lui manquait et l'hémistiche qui lui échappait. Il y puisa à pleines mains. Il mit sa coquetterie à faire reconnaître les vers de ses maîtres dans les siens, à reproduire leurs mouvements les plus célèbres. Et par exemple, comment personne ne s'est-il encore avisé de remarquer que la fameuse *Satire* en faveur de Ronsard, c'était Ronsard lui-même qui en avait dessiné le plan ?

S'il en faut croire, s'écrie Regnier, ces rêveurs

> dont la Muse insolente,
> Censurant les plus vieux, arrogamment se vante
> De reformer les vers,

les Grecs, les Latins et les Hébreux n'ont rien fait qui vaille ;

> Ronsard en son mestier n'estoit qu'un aprentif;
> Il avoit le cerveau fantastique et rétif;
> Desportes n'est pas net; du Bellay trop facille ;
> Belleau ne parle pas comme on parle à la ville :
> Il a des mots hargneux, bouffis et relevez
> Qui du peuple aujourd'huy ne sont pas aprouvez.

S'il en faut croire

> Ces nouveaux defroquez, apostats et belistres,

s'écrie Ronsard,

> Les autres ne sont rien sinon que grosses bestes,
> Gros chapperons fourrez, grasses et lourdes testes.

> Sainct Ambrois, sainct Hierosme et les autres docteurs
> N'estoient que des rêveurs, des fols et des menteurs.
> Avec eux seulement le Sainct Esprit se treuve
> Et du sainct Evangile ils ont trouvé la febve.

Il semble, poursuit Regnier, à entendre le discours
« hautain et généreux » de ces réformateurs,

> Que Phœbus à leur ton accorde sa vielle,
> Que la Mouche du Grec leurs levres emmielle,
> Qu'ils ont seuls icy bas trouvé la Pie au nit
> Et que des hauts esprits le leur est le zenit....
> *Qu'eux tous seuls du bien dire ont trouvé la melode*
> *Et que rien n'est parfaict s'il n'est fait à leur mode.*

Il semble aux « docteurs de ces sectes nouvelles », dit
Ronsard, que l'Esprit saint ait « usé ses ailes à s'appuyer
sur eux » ;

> comme s'ils avoient eu
> Du ciel dru et menu mille langues de feu ;

on les entend qui

> Parlent profondement des mysteres de Dieu ;
> Ils sont ses conseillers, ils sont ses secretaires ;
> Ils sçavent ses advis, ils sçavent ses affaires ;
> Ils ont la clef du ciel *et y entrent tous seuls,*
> *Ou qui veut y entrer, il faut parler à eux.*

Cependant, ajoute Regnier, à quoi se borne le savoir
dont ils sont si fiers, ces poëtes qui ne riment plus à
l'ancienne mode ?

> A regrater un mot douteux au jugement,
> Prendre garde qu'un *qui* ne heurte une diphtongue,
> Epier si des vers la rime est breve ou longue,
> Ou bien si la voyelle à l'autre s'unissant
> Ne rend point à l'oreille un vers trop languissant.

Cependant, poursuit Ronsard en s'adressant directement
aux huguenots, « quelle expérience suffit-il d'avoir pour
être docte en votre science » ?

> Il faut tant seulement avecques hardiesse
> Detester le Papat, parler contre la Messe....
> Parler de l'Eternel, du Seigneur et de Christ,
> Avoir d'un grand manteau les espaules couvertes,
> Bref, estre bon brigand et ne jurer que : « Certes »....
> Discourir de Jacob et des predestinez,
> Avoir sainct Paul en bouche et le prendre à la lettre,
> Aux femmes, aux enfans l'Evangile permettre.

Si ces rêveurs ont « l'esprit si bon », conclut Regnier,

> . . . . . . , qu'ils fassent un ouvrage
> Riche d'inventions, de sens et de langage;
> . . . . qu'ils ostent les lauriers
> Aux vieux, comme le Roy l'a fait aux vieux guerriers;
> Qu'ils composent une œuvre : on verra si leur livre
> Apres mile et mile ans sera digne de vivre,
> Surmontant par vertu l'envie et le Destin,
> Comme celuy d'Homere et du chantre Latin.

Si vous êtes vraiment envoyés par Dieu, dit Ronsard aux prédicants, dans une *Satire* différente, il est vrai, de celle d'où nous avons tiré les vers précédents,

> De vostre election faictes nous voir la bulle....
> Faites à tout le moins quelques petits miracles,
> Comme les peres saincts, qui jadis guerissoient
> Ceux qui de maladie aux chemins languissoient
> Et desquels seulement l'ombre estoit salutaire [1].

M. Dezeimeris a déjà rapproché d'un passage de la *Satire* IV un poème de Ronsard à Pierre L'Escot qui en est manifestement la source [2] :

> Je fus souventes fois *retansé de mon pere*,
> Voyant que j'aimois trop les deux filles d'Homere,
> Et les enfants de ceux qui doctement ont 
> Enfanter en papier ce qu'ils avoient conce[illegible]

---

1. Regnier, *Satire* IX; Ronsard, *Remontrance au peuple de France*, édition Blanchemain, t. VII, p. 59 et 60; *Continuation du discours des miseres de ce temps*, t. VII, p. 26.

2. Reinhold Dezeimeris, *Leçons nouvelles et remarques sur le texte de divers auteurs*, Bordeaux, Vve Chaumas, 1876, in-8°.

Et me disoit ainsi : « Pauvre sot, tu t'amuses
A courtiser en vain Apollon et les Muses!...
Laisse ce froid mestier qui ne pousse en avant
Celuy qui par sus tous y est le plus sçavant....
Laisse-moy, pauvre sot, ceste science folle;
Hante-moy les palais, *caresse-moy Bartolle*
Et d'une voix dorée *au milieu d'un parquet*
Aux despens d'un pauvre homme exerce ton *caquet,*
Et, fumeux et sueux, d'une bouche tonnante
Devant un president mets-moy *ta langue en vente;*...
Ou bien embrasse-moy l'argenteuse science
Dont le sage *Hippocrate* eut tant d'experience.... »
Ainsi en me tançant mon pere me disoit....
Pour menace ou priere ou courtoise requeste
Que mon pere me fist, il ne sceut de ma teste
Oster la poësie; et, plus il me tansoit,
Plus à faire des vers la fureur me poussoit.
Je n'avois pas douze ans, qu'au profond des vallées,
Dans les hautes forests des hommes reculées,
Dans les *antres* secrets de frayeur tout couvers,
Sans avoir soin de rien je composois des vers.

     (RONSARD, *à Pierre L'Escot, abbé de Cleremont*) [1].

        Si j'eusse estudié
Jeune, laborieux, sur un bancq à l'escolle,
Gallien, *Hipocrate*, ou Jason, ou *Bartolle*,
Une cornette au col *debout dans un parquet*,
A tort et à travers *je vendrois mon caquet :*
Ou bien tastant le poulx, le ventre et la poitrine,
J'aurois un beau teston pour juger d'une urine....
Et bien que jeune enfant *mon pere me tançast...*
Me disant de depit et bouffy de colere :
« *Badin, quitte ces vers*; et que penses-tu faire?
La Muse est inutile. . . . . »
Ainsi me tançoit-il d'une parolle emeuë.
Mais, comme en se tournant je le perdoy de veuë,
Je perdy la memoire avecques ses discours,
Et resveur m'esgaray tout seul par les destours
Des *Antres* et des Bois affreux et solitaires
Où la Muse en dormant m'enseignoit ses misteres.

     (REGNIER, *Satire* IV, vers 47-54, 63 et suiv., 93 et suiv.)

M. Dezeimeris aurait pu rendre encore à Ronsard l'idée
des vers suivants de la même *Satire* :

1. Éd. Blanchemain, t. VI, p. 188.

> Sans soing de l'avenir, je te laisse le *bien*
> Qui vient à contrepoil *alors qu'on ne sent rien*....
> Aprenons à mentir, mais d'une autre façon
> Que ne fait Caliope ombrageant sa chanson
> *Du voille d'une fable*, afin que son *mistere*
> Ne soit ouvert à tous ny congneu du *vulguaire* [1];

car on lit dans le *Discours* de Ronsard à *Jacques Grévin* :

> . . . . . mon art griefvement me tourmente,
> Encore que, moy vif, je jouysse du *bien*
> Qu'on donne après la mort au mort *qui ne sent rien*....
> Quatre ou cinq seulement sont apparus au monde
> De Grecque nation, qui ont à la faconde
> Accouplé le *mystere* et d'un *voile* divers
> Par *fables* ont caché le vray sens de leurs vers,
> A fin que le *vulgaire*, amy de l'ignorance,
> Ne comprit le mestier de leur belle science [2].

Avant que Regnier eût déclaré à Motin, dans cette même *Satire* IV, qu'il ne pâlirait plus désormais sur les livres « à l'apetit d'un bruit » qui nous honore seulement « quand nous sommes sous terre »,

> Comme s'il importoit estans ombres là bas
> Que nostre nom vescust ou qu'il ne vescust pas,

Ronsard avait signifié à la Muse, presque dans les mêmes termes, qu'il abandonnait son service :

> Que sert au vieil Homere,
> Ores qu'il n'est plus rien sous la tombe là bas,
> Si son renom fleurit ou s'il ne fleurit pas [3]?

Avant que Regnier eût dit, aux vers 113 et 114 de la *Satire* V :

> *Selon que le Soleil se loge en ses maisons*
> Se tournent noz humeurs ainsi que noz *saisons*,

1. *Satire* IV, 15-16, 23-26.
2. Éd. Blanchemin, t. VI, p. 312-313.
3. Regnier, *Satire* IV, 11-12; Ronsard, *Dialogue des Muses et de Ronsard*.

Ronsard s'était exprimé ainsi dans la *Remontrance au peuple de France* :

> Je dy ce grand Soleil qui nous fait les *saisons*
> *Selon qu'il entre ou sort de ses douze maisons* [1].

Avant que Regnier eût adressé ce compliment au comte de Béthune :

> .... Comme au grand Hercule à la poietrine *large*,
> Notre Atlas de son fais sur ton dos se *descharge* [2],

Ronsard l'avait délayé dans les six derniers vers d'un *Sonnet* envoyé à d'Avanson :

> ... tout ainsi qu'Hercule avec l'espaule *large*,
> Quand Atlas est recreu, de ce monde la *charge*
> Il supporte à son tour dessus sa grande espaule :
> Ainsi, grand Avanson, d'une constante peine,
> Secondant le travail de Charles de Lorraine,
> Tu soustiens après luy tout le faix de la Gaule [3].

Avant Regnier, Ronsard avait conté l'histoire de Tantale et de Minos en termes tellement voisins que l'imitation n'est pas douteuse :

> Autrefois Jupiter receut à son service
> *Deux hommes differents de mœurs* et de destin,
> Dont la diverse vie eut differente fin.
> Il les repeut tous deux de celeste ambroisie;
> Ils avoient à sa table une place choisie;
> *Rien n'estoit bon au ciel, qu'ils n'eussent approuvé,*
> *Et, premiers conseillers de son conseil privé,*

1. Éd. Blanchemain, t. VII, p. 56. Même expression dans l'*Hymne de l'éternité* (t. V, p. 16) :

> Soleil...
> Vive source de feu qui nous fait les saisons
> Selon qu'il entre ou sort de ses douze maisons;

et dans l'*Hymne des astres* (t. V, p. 281).

2. *Satire* VI, 6.

3. Éd. Blanchemain, t. V, p. 336.

Participoient ensemble à la grandeur royale.
L'un avoit nom Minos, l'autre avoit nom Tantale;
L'un sage, l'autre fol. Ce Tantale effronté
Aux hommes revela des Dieux la volonté;
Pource celuy qui l'air de ses foudres separe
Le fist tomber du ciel au profond du Tartare,
Mourant de soif en l'eau, de faim entre le fruict.
Au contraire, Minos fut sagement instruit;
Il eut la bouche sobre, et, juge veritable,
S'assit de Jupiter par neuf ans à la table. etc.
   (RONSARD, *Bocage Royal, à Mgr Hurault de Cheverny* [1].)

On dit que Jupiter, Roy des Dieux et des hommes,
Se promenant un jour en la terre où nous sommes,
Receut en amitié deux hommes apparens,
Tous deux d'age pareils, mais *de mœurs differens.*
L'un avoit nom Minos, l'autre avoit nom Tantale :
Il les esleve au Ciel, et d'abord leur estale
Parmy les bons propos, les graces et les ris,
Tout ce que la faveur depart aux favoris.
Ils mangeoient à sa table, avaloient l'ambrosie,
Et des plaisirs du Ciel souloient leur fantasie;
Ils estoient comme chefs de son Conseil privé
Et rien n'estoit bien fait qu'ils n'eussent approuvé.
Minos eut bon esprit, prudent, accord et sage,
Et sceut jusqu'à la fin jouer son personnage.
L'autre fut un langard, revelant les secrets
Du Ciel et de son Maistre aux hommes indiscrets;
L'un avecque prudence au Ciel s'impatronise,
Et l'autre en fut chassé comme un peteux d'Eglise.
      (REGNIER, *Satire* XIV, vers 171 et suiv.)

Je ne veux pas multiplier les citations de ce genre.
J'en ferai une dernière. On croit que les imprécations de
Macette sont imitées d'Ovide :

Dieu te doint pour guerdon de tes œuvres si sainctes,
Que soient avant ta mort tes prunelles esteintes,
Ta maison descouverte et sans feu tout l'Hyver,
Avecque tes voisins jour et nuict estriver
Et trainer sans confort, triste et desesperee,
Une pauvre vieillesse et tousjours alteree.

---

1. Éd. Blanchemain, t. III, p. 419.

Point du tout. Regnier a condensé en six vers bien frappés deux imprécations de Ronsard, celles de la quatorzième *Élégie* :

> Pour sa punition, *en temps d'hyver* la foudre
> Sa cave et son grenier puisse reduire en poudre,
> Et luy en la plus dure et plus froide saison
> Se puisse rechauffer au feu de sa maison [1],
> Pleurant *sans reconfort* ; ses fils venus en age
> Contre luy animés luy puissent faire outrage
> Par *procez* embrouillez de mille meschans tours,
> Pour la punition de m'oster mes amours ;

et celles de la vingt-neuvième :

> Quiconque fut la vieille. . . . .
> Qui premiere brassa ton maudit mariage,...
> Que *la soif en tous temps* la gorge luy desseiche ;
> Tant plus elle boira, tant plus sente une meiche
> De chaleur en la bouche, etc...

Voilà du Ronsard. Voulez-vous du Jodelle?

> Ronsard, fay-m'en raison, et vous autres esprits,
> Que pour estre vivans en mes vers je n'escris :
> Pouvez vous endurer que ces rauques Cygalles
> Egallent leurs chansons à voz œuvres Royalles,
> Ayant *vostre beau nom* lachement dementy?...
> Juste postérité, à tesmoing je t'appelle....
> Vange ceste querelle, et justement separe
> Du *Cigne* d'Apollon la *corneille barbare*,
> Qui, *croassant* par tout d'un orgueil *effronté*,
> *Ne couche de rien moins que l'immortalité.*
>
> (REGNIER, *Satire* II, vers 177-194.)

> « Si désormais vers toi, sous qui doit estre serve
> L'impudente ignorance, on adresse, ò Minerve,
> Tant d'œuvres avortez à qui leurs peres font
> Porter effrontément *ton beau nom* sur le front...
> Si mesme dans ton temple, impatient, je voy
> Quelque enroué *corbeau crouasser* devant toy,

---

1. C'est-à-dire : « puisse-t-il n'avoir pas d'autre feu pour se chauffer que celui de sa maison incendiée par la foudre ».

> Qui se poussant au rang des *cygnes* les plus rares
> Vienne souiller ton nom dedans ses vers *barbares*,
> Et qui tout bigarré d'un plumage emprunté
> *Ne couche jamais moins qu'une immortalité,*

je ne serais pas moins dépit, que si j'avais vu Ajax séduire ta prêtresse ou profaner ton image[1]. »

Aimez-vous le Baïf? On en a mis partout : car on a mis partout des proverbes et on en a tiré beaucoup des *Mimes, enseignemens et proverbes* de Lazare de Baïf[2].

Préférez-vous le Belleau? En voici du meilleur :

> Mais aux jours les plus beaux de la saison nouvelle
> *Que Zephire en ses rets surprend Flore la belle....*
> (REGNIER, *Satire* XV, vers 37-38.)

> Avril, l'honneur des soupirs
>   Des *Zephyrs,*
> Qui sous le vent de leur ælle
> Dressent encor és forests
>   *Des doux rets,*
> *Pour ravir Flore la belle.*
> (BELLEAU, *Avril.*)

Le Desportes vous plaît-il davantage? J'en trouve dans la bouche de Macette :

> Jeanne,
> Qui fait si doucement la simple et la *discrete,*
> *Elle n'est pas plus chaste, ains elle est plus secrete....*
> Le peché que l'on cache est demi pardonné....
> Pourveu qu'on ne le sçache, il n'importe comment :
> *Qui peut dire que non ne peche nullement.*
> (*Satire* XIII, vers 122, 144, 146, 147.)

> Je ne refuse point qu'en si belle jeunesse
> De mille et mille amans vous soyez la maistresse ;...
> Mais je crève de rage, ...
> Quand en despit de moy vous faites que je sçache
> Le mal qui n'est point mal lorsque bien on le cache.

---

1. *Epitre d'Étienne Jodelle parisien à madame Marguerite duchesse de Savoie,* imprimée en tête des *Hymnes* de Ronsard, éd. Blanchemain, t. V p. 7.

2. Voir le chap. IV, § 1.

Pour Dieu! prenez y garde et devenez *discrette* :
Ne soyez pas plus chaste, ains soyez plus secrette.
Faites les mesmes tours et plus si vous pouvez,
Joignez d'autres amans à ceux que vous avez,
Et donnez, non ingrate, à tous la récompanse.
Mais qu'est-il de besoin qu'on en ait connaissance?
Prenez en le plaisir, fuyez en le renom :
Celle ne peche point, qui peut dire que non.

(DESPORTES, Élégies, liv. II. Él. III [1].)

Quand Regnier fait dire à la même Macette :

C'est gloire et non pas honte en ceste douce peine,
Des acquets de son lict accroistre son domaine,

on peut se demander s'il a traduit lui-même le vers
d'Ovide :

Turpe tori reditu census augere paternos,

ou s'il n'en a pas emprunté une traduction toute faite à
à une autre *Élégie* de Desportes, où l'amour maudit la
femme en ces termes :

C'est à vous que j'en veux. . . . . .
Qui n'avez estimée estre chose vilaine
Du revenu du lict accroistre son domaine [2].

Le soupçon est légitime. Car le jour où il expliquera à
Fourquevaux que

Apres avoir passé tant et tant de traverses,
Avoir porté le joug de cent beautez diverses,
Il doit estre routier en la guerre d'Amour,
Et, comme un vieux guerrier blanchi dessous les armes,
Sçavoir *se retirer des plus chaudes alarmes, etc.* [3],

Regnier, qui avait suivi avec tant de docilité les traces de
Desportes sous les « étendards d'Amour », se bornera à

---

1. Desportes, éd. Michiels (Paris, 1858, Delahays), p. 295-296.
2. Regnier, *Satire* XIII, vers 178; Ovide, *Amores*, I, X, 41; Desportes,
Élégies, I, IX, p. 258 de l'éd. Michiels.
3. *Satire* XVI (*Épitre* II dans l'éd. Brossette), vers 5 et suiv.

répéter les adieux que son oncle avait adressés à son
« grand capitaine » :

> *Après avoir passé tant d'estranges traverses,*
> *Après avoir servy tant de beautez diverses,*
> Avoir tant combattu, travaillé, supporté
> Sous la charge d'Amour, le guerrier indonté;
> Je pensois à la fin, rompu de tant de paine,
> Avoir eu mon congé de ce grand capitaine,
> Ainsi qu'un vieux guerrier, maladif et cassé, etc. [1]

Quand on soutient avec Sainte-Beuve que Regnier
admira les poètes de la Pléiade « un peu sur parole »,
quand on ajoute qu'il aimait « en connaissance de cause »
leurs prédécesseurs, on commet donc une étrange erreur.
Qu'il ait eu un fréquent commerce avec Villon, voilà qui
m'étonnerait fort. Que les *Discours, Poëmes, Élégies* et *Sonnets* de Ronsard, que l'œuvre tout entière de Desportes lui
ait été au contraire très familière, est-ce que ces conti-
nuelles imitations de détail (je n'ai cité que les plus caractéristiques) ne le démontrent pas? Évidemment Regnier
voulut être, et crut être, l'un des plus fidèles disciples de
du Bellay; évidemment il n'eut pas d'ambition plus haute
que de conserver, de compléter, de continuer l'œuvre de
la Pléiade. Et en un certain sens il la continua.

Beaucoup plus, en effet, que par ses multiples emprunts
aux chefs de l'école, Regnier appartient à la Pléiade par sa
conception de la satire, ou plutôt parce qu'il a écrit des
satires. Non que la Pléiade en eût composé avant lui :
mais par la bouche de du Bellay et de Ronsard elle avait
demandé qu'on en fît, et qu'on en fît à la mode des
anciens. Je conçois parfaitement l'œuvre de Regnier res-
tant tout ce qu'elle est dans son essence et prenant une
forme très différente. Sans renoncer à la peinture des mœurs
et des caractères, pourquoi n'aurait-il pas enfermé ses por-

---

1. Desportes, *Élégies*, L. 1, éd. Michiels, p. 232.

traits dans un tout autre cadre que celui de la satire antique, celui du conte par exemple, ou de la fable, ou du dialogue, ou tout simplement du sonnet bernesque? Je crois qu'ils y eussent gagné en relief et même en vérité. La preuve, c'est que, sous prétexte de corriger ses semblables par le récit de ses mésaventures personnelles, comme Horace, le poëte a pris un détour pour écrire des contes : les *Satires* de la *Macette*, de l'*Importun*, du *Repas ridicule*, du *Mauvais gîte*, c'est-à-dire les plus populaires et les meilleures du recueil, que sont-elles en effet, sinon des fabliaux et des nouvelles? Et si l'on peut adresser un reproche sérieux à deux ou trois d'entre elles, n'est-ce pas qu'en se donnant lui-même comme le héros de ces aventures, alors qu'elles ne lui sont pas arrivées — on le sent trop bien, — l'auteur y a mêlé je ne sais quoi de factice et de froid? Mais l'École l'avait proclamé : il n'y avait pas de genres légitimes en dehors de ceux que les anciens avaient pratiqués. En cela Regnier, comme Malherbe, crut aveuglément à la parole de Ronsard; en cela ils se rangèrent tous les deux sous les étendards de la Pléiade. Chacun d'eux entreprit de réaliser un des vœux exprimés dans la *Deffense et Illustration de la langue françoise* : tandis que l'un essayait d'être notre lyrique, l'autre, « en réglant la médisance à la façon antique [1] », tentait de donner à la France le satirique réclamé par le manifeste de du Bellay.

Il poussa même la docilité jusqu'à suivre aveuglément les conseils qui lui étaient adressés sur le choix d'un modèle. Car entre les deux grands poëtes satiriques que l'antiquité latine proposait à son imitation, il fallait choisir. La rigueur de la composition, la violence du ton, l'abondance des allusions devaient le détourner de Juvénal. L'éclat des images, la crudité fréquente de l'expression, la fermeté métallique des vers devaient l'attirer vers lui.

1. *Satire* II, vers 228.

Pour trancher ses hésitations, il ouvrit sa *Bible* littéraire,
et il y lut la phrase suivante : « Tu as pour cecy Horace,
qui, selon Quintilian, tient le premier rang entre les satiriques ». Il consulta Ronsard, et l'oracle lui répondit :

> Il n'y a ni rheubarbe, agaric, ny racine,
> Qui puisse mieux purger la malade poitrine
> De quelque patient, fiévreux ou furieux,
> Que fait une satyre un cerveau vicieux,
> *Pourceu qu'on la destrempe à la mode d'Horace*,
> *Et non de Juvenal*, qui trop aigrement passe [1].

Confiant dans le goût de ses maîtres, Regnier prit à la
lettre l'ordre qui lui était ainsi donné au nom de Quintilien. En effet, si par la conception qu'il s'est faite de la
satire il ressemble à l'un des satiriques anciens, c'est à
Horace, et s'il cherche à rivaliser avec l'un des modernes,
c'est avec l'Arioste : mais celui-ci n'est-il pas le disciple du
premier? et au jugement de la Pléiade, un Italien qui
imite les anciens ne vaut-il pas presque mieux encore
que le modèle lui-même?

Il fut d'ailleurs porté à l'imitation d'Horace et de l'Arioste
par une sympathie naturelle pour leur personne. Si les
trois poètes avaient vécu au même siècle, ils se seraient
sans doute assez bien entendus. Paresseux et sceptiques,
persuadés que

> N'avoir crainte de rien et ne rien espérer
> *C'estoit ce qui pouvoit* les hommes bien heurer [2],

ils furent absolument païens dans leurs mœurs, surtout les
deux chrétiens. Ceux-ci eurent presque la même vie. Con-
damnés à servir un haut et puissant cardinal, ils portèrent
la chaîne en maugréant : ils n'étaient pas assez fiers pour

---

1. Troisième pièce du *Bocage royal*, intitulée *à Luy mesme* (Henri III);
éd. Blanchemain, t. III, p. 285.

2. *Satire posthume* (XVI dans l'éd. Brossette), vers 1-2, éd. Courbet,
p. 199.

secouer une bonne fois le joug qui pesait sur eux; ils avaient l'humeur trop libre pour sacrifier à l'ambition, l'un, ses aises, et l'autre, ses basses amours. Ils n'aspiraient pas du reste à des honneurs bien élevés et se seraient facilement contentés, comme Horace, d'une terre dans la Sabine, ce qui veut dire pour le Français « un simple bénéfice [1] », et pour l'Italien « le chapeau noir doublé de vert ». Ayant été placé par la fortune presque dans la même situation que l'Arioste, ayant reçu, comme lui, de la nature un peu les mêmes goûts qu'Horace, comment Regnier n'aurait-il pas aimé leurs vers? Aussi les a-t-il beaucoup aimés, beaucoup lus et souvent traduits.

Il est inutile de dresser ici la liste des vers qu'il doit à Horace : on la trouvera à peu près complète dans le commentaire de Brossette. Je rappellerai seulement que sa douzième *Satire*, où il se justifie si naturellement d'avoir attaqué les travers de son temps, où il se défend contre ses ennemis et contre l'éducation qu'il a reçue, enfin celle d'où l'on peut tirer le plus de renseignements sur lui-même, avec la troisième et la seconde, ressemble étrangement à la quatrième du premier livre d'Horace.

Quant à la troisième, si le mouvement général en est calqué sur celui d'une *Satire* de Juvénal [2], c'est à l'Arioste que le poëte a textuellement emprunté le passage célèbre où il explique la modestie de son ambition :

> Que me sert de m'asseoir le premier à la table,
> Si la faim d'en avoir me rend insatiable?
> Et si le fais leger d'une double Evesché
> Me rendant moins contant me rend plus empesché?

1. *Satire* III, vers 184.
2. *Satire* III, vers 89 :

> Or, quant à ton conseil qu'à la cour je m'engage
> Je n'en ay pas l'esprit non plus que le courage, etc.

Juvénal, III, 41 :

> *Quid Romae faciam? mentiri nescia, etc.*

Si la gloire et la charge à la peine adonnée
Rend sous l'ambition mon ame infortunée ?
Et quand la servitude a pris l'homme au collet
J'estime que le Prince est moins que son valet [1].

« Que me sert de m'asseoir le premier à table, écrit l'Arioste à son frère Galasso, si pour cela je ne me relève pas plus rassasié que celui qui est assis au milieu ou au bout? Il en est du reste comme de la nourriture : je ne ressens pas plus de calme, de paix ou de contentement, pour me charger la tête de cinq mitres. Certains considèrent comme un bonheur que cent personnes vous accompagnent au palais et que le peuple soit occupé à vous regarder; moi, j'estime cela misère, et je suis si fou que je pense et dis que que dans la fastueuse Rome le seigneur est plus esclave que son valet [2]. »

C'est à l'Arioste encore que Regnier doit les vers fameux où il déclare qu' « un point le console » de l'insolence des poètes impuissants qui lui volent ses vers : c'est, dit-il,

. . . . . que la pauvreté comme moy les affolle,
Et que la grace à Dieu Phœbus et son troupeau,
Nous n'eusmes sur le dos jamais un bon manteau [3].

« Apollon, grâce à toi, s'était écrié l'Arioste avec colère, un jour que la solitude lui pesait plus que de coutume, grâce

1. *Satire* III, 173-180.
2. *Satire* II, à M. Galasso Ariosto fratello :

Che giova a me sedere a mensa il primo,
Se per questo più sazio non mi levo
Di quel ch' è stato assiso a mezzo o ad imo?
Come ne cibo, così non ricevo
Più quiete, più pace, o più contento,
Se ben di cinque mitre il capo aggrevo.
Felicitade istima alcun, che cento
Persone l'accompagnino a palazzo,
E che sia il volgo a riguardarti intento :
Io lo stimo miseria, e son sì pazzo,
Ch' io penso e dico che in Roma famosa
Il signore e più servo che'l ragazzo.

3. *Satire* II, 40-42.

à toi, saint collège des Muses, je ne possède pas par vous de quoi pouvoir me faire un manteau [1] ! »

A ces deux passages se borne, il est vrai, tout ce que Regnier a traduit de l'Arioste et même des satiriques réguliers de l'Italie [2]. Qu'aurait-il pu glaner, en effet, chez eux après le passage de Vauquelin? Cet insigne larron avait trop consciencieusement répondu au signal donné par du Bellay lançant les Français à l'assaut du Capitole : il avait si bien mis à sac le recueil de Sansovino qu'il n'y avait rien laissé de précieux à dérober. Sur les sept *Satires* de l'Arioste notamment, une seule *Satire* entière et la moitié d'une autre avaient échappé au pillage : l'auteur y avait exprimé des sentiments trop personnels pour que Vauquelin pût se les approprier. Que Regnier ait su trouver son bien justement dans celles-ci, n'est-ce pas une preuve qu'il était par l'esprit assez proche parent du poète italien?

Il ne faut donc pas s'étonner qu'il ait conçu la satire, comme l'avait conçue l'Arioste, à l'imitation d'Horace. Il en fit une sorte d'épître familière, adressée à un ami, et où, se prenant lui-même comme sujet de ses vers, il exprima ses idées et ses sentiments, exposa ses projets, conta ses mésaventures. Comme celles de l'Arioste, les *Satires* de Regnier sont, ou paraissent être, les confessions de l'auteur. Chaque sujet prend chez lui la forme d'une confidence. Veut-il peindre les mœurs de la cour? Il suppose qu'on l'engage à quitter le service de son cardinal pour celui du roi, consulte à cet égard le marquis de Cœuvres et saisit ce prétexte pour dessiner diverses silhouettes de courtisans [3].

1. *Satire* I, à M. Alessandro Ariosto et à M. Ludovico da Bagno :

> *Apollo, tua merce, tua merce, santo*
> *Colleggio de le muse, io non possiedo*
> *Tanto per voi ch' io possa farmi un manto.*

2. Cependant sa *Satire* III n'est pas sans analogie avec la *Satire* d'Alamanni à Tommaso Sertini.
3. *Satire* III.

Veut-il transporter de la littérature italienne dans la nôtre un étonnant portrait de pédant? Il conte qu'un importun l'a malgré lui invité à dîner avec le cuistre dont il désire nous tracer l'inoubliable physionomie, et il nous fait le récit de cette fâcheuse aventure[1]. Veut-il nous faire connaître le hobereau bel esprit et famélique? Il feint qu'un jeune gentilhomme est venu un beau matin le prendre à la messe, s'est attaché à ses flancs comme une sangsue, et il nous apprend les émotions par où il est censé avoir passé ce jour-là[2]. Bref, chacune de ses *Satires* est, ou semble être, un chapitre de sa biographie, et l'on est tenté d'en conclure que Regnier est « le Montaigne de notre poésie », non pas seulement par le style, comme l'entendait Sainte-Beuve, mais surtout par l'objet même de son livre.

Il l'est, en effet, jusqu'à un certain point, et probablement il voulut l'être[3]. Car si deux livres, en dehors de ceux d'Horace et de l'Arioste, n'ont pas été étrangers à cette conception de la satire, ce sont évidemment les *Essais* de Montaigne et les *Regrets* de du Bellay. Ce qui fait l'unité des *Essais*, des *Regrets* et des *Satires*, n'est-ce pas que chaque page nous apprend, ou a l'air de nous apprendre, quelque chose sur l'écrivain? N'est-ce pas aussi ce qui explique que, dans les *Regrets* et les *Satires*, des pièces d'un genre différent se trouvent réunies sous le même titre? Et ne pourrait-on pas dire qu'en voulant distinguer, dans l'œuvre qu'il éditait, des *Satires* et des *Épîtres*, Brossette a montré qu'il n'avait pas compris les intentions de son poète? Car, pourquoi range-t-il la *Satire* XVI à Fourquevaux parmi les *Épîtres*, et non la *Satire* VII au

<hr>

1. *Satire* X.
2. *Satire* VIII.
3. Voir cette idée développée dans Garsonnet, *Essais de critique et de littérature* (Paris, 1877, Thorin), p. 265-266. L'auteur de cette étude très intéressante sur Regnier ne s'est pas douté cependant que Regnier avait souvent *traduit* Montaigne en vers.

marquis de Cœuvres? Des confidences sur la carrière amoureuse de Regnier, n'est-ce pas tout ce que nous trouvons
dans l'une et dans l'autre? Le nom qui leur conviendrait
le mieux dès lors, comme aux autres pièces du recueil,
ne serait-il pas celui dont du Bellay eût voulu désigner
ses *Sonnets*, celui de « papiers journaux » ou bien de
« commentaires »? Et Regnier n'aurait-il pas pu mettre, lui
aussi, cette préface en tête de son livre :

> Je me plains à mes vers si j'ay quelque regret,
> Je me ris avec eulx, je leur dy mon secret,
> Comme estans de mon cœur les plus seurs secretaires?

Il serait toutefois contraire à la vérité de pousser trop
loin ce parallèle entre les *Satires* et les *Regrets*; il le serait
bien plus encore de considérer Regnier comme un véritable disciple d'Horace, de l'Arioste et de Ronsard.

Supposons qu'il eût vécu avant les poètes de la Pléiade.
Que manquerait-il à ses *Satires*? Rien peut-être d'essentiel, si c'est dans le sentiment profond de la réalité que
consiste son originalité, si ce sont des portraits admirables
de vérité qui composent la partie la plus durable de son
œuvre, si c'est le don de traduire toute idée par des images
empruntées aux usages de la vie familière qui constitue
son génie d'écrivain. Si l'on excepte les sonnets satiriques
des *Regrets*, je ne vois pas quelle œuvre de la Pléiade a pu
lui suggérer l'idée d'observer et d'imiter la vie. Ronsard
et ses disciples ont vraiment été les poètes que du Bellay
« souhaitait dans notre langue » : ils ont ému leurs contemporains; ils les ont fait « indigner, appaiser, esjouir,
douloir, aimer, haïr, admirer »; ils ont tenu « la bride de
leurs affections », les « tournant çà et là à leur plaisir »;
ils n'ont guère étudié ni leurs mœurs, ni leurs caractères.
Ils ont été éloquents, passionnés, rêveurs, lyriques, rarement peintres de la réalité, qu'ils ont entrevue seulement à
travers l'antiquité et à laquelle ils préféraient les fictions.

Regnier avait au contraire pour la fiction, sans bien s'en
rendre compte du reste, la même aversion que Malherbe.
Il ne faut pas se laisser tromper par son *Discours au roi*.
On y voit sans doute la France représentée sous les traits
d'une nymphe fuyante, que poursuit une hydre affreuse,
« à sept gueules meuglant »,

> Chose estrange à conter, toutes fois veritable,

et Malherbe n'eut pas tort de se moquer du poète et de
lui demander en quel temps cela était arrivé : « car pour
lui depuis cinquante ans qu'il vivoit en France, il ne
s'étoit pas aperçu que la France se fût élevée de sa
place[1] ». Mais ce *Discours* n'est point l'œuvre du vrai
génie de Regnier. C'est la mode, c'est une admiration
mal raisonnée pour Ronsard qui l'a inspiré. Lorsque le
poète n'obéit qu'à sa verve, avec quelle sûreté tout
instinctive il évite tout ce qui s'opposerait à l'expression
franche et simple de la passion! Comme il s'abstient de
ces fables mythologiques auxquelles revient toujours un
écrivain de la Pléiade! Et par exemple, lorsqu'il tourne
contre Malherbe les armes que Ronsard avait dirigées
contre les huguenots, comme il laisse sagement à son
modèle tout son cortège de personnages allégoriques! Il
a trop le sentiment de la vérité pour mêler à des tirades
sincères et enflammées je ne sais quelle histoire où il
aurait attribué les erreurs de la nouvelle école littéraire à
la déesse Opinion, conçue par Jupiter un jour qu'il
tomba ivre-mort dans les bras de Présomption.

Aussi, avec ce don de voir les choses telles qu'elles
sont et de les peindre telles qu'il les voit, transforme-t-il
tout ce qu'il emprunte à Ronsard et à du Bellay. Un jour
il lit le *Discours à Pierre L'Escot*, et aux phrases tout

---

1. *Vie de Malherbe* par Racan: Malherbe, éd. Lalanne, t. I, p. LXXXI.

oratoires de Ronsard il substitue ces croquis excellents
que nous citions plus haut [1]. Un autre jour il lit dans les
Regrets :

> Je ne commis jamais fraude ni malefice ;
> Je ne doutay jamais des poincts de nostre foy ;
> Je n'ay point violé l'ordonnance du Roy,
> Et n'ay point esprouvé la rigueur de justice ;
>
> . . . .
>
> Voilà ce que je suis. *Et toutefois, Vineus,*
> Comme un qui est aux Dieux et aux hommes haineux
> Le malheur me poursuit et tousjours m'importune [2];

et ces vers lui semblent si bien convenir à sa destinée
qu'il se les approprie et se les applique; mais il commence
par les refaire, les trouvant ternes et abstraits. S'ils res-
pirent en effet la plus entière sincérité, s'ils sont d'une
touchante mélancolie, comme ils pâlissent en regard de
ces vers colorés et expressifs, dont il n'est presque pas un
qui ne contienne un tableau en raccourci!

> Penses tu qu'à present un homme a bonne grace
> De vouloir jetter l'œil dessus mes actions,..
> Moy qui dehors, sans plus, ay veu le Chastelet
> Et que jamais sergent ne saisit au collet,
> Qui vis selon les loix et me contiens de sorte
> Que je ne tremble point quand on heurte à ma porte;
> Voyant un President, le cœur ne me tressault,
> Et la peur d'un Prevost ne m'eveille en sursault;
> Le bruit d'une recherche au logis ne m'areste
> Et nul remord facheux ne me trouble la teste.
> Je repose la nuict sur l'un et l'autre flanc,
> *Et cependant, Bertault,* je suis desus le rane [3].

Entre un poète épris de réalité, non d'idéal, et des
poètes qui aimaient les fictions plus que la vérité, y a-t-il
un lien bien étroit de parenté? Quand on lit un recueil
de *Satires*, dont le mérite est d'avoir pour la première

---

1. Voir p. 98 : Si j'eusse estudié, etc.
2. *Sonnet* XLIII.
3. *Satire* V, 57 et suiv.

fois présenté aux Français des portraits où ils se soient
reconnus, après des recueils d'*Odes*, d'*Hymnes*, de *Sonnets*,
dont le mérite est d'avoir pour la première fois fait rêver
l'imagination française, peut-on admettre que le premier
procède des seconds, du moins pour ce qu'il renferme de
plus original, de plus savoureux, de plus vivant?

La meilleure partie de l'œuvre de Regnier n'a pas été
davantage puisée dans Horace ni dans l'Arioste. Il n'a ni
leur facilité, ni leur grâce, ni la délicatesse de leur oreille,
ni leur goût, ni leur sentiment de l'art. Quand il s'est bien
appliqué à mettre du désordre dans ses idées, il s'imagine
sans doute qu'il a merveilleusement attrapé leur allure
libre et capricieuse, alors qu'il nous donne simplement
l'impression d'un homme qui ne sait pas où il va. Mais
s'il est moins artiste qu'eux, n'est-il pas plus peintre? A-t-on
pris garde comme cette idée de l'Arioste : « Grâce à toi,
Apollon, grâce à toi, saint collège des Muses, *je ne possède
pas de quoi me faire un manteau* », lui est apparue sous
forme d'image [1]? Ailleurs, avant de traduire, avec bonheur,
mais laborieusement, le fameux portrait des quatre âges,
il le résume d'abord dans un tableau pittoresque :

> Le debauché se rit des sermons de son pere,
> Et dans vingt et cinq ans venant à se changer,
> Retenu, vigilant, soigneux et mesnager,
> *De ces mesmes discours ses fils il admoneste*
> *Qui ne font que s'en rire et qu'en hocher la teste* [2].

Observons surtout que le style de Regnier dans ses descriptions, bien que nourri de souvenirs antiques, reste
essentiellement moderne. Il abonde en comparaisons originales prises dans la vie de tous les jours et qui font
songer à Rabelais, à Saint-Simon, aux romantiques, aux
écrivains de notre temps [3], plutôt qu'aux Grecs et aux

---

1. Voir p. 109.
2. *Satire* V, 114 et suiv.
3. « M. Damas, écrit M. H. Parigot, excelle aux comparaisons ingénieuses

Latins. Et, quoi qu'il faille se défier des formules tranchantes, peut-être serait-on en droit de dire que la poésie descriptive d'Horace et des anciens se distingue surtout par le dessin arrêté des contours et qu'au contraire celle de Regnier et de nos contemporains se reconnaît surtout à l'éclat des couleurs : quand on parle de l'auteur des *Satires*, le mot qui se présente le premier à l'esprit, est le mot « pittoresque », et c'est celui qu'on songerait le moins à appliquer aux classiques anciens.

Si, par la forme, les *Satires* de Regnier ne rappellent que d'assez loin celles d'Horace et de l'Arioste, est-ce par le fond qu'on peut les leur comparer? La matière en est-elle la même? Y prenons-nous le même intérêt? Assurément non. Ni les confidences de l'ami de Motin n'ont le même objet, ni elles ne se font lire avec le même plaisir que celles de l'ami de Bembo. Nous pardonnons à l'Arioste, comme à Montaigne, d'étaler son moi, non seulement à cause de sa candeur et de son esprit, mais parce qu'en se décrivant lui-même, il nous trace un portrait achevé, non pas sans doute de l'homme en général, de qui il ne cherche pas, lui, « la connaissance », mais du bourgeois lettré italien du xvie siècle. Il n'y a rien de tel dans les confessions de Regnier. Et ce qui achève de nous les gâter, c'est que souvent elles deviennent de purs exercices de style, sans qu'on sache au juste à quel moment c'est l'homme qui s'épanche dans le sein d'un ami et à quel moment c'est le disciple de la Pléiade qui traduit les anciens. Par exemple, le poète a-t-il jamais eu l'aventure qu'il raconte, d'après Horace, dans la *Satire* du *Fâcheux*? Il est permis d'en douter. Son père lui a-t-il vraiment tenu le langage qui lui est attribué dans la *Satire à Motin*? On n'ose se prononcer. Aussi ne sont-ce pas ces confi-

qui sont souvent des intuitions. *Les Pêches à quinze sous, la Poutre de Sylvanie* accusent un écrivain de race, de la race de Mathurin Regnier et de Saint-Simon. » *Le Théâtre d'hier* (Paris, 1893, Lecène et Oudin), p. 238.

dences, à demi fausses, sur sa personne qui font le prix de son livre, en cela très différent des *Satires* de l'Arioste; ce sont les admirables portraits qu'il y a tracés de ses contemporains.

Ces portraits sont classiques à certains égards. Mais, pour ressembler vraiment aux petits chefs-d'œuvre d'Horace, ce qui manque surtout à cette comédie des travers et des ridicules du monde où vécut Regnier, c'est qu'elle soit l'œuvre d'un penseur. N'y cherchons pas ces inépuisables réflexions sur la sottise de nos préjugés, sur l'inconséquence de nos désirs, sur la folie de nos vanités, sur la puérilité de nos ambitions, sur la grossièreté de nos appétits qui font des *Satires* d'Horace un cours complet de philosophie pratique et de leur auteur le moraliste de tous les temps. Bien qu'il se soit nourri de la substance de ce livre exquis, Regnier n'a pas su enrichir d'une seule découverte appréciable le trésor d'observations morales que son modèle avait rapporté de ses voyages à travers les conditions humaines. Il est aussi banal quand il juge la vie, qu'il est original quand il se borne à la peindre.

Donc, malgré sa sympathie pour leur personne et pour leur philosophie, et bien qu'il ait conçu la satire comme une épître, Regnier ne procède pas autant de l'Arioste et d'Horace qu'on le croirait d'abord et qu'il le croyait lui-même; malgré son admiration pour Ronsard et du Bellay, et bien qu'il ait été sans doute incité à observer les mœurs de son temps par la lecture des *Regrets*, il n'est pas aussi redevable aux poètes de la Pléiade que certainement il se l'imaginait. Mais, précisément parce qu'il n'était qu'à demi de la famille des Horace, des Arioste, des Ronsard, des du Bellay, des Desportes, il ne lui fut pas inutile de s'être mis à leur école; et voici, je crois, ce qui manquerait d'important à ses *Satires*, s'il n'avait pas appris par cœur tant de pages de Ronsard, s'il n'avait pas feuilleté d'une main aussi studieuse les exemplaires latins.

Il n'avait naturellement ni la facilité, ni le mouvement oratoire. C'est à du Bellay et à Desportes qu'il demanda le secret de l'une; c'est Ronsard qui lui enseigna le secret de l'autre. Et ces leçons ne furent pas perdues. Jusqu'à la fin de sa carrière, Regnier mania sans doute la plume avec une certaine lourdeur. Il peina toujours en composant. Si l'on veut toutefois juger de ses progrès, que l'on passe sans transition de sa deuxième *Satire*, où le poète sort si laborieusement, par des liaisons si artificielles, des détours où s'égare sa pensée, à la neuvième, si bien venue, d'un mouvement si naturel et si vigoureux : on sentira la différence. Or, ce mouvement, nous l'avons vu, est très adroitement mais très directement, imité de Ronsard.

Plus encore que la facilité et le mouvement, le sentiment de l'art lui faisait défaut. Nul doute que, s'il finit par en acquérir une parcelle, ce fut dans la société d'Horace, des anciens et de l'Arioste. Supposons qu'il n'eût jamais suivi d'autre guide que son « caprice », qui « l'élevait quelquefois très haut dans les airs », pour le précipiter ensuite « du plus haut au plus bas », comme il en convient lui-même [1] ; qui sait à quelles fautes de goût, à quelles extravagances de style, à quelles incohérences de composition, il eût été entraîné? L'imitation des classiques contint sa verve sans l'étouffer.

Et, sans les classiques, ses personnages les plus célèbres ne seraient pas tout ce qu'ils sont. Possédant, comme personne, le sens du pittoresque et du grotesque, Regnier inclinait à l'étude des ridicules passagers et des travers d'un jour. Si la lecture des poètes latins, et surtout celle d'Horace, ne lui avait pas donné la curiosité de chercher l'homme éternel sous l'homme de son temps, je doute qu'il se fût jamais élevé de la peinture des mœurs à celle des caractères. Sa Macette, en particulier, au lieu d'être

----

1. *Satire* I, vers 111 et suiv.

le type immortel de la vieille courtisane et le caractère
le plus complet qui ait paru dans notre poésie avant les
fortes créations d'un Corneille et d'un Molière, serait
peut-être aujourd'hui aussi peu connue que la Nanna,
l'Alvigia et la Commère de l'Arétin, si vivantes parfois
cependant, mais à qui l'on ne saurait assez reprocher
d'être trop exclusivement de leur pays et de leur époque.

II

On a exagéré l'influence exercée sur Regnier par les
poètes bernesques. Il leur doit sans doute des pièces
entières : la sixième et la dixième *Satires*, comme l'a
montré Brossette ; de plus la onzième et une partie de la
quatrième [1]. Mais, de ces quatre *Satires*, la quatrième et la
sixième occupent une place assez insignifiante dans l'œuvre
du poète ; la dixième et la onzième ne sont pas entièrement bernesques ; la quatrième ne l'est à aucun degré.

1° Il y a, en effet, dans le recueil du Lasca un petit nombre
de pièces qui s'y trouvent comme égarées : car, ni par le
ton, ni par le sujet, elles ne se distinguent de celles que
Sansovino a réunies dans le sien sous le titre de *Satire*.
Tel est le *Capitolo della Poesia* de Ludovico Dolce à Francesco Coccio. L'auteur y déplore après Juvénal la malheu-
reuse condition des gens de lettres, comme le fait Sansovino dans l'une de ses trois *Satires* [2]. Pourquoi l'un de ces
poèmes figure-t-il dans le recueil des *Opere piacevole* et
l'autre dans le recueil des *Satire*? Je n'en vois pas la

1. En parlant succinctement dans ses *Studi di storia letteraria italiana
e straniera* (Livorno, Giusti, 1895), p. 368, des sources de Regnier dont il
est question dans ce paragraphe, M. Francesco Flamini reconnaît que je
les lui ai moi-même signalées.
2. *Satire* à Giulio Doffi :

     Se tu eleggi per ben la poesia, etc.

raison, et, par conséquent, je ne pense pas qu'il faille rattacher Regnier à l'école de Berni pour avoir traduit dans sa quatrième *Satire* une partie du premier plutôt qu'une partie du second.

Il les connaissait certainement tous les deux. C'est de la *Satire* de Sansovino qu'il a tiré cet heureux vers où il reproche aux poètes qui déshonorent la Muse par leur ivrognerie de

> *Faire* un bouchon à vin du laurier de Parnasse [1].

Mais Vauquelin de la Fresnaie, en s'appropriant la plus piquante des deux *Satires* italiennes, lui avait enlevé l'embarras du choix [2]. Faute sans doute de pouvoir imiter Sansovino, Regnier emprunta donc à Dolce la fin de sa quatrième *Satire*, dont le début est pris, nous l'avons vu, d'une épître de Ronsard à Pierre L'Escot [3] :

> Eusse tu plus de feu, plus de soing et plus d'art
> Que Jodelle n'eut oncq', Desportes, ny Ronsard,

1. Sansovino :
> *A lo hoste va l'allora.*

Vauquelin a traduit ce vers ainsi :
> . . . . . On voit servir le verd laurier,
> Sans autre honneur, d'enseigne à l'hotelier.

2. *Satyres françoises*, livre III, à Baïf :
> Si pour avoir tu suis la poesie, etc.

3. Et dont la fin me paraît imitée de la fin du *Capitolo* de Berni à Messer Pietro Buffetto cuoco *in lode d'Aristotile*. Regnier, vers 165-168 :
> Mais je ne m'apercoy que, trenchant du prudhomme,
> Mon tans en cent caquets sottement je consomme,
> Que mal instruit je porte en Brouage du sel,
> Et mes coquilles vendre à ceux de sainct Michel.

Berni : « Mais que fais-je?... J'apporte au monde une vieille nouvelle; je veux ajouter de la blancheur à la neige et mettre toute la mer dans un petit seau : »
> *Ma io che fo?...*
> *Arecco al mondo una novella vecchia,*
> *Bianchezza voglio aggiugnere alla neve*
> *E metter tutto il mare in poca secchia.*

Les proverbes diffèrent; mais c'est la même manière de conclure.

Lon te fera la mouë, et, pour fruict de ta paine,
« Ce n'est, ce dirat-on, qu'un Poete à la douzaine. »
    Car on n'a plus le goust comme on l'ent autrefois :
Apollon est gené par de sauvages loix,
Qui retiennent sous l'art sa nature offusquée,
Et de mainte figure est sa beauté masquée.
Si, pour sçavoir former quatre vers enpoullez,
Faire tonner des mots mal joincts et mal collez,
Amy, l'on estoit Poete, on verroit (cas estranges)
Les Poetes plus espais que mouches en vandanges.
    Or, que dès ta jeunesse Apollon t'ait apris,
Que Caliope mesme ait tracé tes escris,
Que le neveu d'Atlas les ait mis sur la lyre,
Qu'en l'Antre Thespean on ait daigné les lire,
Qu'ils tiennent du sçavoir de l'antique leçon
Et qu'ils soient imprimez des mains de Patisson :
Si quelqu'un les regarde et ne leur sert d'obstacle,
Estime, mon amy, que c'est un grand miracle.
Lon a beau faire bien et semer ses escris
De civette, bainjoin, de musc et d'ambre gris,
Qu'ils soient plains, relevez et graves à l'oreille,
Qu'ils fassent sourciller les doctes de merveille,
Ne pense pour cela estre estimé moins fol
Et sans argent contant qu'on te preste un licol,
Ny qu'on n'estime plus (humeur extravagante!)
Un gros asne pourveu de mille escuz de rente.
    Ce malheur est venu de quelques jeunes veaux,...
Qui ravalant Phœbus, les Muses et la grace,
Font un bouchon à vin du laurier de Parnasse,
A qui le mal de teste est commun et fatal
Et vont bisarement en poste à l'hopital. ..
                              (*Satire* IV, vers 103-140.)

« Coccio, les courtisanes sont plus estimées de notre temps que les poètes, quand bien même ils cracheraient musc et ambre gris.

« Combien en voyez-vous de vos yeux s'en aller à grands pas à l'hôpital pour la passion des beaux écrits [1]!...

---

1. Le lecteur me saura gré de n'avoir cité entièrement ni le texte de Regnier, ni celui de Dolce :

> *Quanti vedete voi con gli occhi vostri*
> *Andarsene a gran passi alle spedale*
> *Per la vaghezza de purgati inchiostri!*

« Si savoir quelque chose ou un peu plus que rien faisait un poète, vous en verriez tant que le monde serait un débris de biscuit [1]....

« Encore que tu fusses plus docte et plus grand que celui qui chanta les armes d'Énée, tu es un fou si tu penses avoir de l'honneur ;

« Encore que Calliope écrive tes œuvres, qu'Apollon les dicte, qu'Orphée les chante sur sa lyre et qu'elles soient ensuite imprimées à Bâle ;

« Si un seul dans un si grand nombre les admire, alors salue-le avec respect ; mais tout près est quelqu'un qui excitera ta colère ;

« Si tu vas par la rue, derrière toi marche quelqu'un qui tend le doigt et dit à son camarade : « Vois ; voici, voici un de ces poètes à la douzaine » ;

« Tu crois alors mourir de colère, et, absolument comme si le bourreau te fouettait, tu sens les genoux et les pieds te manquer [2]....

« Les études sont privées de toute gloire auprès du vulgaire, qui n'estime pas un homme qui est sans deniers et sans écus ;

« Elles peuvent bien vous aiguiser l'esprit, vous faire

1.　　　Se 'l saper quattro cujus, sette, od otto
　　　　　Fesse un poeta, ne vedreste tanti
　　　　　Che 'l mondo saria sgombro di biscotto.

2.　　　Anchor che fossi e piu dotto e maggiore
　　　　　Di quel che gia canto l'arme d' Enea,
　　　　　Sei matto se tu pensi haver honore.
　　　　Scriva l'opere tue Calliopea,
　　　　　Le detti Apollo, Orfea le canti in lira,
　　　　　Et siano poi stampate in Basilea :
　　　　Se un solo in tanto numero te ammira,
　　　　　Alhor con riverenza te gl' inchina ;
　　　　　Ma presto v'e chi ti commove ad ira.
　　　　Se vai per strada, un dietro ti cammina,
　　　　　Che porge il dito et dice al sozio : « Vedi,
　　　　　Ecco, ecco, un poeta da dozzina » ;
　　　　Morir alhor per collera ti credi,
　　　　　E quasi affato ti scopasse il buoia,
　　　　　Mancar ti senti le ginocchia et i piedi.

immortel; mais après cela, ne pensez pas que personne vous prête un lacet sans gage [1]. »

2° Beaucoup plus bernesque est la *Satire* VI *contre l'honneur*. C'est même la seule *Satire* de Regnier qui appartienne tout à fait au genre que les Italiens ont qualifié de ce nom. Car c'est la seule où le poète ait commis un de ces éloges sophistiques qui forment plus des quatre cinquièmes de l'œuvre des burlesques italiens. Il n'y a pas lieu d'insister sur cette pièce. Elle est presque traduite des deux *Capitoli* de Mauro au Prieur de Jesus *in dishonore dell' honor*, et Brossette a exactement relevé dans ses notes tous les passages du poète italien que s'est appopriés son imitateur français. Il suffit d'observer ici que l'éditeur de Regnier n'a pas probablement soupçonné deux choses : la première, c'est que son auteur n'aurait peut-être jamais eu l'idée d'écrire un poème d'inspiration aussi profondément italienne, s'il ne s'y était pas cru autorisé par l'exemple d'Amadis Jamyn, qui avait traduit avant lui une partie de ces *Capitoli* de Mauro; ia seconde, c'est qu'il n'eût pas sans doute entrepris de « déshonorer l'honneur », si la manie des duels n'avait pas donné à ce sujet une telle actualité que, même en le traitant à la bernesque, il faisait en quelque sorte de la peinture des mœurs [2].

1.   . . . . *Son di gloria ignudi*
       Apresso il volgo che non stimo degno
       Un' huom che sia senza danari e scudi.
     Questi vi ponno assotigliar l'ingegno,
       Farvi immortal; ma non pensate poi
       Che alcun ve presti un laccio senza pegno.

2. Voir les *Œuvres poétiques d'Amadis Jamyn, avec sa vie par Colletet et une introduction* par Charles Brunet (Paris, Wilhem, 1879), t. II, p. 203-207. Voici un fragment du *Capitolo* de A. Jamyn qu'on pourra comparer aux vers 195 et suiv. de la *Satire* VI de Regnier :

     Or, quant à moy, je dis ce qui gist en paroles
     N'estre que pour tromper les vivantes Idoles.
     Quiconque estime tant ce faux honneur mondain
     Me le face un petit toucher avec la main :

3° La double mésaventure dont les *Satires* du *Repas ridicule* et du *Mauvais gîte* nous content l'histoire est tout entière en germe dans le *Capitolo* où Berni rapporte à son confrère en poésie, messer Ieronimo Fracastoro de Vérone, « le cas étrange, digne de risée et de compassion », qui lui arriva, le septième jour d'août, à Povigliano.

Monseigneur de Vérone, son patron, s'y était rendu avec une bande de bêtes et de gens. Il n'y eut pas de chambres pour tout le monde. Le curé du lieu, qui était venu « faire la révérence à Monseigneur », crut « faire une grande faveur » au poète et à son ami Adamo en leur offrant de les emmener. « Vous serez logés en seigneurs, leur dit-il ; j'ai un vin qui fait honte au vin grec ; je vous donnerai des confitures et des fruits à faire voir un mort et marcher un aveugle[1]. Vous aurez des lits blancs, bien faits, bien remués, et je veux que vous me disiez en vous levant si vous ne les avez pas trouvés propres. » Les deux amis s'excusèrent, flairant un « écueil ». Le prêtre s'attacha à leurs pas. « C'était un pédant aux cheveux crépus, au sourcil bas, gros, épais : un vrai mufle de lion. » Il leur expliqua tout Virgile et tout Homère ; il leur fit un parallèle entre Sannazar et Fracastoro. « Je ne suis pas un ignorant, disait-il ; je connais assez bien la métrique. »

> S'il ne se peut toucher, au moins avec la veue
> Son essence me soit davantage conuue.
> Certe il est invisible, intouchable, et, s'il poind,
> Une fievre ou la goute aussi n'apparoist point,
> Toutefois nous destruit : j'ose en vérité dire
> Que la peste d'Honneur est cent mille fois pire
> Que n'est la jalousie ou tout autre malheur.
> Vous conduisez vos pas sur sa trace d'erreur
> En la mesme façon qu'un aveugle se laisse
> Conduire par son chien qui ses voyes adresse :
> Car il ne le voit point et s'il chemine aprés.

A. Jamyn, qui parle ici en l'honneur du déshonneur, fit au contraire à l'Académie du Palais un discours en l'honneur de l'honneur. Voir Ed. Frémy, l'*Académie des derniers Valois* (Paris, 1887, Leroux), p. 300-312.

[1]. C'est-à-dire : voir un aveugle et marcher un mort ; ce genre de facétie est familier à Rabelais.

Jamais Berni n'avait vu « un animal aussi effronté »; ce cuistre « n'aurait pas cédé un doigt à Macrobe, à Aristarque, ni à Quintilien ».

Il fallut pourtant le suivre dans son lointain logis. On y arriva « quand Dieu le voulut [1] ». La porte, ensevelie dans les orties et les épines, ressemblait à une de ces étroites ouvertures pratiquées dans le mur des citadelles pour y introduire des secours. Pour pénétrer dans la maison, Berni et Adamo durent sauteller sur une sorte d'échelle, où l'ours le plus adroit à grimper se serait rompu le cou. L'escalade achevée, ils se trouvèrent dans une salle enfumée et dépavée. « Et où devons-nous dormir, messer [2], demandèrent-ils au bon prêtre? » Il les mena dans son grenier : du grain, de l'orge, de la paille, des marmites, des poêles, des rateaux, des fourches et trois bottes d'oignon y étaient entassés pêle-mêle; des rats y joûtaient; on y eût sué en plein mois de janvier. « Je meurs de soif », s'écria Berni. Aussitôt on lui présenta un verre qui venait de recevoir le sacrement de confirmation [3]; il suait du haut en bas; le vin qu'il contenait ressemblait à une soupe aux fruits tellement épaisse, que, si on l'eût versé dans un panier, on l'y eût retrouvé tout entier au bout d'un an. « Là-dessus, poursuit Berni, sur deux vieux mauvais bancs je vis placé un méchant lit, ou plutôt un chenil; et je dis : C'est ici que je reposerai ma tête. Le prêtre, gracieux, aimable et civil, fit enlever les linceuls de l'autre lit. Le chenil était court, étroit et

1. Tercet 19 : *Quando Dio volse vi giugnemmo alfine.*
Régnier, *Satire* XI, 139 et 144 :

> Or, *comme il pleut au Ciel,* en trois doubles plié,
> Entrant, je me heurte la caboche et le pié....
> *Puisque Dieu le voulut,* je prins le tout à gré.

2. En parlant de son hôte, Berni dit plus loin *il messer* (tercet 33); Régnier appelle le sien *le monsieur* (*Satire* X, 397).

3. L'évêque trace sur le front du confirmé le signe de la croix avec son pouce enduit de saint-chrême.

misérable ; pourtant à le couvrir tout entier deux serviteurs suèrent trois chemises et un gilet ; et ils y employèrent
les dents et les ongles ; ils tirèrent tant ces pauvres linceuls qu'à la fin pourtant ils les firent venir au milieu. Ils
étaient blancs comme deux raies, émaillés de lions héral-
diques. Ils paraissaient avoir été blanchis dans un bouillon
de haricots[1]. Tel est celui qui va perdre la vie : il s'arrête,
fait durer le temps, réfléchit et regarde si quelqu'un ne
viendra pas l'aider. Tel j'esquivais cet horrible lit. A la
fin, force me fut d'avaler ce grand calice et ainsi je me
trouvai sur le lit à l'ombre. » Et le poète, après avoir
invoqué les Muses, Phébus et Bacchus, décrit longuement
le combat qu'il lui fallut livrer contre les punaises, et dont
il sortit semblable à une lamproie, à une murène, à une
nuit sereine, tant il était constellé de piqûres : un peu
plus il serait devenu le vénérable Béda, tel qu'il est dans
son tombeau, à supposer que son épitaphe le dépeigne
bien[2].

En lisant l'analyse de ce *Capitolo* on aura vu que Regnier
y a puisé non seulement l'idée de son aventure, mais la
plupart de ses *épisodes*. Un jour qu'il s'en allait rêvant, le
manteau sur le nez, un homme le prit soudain par la
main,

> Ainsi qu'on pourroit prendre un dormeur par l'oreille,
> Si l'on veut qu'à minuict en sursaut il s'esveille.

Le poète veut fuir. L'autre le poursuit, le rejoint, l'inter-
pelle, le conduit dans sa maison, le convie à souper. Quels
étranges animaux nageaient dans le potage, comment il

---

1. Donc au vers 206 de la *Satire* XI de Regnier :

> Blanchie en un *sivé*, non dans une lescive,

le mot *sivé* désigne bien une sauce, et non une eau d'égout, comme l'ont
dit certains commentateurs. Voir éd. Courbet, p. 311.
2. C'est-à-dire qu'il n'aurait plus eu que les os :

> *Hac sunt in fossa Bedae venerabilis ossa.*

fallut se battre contre l'épaule de mouton, quelle sotte compagnie était assemblée autour de la table, chacun se le rappelle. On n'a pas oublié non plus sans doute que des deux descriptions qui forment les deux tiers de la *Satire* X, celle de la soupe et du rôti est tirée presque textuellement de la *Cour*, et celle du principal convive, du *Pédant* de Caporali. Ces deux poèmes sont visiblement inspirés par le *Capitolo* de Berni à Fracastoro : le docteur de Caporali a la même épaisse toison que le bon prêtre de Berni; il rive son clou à Macrobe avec la même outrecuidance; son habit est taillé dans le même drap qu'un certain tapis qui décore la plus belle chambre du presbytère de Povigliano : « Des docteurs affirment qu'il servit autrefois de couverture à un barbaresque; il devint ensuite le manteau d'au moins trois bohémiens; puis il fut robe d'esclave et peutêtre espalier avant d'échouer au rang de tapis de table. » Il n'est pas jusqu'à la plaisanterie sur les bévues d'Homère qui n'ait chez Berni son équivalent : « Notez bien que je me sers ici d'un exemple tiré de l'Enéide; je ne voudrais pourtant pas passer pour un sot; car on m'a dit que Virgile avait commis une grosse bourde en empruntant à Homère ce vers, qu'il n'a pas (je le dis en toute révérence) entendu du tout[1]. »

Imité dans la *Satire* X de Regnier, à travers Caporali, Berni dans la onzième va l'être directement. On sait comment finit l'aventure du bon Mathurin. Pendant que les convives se battent à coups de chaise, il court à son manteau, descend l'escalier et va « doublant le pas, comme un qui fend le vent », quand tout à coup il heurte une porte, culbute et tombe sur la ventre. On demande ce que c'est; il se relève, entre

> Et, voyant que le chien n'aboyoit point la nuict,
> Que les verroux gressez ne faisoient aucun bruit,
> Qu'on *lui* rioit au nez,

1. Berni, tercet 61 ; Regnier, X, 312.

il comprend qu'il se trouve dans la même situation que
Polyænos : *Centonem anus urbana rejecit et : « Hic, inquit,
debes, habitare ». Cum ego negarem me cognoscere domum,
video quosdam inter titulos nudasque meretrices furtim con-
spatiantes.... Sero intellexi me in fornicem esse deductum*[1].
« Grâce au ciel, qui voulait faire jouer à Regnier un
autre personnage », ou plutôt, comme on le voit, grâce à
Pétrone, la maison du curé de Povigliano s'est transformée en un « lieu de fort mauvais exemple ». Mais pour
avoir changé de destination, elle n'a pas beaucoup changé
de physionomie. L'escalier n'est pas devenu plus accessible :

> La montee estoit torte et de fascheux accez :
> Tout branloit dessous nous jusqu'au dernier estage;
> D'eschelle en eschelon, comme un linot en cage,
> Il falloit sauteller et des pieds s'accrocher,
> Ainsi comme une chévre en grimpant un rocher.

La porte ne s'est pas agrandie; l'appartement n'exhale pas
de plus suaves odeurs :

> Apres cent soubres-sauts nous vinsmes en la chambre,
> Qui n'avoit pas le goust de musc, civette ou d'ambre.
> La porte en estoit basse et sembloit un guichet
> Qui n'avoit pour serrure autre engin qu'un crochet[2].

La chambre à coucher n'est pas moins étrangement encombrée :

> Or, en premier *item* sous mes pieds je rencontre
> Un chaudron ebreché, la bourse d'une monstre,
> Quatre boëtes d'unguents, une d'alun bruslé
> Deux gands depariez, un manchon tout pelé....

1. *Satyricon*, chap. VI et VII.
2. Berni, tercets 19-21 :

> Entrammo in una porta da soccorso,
> Sepolta nell' ortica e nelle spine.
> Convenne ivi lasciar l' usato corso
> E salir su per una certa scala.
> Dove aria rotto il collo ogni destr'orso.
> Salita quella, ci trovammo in sala
> Che non era, Dio grazia, ammattonata.
> Onde il fumo di sotto in essa esala.

Il est vrai que la plupart de ces meubles grotesques ont
été rapportés, non de la maison curiale de Povigliano,
mais du taudis où prépare ses drogues la vieille de Pétrone,
du singulier intérieur décrit par Martial, dans la trente-
deuxième *Épigramme* de son livre XII, et de la chambre
garnie où vivait la bonne maîtresse d'Alvigia [1]. Mais nous
allons reconnaître le lit; c'est exactement celui où Berni
dut se battre contre de si cruels ennemis :

> Elle approche du lict fait d'une estrange sorte :
> Sur deux treteaux boiteux se couchoit une porte,
> Où le lict reposoit, aussi noir qu'un soüillon.
> Un garderobe gras servoit de pavillon,
> De couverte un rideau, qui, fuyant (vert et jaune)
> Les deux extremitez, estoit trop court d'une aune....
> Disant cecy tousjours son lict elle brassoit
> Et les linceux trop cours par les pieds tirassoit,
> Et fist à la fin tant par sa façon adroite,
> Qu'elle les fist venir à moitié de la coite,
> Dieu sçait quels lacs d'amour, quels chiffres, quelles fleurs
> De quels compartiments et combien de couleurs,
> Relevoient leur maintien et leur blancheur naïfve,
> Blanchie en un sivé, non dans une lescive....
> A la fin je pris cœur;. . . . .
> Je détache un soüillé; je m'oste une jartiere,
> Froidement toutesfois, et semble en ce coucher,
> Un enfant qu'un Pedant contraint se détacher,
> Que la peur tout ensemble esperonne et retarde :
> A chacune esguillette il se fasche, regarde,
> Les yeux couvers de pleurs, le visage d'ennuy,
> Si la grace du Ciel ne descend point sur luy [2].

1. Arétin, *la Cortigiana*, acte II, sc. VII.
2. Berni, tercets 41-48 :

> In questo, adosso a due pancaccie vecchie
>   Vidi posto un letuccio, anzi un canile;
>   E dissi : quivi appoggero l' orecchie.
> Il prete, grazioso, almo e gentile,
>   Le lenzuola fe tor dall' altro letto....
> Era corto il canil, misero e stretto;
>   Pure a coprirlo tutto, due famigli
>   Sudaron tre camice e un farsetto;
> E v' adoperaron le zanne e gli artigli;

La figure des hôtesses de Regnier ne nous surprendra pas davantage :

> L'une, comme un fantosme, affreusement hardie,
> Sembloit faire l'entree en quelque Tragedie ;
> L'autre une Egyptienne, en qui les rides font
> Contre-escarpes, rampards et fossez sur le front.
> L'autre, qui de soy-mesme estoit diminutive,
> *Ressembloit transparante une lanterne vive....*
> Et chacune à par-soy representait l'idolle
> Des fièvres, de la peste.

A un certain air de famille on a compris qui sont ces dames : elles ont pour sœurs les vieilles de Sygognes, pour père ce chrétien maigre de Berni, *lanterna viva in forma humana*, pour mère cette camériste qu'on prendrait pour une de ces marionnettes qu'on met à sa fenêtre le jour de l'Épiphanie ; elles sont les cousines germaines de ce « présomptueux », de ce « monstre infâme » d'Arétin, *idol del vituperio et della fame*[1].

Du premier vers jusqu'au dernier, la dixième et la onzième *Satires* de Regnier sont donc inspirées par la poésie bernesque. Mais cette imitation appelle une double observation. La première, c'est que loin d'être caractéristiques du génie du poète, le *Repas ridicule* et le *Mauvais gîte*, soit par leur longueur, soit par le calibre des plaisanteries, ont dans son œuvre une physionomie un peu à part. Elles sont même probablement le fruit d'une sorte de

> *Tanto tirar que' poveri lenzuoli,*
> *Che pure a mezzo alfin fecion veniqli.*
> *Egli eran bianchi come due paioli,*
> *Smaltati di marzocchi alla divisa ;*
> *Parecon cotti in broda di fagiaoli.*
> *Qual e colui, che a parler va la vita,*
> *Che s'intratiene e mette tempo in mezzo*
> *E pensa e guarda pur s'altri l'aita ;*
> *Tal io schifando a quell' orrendo lezzo ;*
> *Pur fu forza il gran calice inghiottirsi,*
> *E così mi trovai nel letto al rezzo.*

1. *Sonnet* de Berni contre l'Arétin.

collaboration. Elles figurent pour la première fois dans l'édition de 1609, qui parut en même temps que *les Muses gaillardes recueillies des plus beaux esprits de ce temps par A. du Breuil*, nouvelle édition considérablement augmentée des *Muses inconnues* de 1604. On y trouve une série de pièces bernesques : entre autres six portraits burlesques de vieilles femmes, signés du nom de Sygognes dans *le Cabinet satyrique* et intitulés : *Satyre contre une vieille, Sonnet, Pour une vieille courtisane, Desdain, la Grande sauvage, Contre une vieille courtisane*[1]. Or, les portraits de Sygognes ressemblent tellement à ceux de Regnier qu'on est tenté de se demander si l'un des deux poètes n'a pas imité l'autre. Les premiers vers écrits ont-ils été ceux-ci?

> L'autre, qui de soy-mesme estoit diminutive,
> Ressembloit transparante une lanterne vive,
> Dont quelque Paticier amuse les enfans,
> Où des oysons bridez, Guenuches, Elefans,
> Chiens, chats, lièvres, renards et mainte estrange beste
> Courent l'une apres l'autre : ainsi dedans sa teste
> Voyoit-on clairement au travers de ses os
> Ce dont sa fantaisie animoit ses propos :
> Le regret du passé, du present la misere
> La peur de l'avenir, etc.

ou bien ceux-ci?

> Ce corps défiguré, basti d'os et de nerfs,
> Couvert d'un parchemin où l'horreur est écrite,
> Qui faict veoir au travers une flamme illicite
> Pour servir de lanterne à descendre aux Enfers;
> Et ce cœur, tout rongé de mille et mille vers,
> Que la vengeance prend lorsque l'amour le quitte,
> Où l'inceste, où le meurtre, où la fureur habite
> Et les forfaits commis se monstrent descouvers....

Ils l'ont été sans doute en même temps, et ce qui s'est passé est aisé à deviner. Un beau jour, un vent de bouffonnerie souffla sur la Pomme de Pin : un habitué, qui

---

1. P. 87, 89, 91, 100, 124.

avait apporté dans sa poche les deux volumes du Lasca, se mit à lire tout haut *Maître Guazzaletto* et *les Dames de la montagne*. Bientôt un rire inextinguible ébranla les murs de l'antique cabaret où, soixante ans plus tard, les *Guêpes* d'Aristophane devaient soulever les mêmes éclats. Après s'être esclaffé, on se demanda « quelle grâce ces caricatures pourraient avoir en français ». L'essai en fut aussitôt tenté. S'encourageant de leurs conseils et de leurs applaudissements, faisant échange de rimes cyniques et d'images burlesques, les quatre inséparables, Sygognes, Berthelot, Motin et Regnier, composèrent chacun leur pièce. De cette collaboration, comparable à celle qui devait enfanter *les Plaideurs* de Racine, naquirent sans doute à la fois *les Vieilles* de Sygognes, *l'Inventaire* de Berthelot, *l'Éloge* de Motin, *le Repas ridicule* et *le Mauvais gîte* de Regnier : voilà pourquoi ces deux *Satires*, conçues probablement pendant une orgie et écrites sur une table de cabaret, sans détonner précisément au milieu des autres *Satires* de Regnier, s'en distinguent cependant par le luxe des couleurs et l'excès de la gaieté.

Une autre observation facile à faire, c'est que les descriptions de Regnier sont beaucoup plus réalistes, plus vraies, plus vivantes que celles de ses modèles. Des épisodes du *Repas ridicule*, lesquels a-t-on toujours le plus admirés? N'est-ce pas l'entrée du cuistre, qui « s'en va devant derrière et se plaint qu'on était sans lumière »? N'est-ce pas l'apparition du valet, qui, « se levant le chapeau de la tête », vient annoncer que la soupe est prête, et celle du majordome, qui entre « serviette au bras et fricassée en main »

> Et sans respect du lieu, du docteur, ny des sauces,

verse tout sur les chausses de l'infortuné Regnier? N'est-ce pas enfin cette querelle finale, où aux coups de langue ne tardent pas à succéder les coups d'escabeau? Et, dans le portrait du pédant, si l'on se plaît à citer quelques vers, n'est-ce pas ceux où, avec un vrai et franc comique, le poëte a dessiné ce célèbre nez,

> Où maints rubiz balez, tous rougissants de vin,
> Monstroient un *hac itur* à la pomme de pin,
> Et, preschant la vendange, asseuroient en leur trongne
> Qu'un jeune Medecin vit moins qu'un vieux yvrongne;

ces yeux, qui, redressant leur entrepas tortu, guidaient la jeunesse au chemin de vertu; ce mouchoir et ces gants,

> . . . . qui sembloient en lambeaux
> Crier en se mocquant vieux linge et vieux drapeaux?

Ces heureux traits, qui sont tous de l'invention de Regnier, n'ont-ils pas ceci de commun que jusque dans la bouffonnerie ils respectent la réalité des choses? Or, par ce goût pour la vérité, Regnier diffère non seulement de Caporali, mais encore de Berni lui-même. Qu'on relise attentivement les deux descriptions du lit. Pourquoi dans celle du poète français ces détails nouveaux du garde-robe gras qui sert de couverture, de la couverte qui tient lieu de rideau, du soulier et de la jarretière, sinon parce qu'il cherche moins à badiner qu'à faire voir? Et des deux comparaisons, celle du condamné à mort n'est-elle pas d'un artiste qui s'amuse à dire sérieusement ici des choses gaies, comme il dira gaiement ailleurs des choses sérieuses? « Tel est celui qui va perdre la vie : il s'arrête, fait durer le temps, réfléchit et regarde si quelqu'un ne lui viendra pas en aide. Tel j'esquivais cet horrible lit. » Et l'autre, celle de l'enfant qui se déshabille pour être fouetté, n'est-elle pas d'un peintre qui se préoccupe surtout d'évoquer une image précise devant les yeux de son lecteur [1]?

---

1. Pour être équitable, il faut dire que cette comparaison a été suggérée à Regnier par un autre passage du *Capitolo* de Berni, tercet 22 :

> Io stava come l' uom, che pensa e quata
> Quel ch' egli ha fatto, et qual che far conviene,
> Poi che gli e stata data una canuta.

On ne peut le contester : Berni met avant tout son plaisir à laisser vagabonder son imagination, curieux de comparaisons inédites et d'images imprévues. Regnier, au contraire, vise à faire vrai. Non qu'il se soucie aucunement, quoi qu'il en dise, de tirer la moindre conclusion morale de l'exactitude de ses peintures; et c'est en cela qu'il se distingue le plus peut-être de Molière et de La Fontaine. Mais, s'il ne tend, lui aussi, comme Caporali, qu'à s'amuser et qu'à nous amuser, ce qui l'amuse, ce qui amuse un public français, c'est la reproduction et non la déformation de la nature.

III

Lorsque Sainte-Beuve retrouvait dans les vers de « l'illustre satirique Mathurin Regnier » la poésie de maître François, il jugeait bien. Lorsque M. Rathery conjecturait que l'Arétin avait autant de part qu'Ovide et Jean de Meun au portrait de la fameuse Macette, il devinait juste [1]. Rabelais et l'Arétin, voilà, en effet, les deux principaux maîtres de Regnier; voilà ceux qu'il n'a pas fréquemment traduits, mais avec qui il a lutté de génie; et voilà ceux dont l'imitation devait être vraiment féconde; car à travers Rabelais et l'Arétin il allait retrouver le vieil esprit national, l'esprit des fabliaux et des farces, mais il allait le retrouver enrichi de tout ce que les auteurs du *Pantagruel* et des *Plaisants dialogues* y avaient ajouté de leur propre fonds.

Chez l'Arétin, comme chez Regnier et chez Rabelais, c'est le même don de voir les choses telles qu'elles sont,

1. Voir l'*Introduction*, p. XIV et XVI.

et le même art de nous les faire voir à l'aide de comparaisons ingénieuses, empruntées aux usages de la vie animale.

Il est inutile de citer des exemples de Rabelais et de Regnier. En voici quelques-uns de l'Arétin :

Nanna s'est mise à la fenêtre pour attirer les amoureux. « Abandonnant les rênes sur le col de leur cheval, dit-elle, ils se délectaient à me voir comme des gueux à un rayon de soleil. » Mais sa mère paraît tout à coup et l'emmène : « Restés à sec comme des poissons pris d'un coup de filet, continue-t-elle, mes englués s'en allèrent en sautillant à la manière des barbillons et des carpes tirés hors de l'eau. » — N'osant se montrer, dit-elle ailleurs d'un mari qui était cause de la disparition de sa femme et dont chacun se moquait, « il ressemblait à un chat qui n'est pas de la maison et à qui on a brûlé la queue ». — Dispersés par l'arrivée inattendue d'un trouble-fête, de jeunes galants ne tardent pas à retourner vers leurs amoureuses : « En retournant vers leurs maîtresses, ils ressemblaient à des étourneaux revenant vers l'olivier d'où les avaient chassés dare dare les oh! oh! d'un paysan qui se sent becqueter le cœur quand on lui becquète une olive. » (*Dialogues plaisants; 1ᵉ partie, 3ᵉ journée, la Vie des courtisanes; — 1ᵉ partie, 2ᵉ journée, la Vie des femmes mariées; — 1ᵉ partie, 1ᵉ journée, la Vie des religieuses; — id.*, ¹.)

Chez les trois écrivains, c'est la même habileté à peindre les hommes dans l'action et à faire sortir de la narration de petites scènes achevées.

« La servante, conte la Nanna de l'Arétin, introduit le neveu postiche de monseigneur le Révérendissime, qui se

1. *Et abbandonando le redine in sul collo del cavallo, si recreavano a vedermi come i furfanti a lo specchio del sole. — Rimasi gli impaniati in secco come una tirata di pesce, se ne girono saltellando ne la foggia, che saltellano i barbi e le lasche fuori de l'acqua. — Egli pareva un gatto forestiero, che gli fosse stato arrostita la coda. — E nel comparire a l'innamorate loro simigliavano storni ritornati a lo olivo, donde gli havea cacciati allhora allhora quell' oh oh oh del villano, che si sente beccare il cuore beccandosigli una oliva.*

met à gravir l'escalier avec une majesté sacerdotale. La Signora s'avance à sa rencontre... et, la conversation engagée, l'entend à tout propos y faire intervenir « Monseigneur mon oncle ». Il branlait la tête avec certains hochements plus princiers que n'en ont les princes et faisait comme si tout lui puait au nez; il parlait lentement, doucement, honnêtement, et, en lançant de petits crachats faits au moule, semblait s'écouter parler. — Je le vois en imagination », s'écrie ici la Pippa, par qui l'auteur se fait adresser un compliment très mérité [1].

« Je le vois en imagination », songe aussi le lecteur de Regnier après avoir lu ces vers :

> Il poursuyt; mais, amy, laissons le discourir,
> Dire cent et cent fois : « il en faudroit mourir! »
> Sa Barbe pinçoter, cageoller la science,
> Relever ses cheveux, dire « en ma conscience! »
> Faire la belle main, mordre un bout de ses guents,
> Rire hors de propos, monstrer ses belles dents,
> Se carrer sur un pied, faire arser son espée,
> Et s'adoucir les yeux ainsi qu'une poupée [2].

Chez les trois écrivains, c'est aussi le même penchant pour les sujets grotesques, et partant la même affinité avec les poëtes de l'école bernesque. On ne peut relire le portrait du pédant de la *Satire* X sans se rappeler aussitôt l'illustre Janotus de Bragmardo, ni celui des vieilles rechignées sans qu'il évoque en vous le souvenir de la Sibylle de Panzoust. On n'aurait pas de peine à trouver chez l'Arétin les pendants de ces immortels bouffons [3].

---

1. *2ᵉ partie, 2ᵉ journée, les Roueries des hommes :* NANNA. *Conduce il nipote posticcio di Monsignore Reverendissimo, il quale va salendo la scala con maesta pretina. E la signora, fattasegli incontra,... le porge la mano et la bocca con la piu honesta puttanaria che si possa fare, e, entrato a parlar seco, in ogni proposito gli udiva adattar :* « Monsignor mio zio ». *Egli dimenava la testa con certi cadimenti oltre il signorile signorili, e pareva che ogni cosa gli puzzasse, e parlava adagio, soave, honesto; e con alcuni sputi fatti al torno, si ascoltava se medesimo.*
2. *Satire* VIII, 39-46. Inutile de citer un exemple de Rabelais.
3. Voir dans la *1ʳᵉ partie, 1ʳᵉ journée*, le portrait d'une vieille religieuse

Enfin, chez Regnier et chez l'Arétin c'est parfois la même
fantaisie dans la description pittoresque de certains spectacles de la nature; en quoi ils sont encore tous les deux,
mais avec un plus vif sentiment de la réalité, cousins des
bernesques :

> Croyez qu'il n'estoit pas « o nuict, jalouse nuict ! »
> Car il sembloit qu'on eust aveuglé la nature,
> Et faisoit un noir brun d'aussi bonne teinture,
> Que jamais on en vit sortir des Gobelins ;
> Argus pouvoit passer pour un des Quinze vingts.
> Qui pis est, il pleuvoit d'une telle manière
> Que les reins par despit me servoient de goutière.
>
> (REGNIER, *Satire* X, 406-412.)

« Elles arrivèrent juste au moment où le soleil mettait
ses bottes pour courir en poste aux antipodes, qui l'atten-
daient comme des poussins engourdis.... Le jour ressemblait à un négociant tombé en faillite qui guigne de l'œil
une église pour se jeter dedans.... La nuit, les yeux
bandés, sans dire mot, grave, mélancolique et pleine de
rêveries s'en venait de l'air d'une matrone veuve, qui toute
encapuchonnée de noir, soupire après son mari mort le
mois d'avant. » (*Dialogues plaisants*, fin de la *2e journée* de
la *1re Partie* [1].)

Mais ce mélange de vérité et de fantaisie dans la peinture des hommes et des choses, cet art d'évoquer tout un
spectacle à l'aide d'une comparaison familière, Regnier
les doit-il donc à un autre que lui? Je ne nie point son
originalité. Je veux dire seulement qu'il l'a développée

---

et dans la *1re partie*, *2e journée*, le portrait d'un pédant. Il est difficile de
les citer ici.

1. *Giunsero a punto, che il sole si haveva messi gli stivali, per gire in
poste a gli antipodi, che lo aspettavano come polli balordi.... Il giorno
pareva un mercante fallito, che adochiasse una chiesa per balzarvi dentro....
La notte, bendata, senza parole, grave, maninconica e piena di pensieri, se
ne veniva in sul passo di una matrona vedova, che, ammantata di nero,
sospira il marito morto un mese inanzi.*

au contact de l'Arétin et de Rabelais. Qu'il ait, en effet, entretenu un commerce intime avec les deux illustres conteurs, nous en avons une preuve irréfutable dans les imitations directes qu'il a faites d'eux.

Brossette a déjà restitué à l'auteur du *Pantagruel* une partie de la description de la robe du pédant et la scène du médecin :

> Si j'eusse estudié... Hippocrate,...
> J'aurois un beau teston pour juger d'une urine,
> . . . . et, quand viendroit au point,
> Dire, en serrant la main : « dame! il n'en falloit point! [1] »

Il faut rendre encore à Rabelais cette petite comédie :

> Pour faire que d'abord on me traitte en Seigneur,
> La bourse desliant je mis piece sur table,
> Et, guarissant leur mal du premier appareil,
> Je fis dans un escu reluire le Soleil....
> Deslors pour me servir chacun se tenoit prest
> Et murmuroient tout bas : « *l'honneste homme que c'est!* [2] »

Comment Brossette n'a-t-il pas reconnu ici le mot des Chats Fourrés? « Panurge, ces mots achevés, jeta au milieu du parquet une grosse bourse de cuir pleine d'escus au soleil. Au son de la bourse commencèrent tous les Chats Fourrés jouer des griphes, comme si fussent violons desmanchés. Et tous s'écrièrent à haulte voix, disans : « Ce sont les espices.... *Ils sont gens de bien* [3]. »

Quant à l'Arétin, quoiqu'il ne l'ait peut-être imité de

---

1. Panurge s'approchant de Rondibilis « luy mit en main sans mot dire quatre nobles à la rose. Rondibilis les prist très bien, puis luy dist en effroy, comme indigné : « hé, hé, hé, monsieur, il ne falloit rien » (Rabelais, III, XXXIII). La scène se trouve aussi dans l'Arétin (*Dialogues*, 2ª *partie,* 3ª *journée*) : *Mi piglio la mano e chiudendomi il pugno mi vi pose un ducato, et io con quello « Non bisogna; son per fare altra cosa per V. S. » che usano dire : medici et le ruffiane..., gli dico : « Vi prometto e giuro di farne ogni opra ».*

2. *Satire* XI, vers 20 et suiv.

3. L. V, chap. XVI.

près qu'une seule fois, Regnier lui est plus redevable encore qu'à Rabelais, si la Macette du poète français n'a pas, comme je le crois, d'ascendants plus immédiats que l'Alvigia, l'Hypocrite, la Nanna et la Commère du conteur italien.

Le plan de la *Satire* XIII est celui de la huitième *Élégie* du premier livre des *Amours*. Regnier en a traduit une vingtaine de vers. Nous avons vu qu'il en avait pris quelques autres dans une *Élégie* de Desportes et que ses malédictions contre Macette resemblaient étrangement à celles qui se lisent dans la quatorzième et dans la vingt-huitième *Élégies* de Ronsard [1]. Il n'est pas impossible d'allonger la liste de ces imitations de détail. Ce que Regnier fait dire à Macette contre l'honneur, Desportes l'avait fait dire en termes fort voisins au duc d'Anjou dans un *Sonnet* adressé à la belle Chateauneuf :

> C'est une vieille erreur qui aux femmes se treuve :
> Car tout ce bel honneur gist en l'opinion [2].

Tout ce que la vieille insinue sur l'hypocrisie habituelle des femmes, le sieur Ambrois l'avait soutenu avant elle dans une *Nouvelle* de Boccace, la neuvième de la troisième journée : « Quand est de la honte et perte de leur honneur, cela ne consiste sinon aux choses qui sont sceües : parquoy ne fay aucun doute que quand elles le peuvent faire secrettement, elles le font, ou bien que si elles s'en abstiennent, c'est sottise, et tien cecy pour tout certain que celle seule est chaste laquelle n'a jamais esté priée de personne, ou si elle a prié qu'elle ayt été esconduite [3]. » Le vers :

> Si j'en avois un cent, ils n'en auroient pas un,

---

1. On en trouve de semblables chez Mellin de Saint-Gellais : *Œuvres poétiques de Mellin de Saint-Gelais* (Paris. 1719), p. 56.
2. Éd. Michiels, p. 375, *Diverses Amours*.
3. Traduction d'Antoine le Maçon, 1545.

rappelle ce mot d'une « affétée » au cinquante-sixième chapitre du *Moyen de parvenir* : « Maudites sont ces sottes qui le prêtent aux causeurs ! Si j'en avois cent, je n'en prêterois pas la moitié d'un à telles gens. » Le conseil de « ne se chaloir si c'est Gauthier ou Garguille » est donné, dans un tout autre but, il est vrai, par Bonaventure à ses lecteurs au *Prologue* de ses contes : « Riez seulement, et ne vous chaille si ce fût Gauthier ou si ce fût Garguille. » Le mot fameux de Vespasien, conservé par Juvénal ·

> *Lucri bonus est odor ex re*
> *Qualibet* [1],

avant de se retrouver sur les lèvres de Macette :

> *Il n'est que d'en avoir*, ...
> . . . ., ma fille, et vous souvienne
> Que le gain a bon goust *de quelque endroit qu'il vienne*,

se lit dans l'une des premières phrases du discours de Rieux, député de la noblesse : « *Il n'est que d'en avoir, de quelque part qu'il vienne* [2] ».

Mais ce sont là plutôt sans doute des coïncidences que des imitations. Et quand ce seraient des imitations, il n'importerait guère. Un point qui nous intéresse davantage en effet est de savoir dans quelle œuvre, sans parler de ses souvenirs personnels, Regnier a étudié l'âme des entremetteuses et surtout puisé l'idée de métamorphoser en dévote la *lena* traditionnelle de la poésie latine.

Dans le *Roman de la Rose*, a-t-on dit jusqu'ici. Et je conviens parfaitement que Regnier s'en est inspiré. Peut-on nier que dans ces cinq vers au moins :

> A prendre sagement ayez les mains ouvertes ;
> Ne faites s'il se peut jamais present ny don,
> Si ce n'est d'un chabot pour avoir un guardon.
> Parfois on peut donner pour les galands attraire ;
> A ces petits presents je ne suis pas contraire ;

1. *Satire* XIV, vers 204.
2. *Satyre Ménippée*, éd. Labitte (Paris, 1880, Charpentier), p. 114.

il ait fait autre chose que traduire en alexandrins une
partie du discours adressé par la vieille à Bel Accueil?

> A doner aiés clos les poins,
> Et à *prendre les mains ouvertes.*
> Doner est grant folie certes,
> Se n'est un poi *por gens attraire,*
> Quant l'en cuide son preu faire;
> *Tel don puis-je bien consentir* [1].

Mais je ne puis admettre que pour transformer en bigote
la sorcière antique, notre poëte ait eu pour modèle unique
ou principal le Faux Semblant du *Roman de la Rose.* Que
ce faux ermite, qui prêche l'abstinence et emplit sa panse
de bons morceaux; qui, riche « à planté », va conseillant la
pauvreté; qui « affuble sa renardie du mentel de pape-
lardie », et, valet de l'Antechrist, semble au dehors « agneau
pitable », quand il est au dedans « loup ravissable »; que
cet imposteur, dis-je, ait pour lignée légitime tous les
hypocrites des deux sexes qui pullulent dans la littérature
italienne et dans la nôtre, le Fra Timoteo de la *Mandragore,*
le Ser Ciappelleto de Boccace, les moines de Mauro, la
Françoise des *Contens,* qui songe à le contester? Mais que
Macette n'est pas issue immédiatement de lui, il est aisé
de le prouver. Faux Semblant ne joue pas le rôle d'entremetteur; il est pour cela un trop grand personnage : muni
d'une bulle du pape, il aspire à confesser les rois, les ducs
et les comtes, et non pas à détourner de leur devoir les
femmes du peuple. Mais l'Hypocrite de l'Arétin, *leno* de
bas étage comme Macette; mais son Alvigia, sa Commère,
sa Nanna, qui s'adonnent toutes les trois sur leur déclin à
l'art de « conseiller les jeunes filles », selon le mot de
l'une d'elles, après avoir consacré leur bon temps à plaire
aux jeunes gens, et qui toutes les trois, après avoir aidé
les hommes à perdre leur âme, se consacrent, comme le

---

1. Éd. F. Michel, t. II, p. 77.

dit encore l'une d'elles, au salut de la leur : voilà sans
doute des personnages qui, par leur condition, par leur
âge, par leur vie passée, j'ajoute par la vérité de leur
caractère, ressemblent cent fois plus à Macette que le
fameux ermite du vieux roman. Aussi bien est-il possible
de déterminer avec précision par quelles circonstances
Regnier fut amené à traiter le sujet de *Macette*, et à le
traiter d'après l'Arétin.

En 1610 parut à Paris, chez Thomas Estoc, une nouvelle
édition de *la Vieille courtisane romaine* de du Bellay pré-
cédée d'une traduction française de la *Vie de Laïs* par
l'Arétin.

L'année précédente, dans ces *Muses gaillardes* dont nous
avons parlé déjà plus d'une fois, avaient été imprimées pour
la première fois, à ma connaissance, des *Gaillardises* attri-
buées à Ronsard. L'une de ces *Gaillardises* est l'histoire
d'une Macette nommée Catin[1]. Moins cupide d'argent que
Macette, mais non moins avide de voluptés, Catin en sa
jeunesse a scandalisé la cour et la ville. A la fin elle s'est
repentie. Se voyant décolorée, « comme une image dédo-
rée », elle a « couvert d'une hypocrisie son premier train
effronté ». Le matin, le sacristain n'a pas plus tôt ouvert
la porte de l'église qu'elle y va « marmoter, rebarboter et
rebigoter »; le soir, elle n'en sort pas avant que le curé
ait « sonné le couvre-feu ».

> Ayant banni de sa pensée
> Le souvenir d'avoir esté
> L'exemple de meschanceté,

cette « insensée » entreprend de convertir une jeune fille
aimée du poète, j'entends de la convertir à l'amour de
Dieu, et non, comme on se l'imagine peut-être, à l'amour

---

1. *Les Muses gaillardes*, p. 22-25.

des jouvenceaux; et par conséquent rien de commun entre
le discours de l'héroïne de Ronsard et le discours de l'héroïne de Regnier.

Mais les conseils qu'adresse celle-ci à l'amie du satirique, on les trouvera amplement développés dans le *Discours* de Lespine. Il parut pour la première fois, suivant
Colletet, cité par M. Tricotel, dans un recueil de 1609[1]. Ce
recueil a disparu aujourd'hui. Mais est-ce une raison pour
suspecter l'affirmation de Colletet? Au reste, la pièce en
question est certainement antérieure à 1612, date de la
publication de la *Macette*, et même à 1606, puisque Desportes, mort le 6 octobre 1606, y est nommé parmi les
poètes vivants. Regnier a donc pu la connaître avant
d'écrire sa treizième *Satire*. J'ajoute qu'il a dû la connaître. Car il était sans doute plus ou moins lié avec l'auteur, ce Lespine faisant partie de la joyeuse bande qui se
réunissait à la Pomme de Pin et collaborait au *Cabinet satyrique*. Il est même probable que les deux poètes se sont rencontrés à Rome. Le *Discours* est, en effet, immédiatement
suivi, dans *les Délices de la poésie françoise*, d'une pièce
intitulée : *Stances sur une inondation du Tybre en l'an mil
six cens cinq*, dans laquelle l'auteur se plaint que le fleuve
ait envahi la maison de sa maîtresse[2]. Lespine était donc
à Rome en 1605. J'en conclus qu'il ne fait qu'un avec le
sieur Delespine, secrétaire du cardinal du Perron[3] : car le
cardinal, arrivé à Rome le 16 décembre 1604, assista aux
deux conclaves de 1605. Est-il invraisemblable de supposer
que tous les deux, poètes, tous les deux, secrétaires de car-

1. Tricotel, *Variétés bibliographiques* (Paris, 1863), p. 227.
2. *Les Délices de la poésie françoise ou Recueil des plus beaux vers de
ce temps* recueilly par F. de Rosset, Paris, Toussaint du Bray, 1618. Le
Discours se lit aux pages 847 et suivantes.
3. « L'un de mes secrétaires, Delespine, ayant désiré la qualité de secrétaire de la chambre, etc. » (*Lettre* à Antoine de Loménie ; *Bibliothèque
nationale*, Dupuy 591, f° 170-198). Cette lettre est citée par l'abbé Feret,
Le Cardinal du Perron, orateur, controversiste, écrivain (Paris, 1877,
Didier), p. 374.

dinaux, Lespine et Regnier, s'ils ont vécu ensemble hors
de France comme tout paraît le démontrer, se soient con-
solés dans la compagnie l'un de l'autre des tristesses de
l'exil? Et dès lors, ne serait-il pas étonnant que l'auteur
de *Macette* eût ignoré l'existence du *Discours* de son ami?

Le plan de ce *Discours* est celui de l'*Élégie* d'Ovide, et
par conséquent de la *Satire* de Regnier. Mais la vieille n'y
est pas encore devenue bigote. De plus, tandis que Macette
se borne à détourner la jeune femme de sa foi, l'héroïne
de Lespine, tout en se proposant d'abord, elle aussi, d'enlever la belle à son amant, lui fait en même temps un
cours complet sur l'art d'aimer. Comment il faut qu'une
courtisane se conduise à table; comment il est bon qu'elle
se farde, qu'elle joue parfois l'innocence, qu'elle feigne à
propos un malaise; comme il est nécessaire qu'elle change
de tactique suivant le caractère de ses visiteurs : tous les
secrets du métier sont ici complaisamment dévoilés; et
nous voilà assez loin de Macette, qui me paraît cependant
avoir directement emprunté à sa devancière au moins le
vers suivant :

> Prenez tout s'il se peut : ne soyez jamais prise.

La vieille de Lespine avait dit :

> Soyez tousjours geoliere et jamais en prison.

De tout cela, que voulons-nous conclure? Qu'aux environs de 1610 le sujet de *Macette* était, pour ainsi dire, dans
l'air, ayant été mis à la mode par du Bellay, Ronsard et
Lespine; que Regnier leur doit donc l'idée de l'avoir abordé
à son tour; mais qu'il leur doit aussi celle d'avoir puisé,
après eux et mieux qu'eux, à une source féconde, si *la
Vieille courtisane* de du Bellay certainement, et *la Catin*
de Ronsard probablement, sont des œuvres plus ou moins
inspirées par les *Dialogues plaisants* de l'Arétin, si Lespine

a tout simplement condensé dans son *Discours* le plus
fameux de ces *Dialogues*, le premier de la deuxième partie,
*dans lequel la Nanna apprend à la Pippa, sa fille, à être une
courtisane.*

Un dialogue de l'Arétin où une mère donne de pareilles
leçons à sa fille, est-il concevable que Regnier ne l'ait
pas attentivement relu avant de composer une scène de
comédie sur un sujet analogue? Il a même profité de
l'occasion, j'en suis sûr, pour relire toute l'œuvre du cynique
Italien, et je suis convaincu qu'en écrivant ces cinq vers :

> Quand l'argent est meslé, l'on ne peut reconnoistre
> Celuy du serviteur d'avec celuy du maistre;
> L'argent d'un cordon bleu n'est pas d'autre façon
> Que celuy d'un fripier ou d'un aide à maçon :
> Que le plus et le moins y mette différence;

il avait sous les yeux ou dans la mémoire les lignes suivantes : « Les ducats reluisent tout autant dans la main des
laquais que dans celle des maîtres; de même que les écus
d'un porteur d'eau mêlés à ceux d'un épicier sont de la
même valeur et que celui qui les reçoit ne fait aucune
différence entre ceux-ci et ceux-là; de même du moment
qu'il y a de l'argent, il faut ouvrir au valet tout aussi bien
qu'au roi[1]. » Mais, sans insister sur des analogies de
détail, d'où je n'oserais toujours conclure à une imitation
directe, si nombreuses qu'elles soient, on peut être certain que si Regnier avait quelque chose à apprendre sur
le caractère des femmes de mauvaise vie, c'est l'Arétin
qui a complété son instruction, et qu'à la métamor-
phose, qui de la sorcière latine a fait une repentie, aucun
modèle n'a contribué davantage que quatre héros de
l'écrivain italien : l'Alvigia de *la Courtisane*, comédie en
cinq actes, en prose; l'Hypocrite de la comédie en prose

---

1. Regnier, *Satire* XIII, 217 et suiv.; l'Arétin, *Dialogues*, 2ᵉ partie, 2ᵉ journée, *les Roueries des hommes.*

du même nom; la Commère qui dans le dernier des *Dialogues plaisants* discourt de la *Vie des entremetteuses*; la Nanna qui a sur sa fille Pippa des vues d'une si haute moralité.

Alvigia a débuté dans la vie comme Macette :

Estant jeune, *elle* a sceu bien user des plaisirs.

Ni Lorenzina, ni la petite Béatrice, ni Angioletta de Naples, ni Mlle *Je ne veux pas*, ni cette grande Impéria n'étaient dignes de la déchausser dans son bon temps. Monseigneurs et ambassadeurs se disputaient ses sourires. « Les modes, les masques, les belles maisons, les combats de taureaux, les cavalcades, les perroquets, les singes, des tas de chambrières et de servantes étaient une bagatelle pour elle. » Ah, les bonnes histoires qu'elle pourrait conter! Un jour, un marchand de sucre fut obligé de lui laisser jusqu'à ses caisses, en sorte que pendant un certain temps chez elle toutes les sauces étaient accommodées au sucre. Mais « chaque âge a son temps », comme dit Macette. Alvigia a pris sa retraite. Elle s'était assez amusée, dieu merci! pour avoir pu dire sans trop de chagrin : « Adieu, monde ! ». Aujourd'hui « elle se consacre au salut de son âme [1] ». Et sa dévotion est parfaitement entendue, à l'italienne. Elle a une confiance illimitée en l'oraison de messire saint Julien. Elle invoque le bienheureux ange Raphaël par ses ailes et messire saint Tobie par son poisson. Dans les moments critiques, elle promet de faire de la tisane aux incurables, de faire le service aux Couverties, de laver le linge à l'hôpital de la Consolation pendant huit jours pour rien; « et si j'ai trompé les saints quelquefois, ajoute-t-elle pieusement, je ne les tromperai plus [2] ». Rien d'étonnant qu'elle soit aussi bonne chré-

1. *La Courtisane*, acte III, sc. vi.
2. Acte V, sc. v.

tienne. Elle est l'élève d'une excellente vieille « qui pendant le carême vivait comme un ermite, à quelques œufs près », jeûnait au pain et au vin, la veille de Noël, et ne mangeait pas de viande la veille de la Pentecôte. « Quelle conscience était la sienne ! » Malheureusement elle avait des ennemis. Parce qu'un mari jaloux s'était cassé la tête dans son escalier en glissant sur une fève que cette vieille y avait laissé tomber par mégarde, le bourreau vient de la faire flamber. Alvigia a hérité de ses poudres à tuer les jaloux, de ses cordes de pendus, de ses onguents pour aller au sabbat et de son talent pour « conseiller les jeunes filles [1] ». Elle est si habile à les endoctriner qu'on la croit « capable de corrompre la chasteté même [2] ». Avec quel art, en effet, elle lève les scrupules des femmes et déjoue les soupçons des maris ! Avec quelle astuce elle aborde ses catéchumènes « en resserrant la bouche » et, semblable à sainte Nitouche,

> D'un *Ave Maria* leur donne le bonjour !

ALVIGIA. — Tic, toc.

TOGNA. — Qui est-ce ?

ALVIGIA. — C'est moi.

TOGNA. — Qui êtes-vous ?

ALVIGIA. — Alvigia, ma fille.

TOGNA. — Attendez, je viens à l'instant.

ALVIGIA. — Je suis heureuse de vous trouver, chère fille. *Ave Maria.*

TOGNA. — C'est un miracle que vous veniez me voir.

ALVIGIA. — Cet avent et ces quatre-temps m'ont tellement dérangée avec leurs maudits jeûnes que je ne suis plus la même.... *Gratia plena, Dominus tecum.*

TOGNA. — Vous dites toujours des prières. Moi, je ne vais plus à l'église, ni ne fais plus rien de bien.

---

1. Acte II, sc. VII; acte III, sc. VI.
2. Acte II, sc. IV.

ALVIGIA. — *Benedicta tu...* Je suis pécheresse plus que les autres... *in mulieribus* [1].

N'est-ce pas ainsi que Macette pénètre chez l'amie de Régnier? Et ne sommes-nous pas fondés à croire qu'aux vers 47-51 de sa *Satire* XIII le poète français a simplement mis en récit ce que l'auteur italien avait mis en action?

Beaucoup plus bouffon est l'Hypocrite de la comédie de ce nom. Il est maigre et long, parle doucement et posément, les yeux fixés à terre, un bréviaire sous le bras. Il est sans cesse en la compagnie des prêtres et des moines ; et c'est dans les églises qu'on l'envoie chercher quand on a besoin de lui [2]. Il n'arrive jamais qu'en récitant un psaume de son office. Mais il interrompt volontiers ses dévotions pour donner un conseil ou rendre un service : « Le prochain, dit-il, passe avant la prière et la charité est meilleure que le jeûne [3]. » Il a toujours sur les lèvres ce mot de « charité ». « Que la charité soit avec vous! » c'est en ces termes qu'il aborde les gens [4], et, quand il les quitte, il les laisse dans la charité du Seigneur [5]. « L'*Évangile* ne prêche pas, en effet, autre chose que la charité, et qui en manque va *in ignem æternum* [6]. » Avec un homme compatissant comme lui, la charité ne peut manquer de faire des miracles. Il remarque que la jeune Annetta se meurt d'amour pour Zefiro : assurément « le désespoir, la mélancolie vont ruiner l'âme, et peut-être aussi le corps » de cette pauvre fille. Pour ne pas souffrir qu'elle attente à sa vie, l'Hypocrite a donc la charité de porter au

---

1. Acte IV, sc. VIII. Trois comédies de l'Arétin, *le Philosophe, la Courtisane, la Talenta* sont traduites en français dans le volume suivant : *Œuvres choisies de P. Arétin, traduites de l'italien pour la première fois* par P. L. Jacob, Paris, 1845, Gosselin.

2. *L'Hypocrite*, acte I, scène I.

3. Acte I, sc. III.

4. *Id.*

5. Acte II, sc. VI.

6. Acte III, sc. XVI.

galant un billet doux de son amoureuse [1]. Voilà Zefiro
transporté de joie. « Il est encore plus à vous, dit l'Hypocrite à la belle en lui rendant compte de sa mission, que
je ne suis à la charité [2]. » Au reste tout se terminera pour
le mieux, Zefiro étant aussi honnête homme qu'il est
riche, et personne ne sera moins surpris à la nouvelle
de ce mariage que l'Hypocrite : « par la voie de la charité il avait pénétré dans le cœur des deux amants et
ne leur avait rendu service qu'afin qu'il advînt ce qui
advient ». La belle chose, s'écrie un valet moqueur,
d'avoir affaire avec les prophètes ! L'on pense bien que
notre prophète, pour offrir aux autres l'occasion d'exercer
la charité, ne refuse pas les petits cadeaux. « Les charités
que vous me faites, dit-il, seront d'un bon exemple. » Que
si du reste on oublie de donner à son profit un exemple
de ce genre, il saura insinuer « que l'avarice est une
grande infamie, que donner à ceux qui ont besoin est une
œuvre méritoire, que donner à qui en est digne, c'est faire
un bon placement [3]. » Ceux qui usent de ses bons offices
ne l'ignorent pas, ni qu'il connaît merveilleusement l'art
de les encourager à la luxure en alléguant que *septies in
die cadit justus* [4]. Aussi est-il rare qu'ils ne mettent pas
spontanément leur bourse à sa disposition. Parfois même
ils exigent que leur bon conseiller prenne chez eux une
petite collation : il l'accepte par esprit de mortification,
car « qui obéit se sanctifie [5] ».

La Commère et la Nanna sont plus semblables encore à
Macette qu'Alvigia et l'Hypocrite. Elles sont plus vraies
en effet : car dans ses *Dialogues*, l'Arétin ne pousse pas
ses portraits jusqu'à la caricature comme dans ses *Comédies*. Écoutons la Commère faisant à la Nanna et à la Pippa

1. Acte II, sc. vi; acte III, sc. xvi.
2. Acte III, sc. xii.
3. Acte V, sc. x.
4. Acte III, sc. xii.
5. Acte I, sc. iii.

une conférence sur l'art qu'elle exerce [1], l'art de conseiller les jeunes filles, pour employer l'admirable euphémisme de cette honnête femme d'Alvigia. Être hypocrite, voilà le secret du métier. La Commère ne passe jamais devant une église sans aller se mouiller le bout du doigt dans l'eau bénite, devant une image sans se donner sur la bouche d'un « confesse tes péchés », à côté d'un religieux sans le saluer, d'un ermite sans lui demander la date du prochain carême. Elle lit la *Bible*, comme Macette lit les *Méditations* de la mère Thérèse. Comme Macette, elle va chaque matin d'église en église, « attrapant par ici une bribe d'évangile, par là un morceau d'*Orate fratres*, de ce côté une goutte de *Sanctus Sanctus*, de l'autre un tout petit peu de *Non sum dignus*, ailleurs une bouchée d'*Erat verbum* ». Il fait beau la voir pendant la semaine sainte, quand elle « se tape » la poitrine et accompagne le clerc de ses cris, à la lecture de la Passion, quand, au moment de baiser la croix, « des larmes longtemps comprimées lui ruissellent le long des joues, suavement, suavement ». Comme Macette, elle s'est acquis un grand crédit auprès du peuple par des tours dignes de Tartufe. Un jour, en se promenant, elle tombe dans une rue où se tenaient une douzaine de femmes en train de filer la fleur du coton. Elle les salue, leur conte des histoires, leur donne des remèdes contre le froid et le chaud; puis, se levant pour s'en aller, elle laisse tomber un bout d'étoffe dans lequel est enveloppée une discipline. A peine l'a-t-on aperçue, que « toute la sequelle la tient pour une *Magnificat*, bien loin de ne la croire qu'une *Sanctificetur* et une *Alleluia* ». La Commère ne croit pas plus que Macette à la vertu des femmes : combien en connaît-elle, en effet, qui, tout en pratiquant le jeûne et en faisant l'aumône, ont « mis leur honneur en séquestre », pour emprunter à Regnier une

1. *Dialogues, 2ᵉ partie, 2ᵉ journée.*

expression moins capable que celle de l'Arétin d'offenser l'oreille du chaste lecteur? Pour capter leur confiance, elle se compose, comme Macette, les yeux et la contenance. Veut-elle se faire écouter d'une femme mariée? « Dieu sait combien de fois je jeûne sans en avoir fait vœu, lui dit-elle tout d'abord. Mais pourvu que mon âme soit sauvée, je me soucie peu du corps. » Veut-elle pénétrer auprès d'une jeune religieuse? Enveloppée d'une robe de bure, comme Macette, elle entre dans l'église du couvent, prend de l'eau bénite, se jette à genoux, se donne quelques *maxima culpa* dans la poitrine, allonge les bras, joint les mains, courbe la tête, baise la terre, puis va proposer aux religieuses un magnifique livre de prières qu'elle a à vendre. Pendant qu'elles sont occupées à l'examiner, elle tire à part celle à qui en veut un certain gentilhomme. Et comment aborde-t-elle la question? A peu près comme le fait Macette en semblable circonstance : « Je sais bien quelque chose que m'a dit le gentilhomme. Il se pâme, il meurt, il se consume d'amour pour vous. Vous êtes sage, et vous pensez, je le sais, que vous êtes de chair et d'os et que la jeunesse n'a qu'un temps. »

Les leçons de la Commère ne seront pas perdues. Celles qui l'écoutent, la Pippa, qui entre dans la vie galante, la Nanna, sa mère, qui en sort, savent déjà presque toutes les roueries de l'hypocrisie. A Rome, la courtisane est obligée de les connaître, avant même que l'âge l'ait transformée en entremetteuse. Pippa se propose de jeûner pour la santé de son âme et de son corps, non pas sans doute tous les samedis, comme celles qui veulent être plus rigides que le Vieux Testament, mais toutes les vigiles et tous les vendredis de mars. Quant à Nanna, elle a déjà fait ses preuves. Aux plus beaux jours de sa jeunesse elle annonça un matin qu'elle se convertissait et se faisait murer. Elle vendit ses meubles et réunit ses amis. « Mes chers enfants, leur dit-elle, qui ne pense pas à son âme n'en a pas ou n'y tient guère. Mais moi je tiens à la mienne; elle a été convertie par un prédicateur et par la légende de sainte Chiepina en même temps qu'épouvantée de l'enfer, que j'ai vu en peinture, ce qui m'a fait délibérer d'échapper à la chaude maison. Mes péchés ne sont pas loin d'être aussi grands que la miséricorde divine, et c'est pourquoi, mes frères, c'est pourquoi, mes fils, je veux ensevelir entre quatre murs cette misérable chair, ce misérable corps, cette misérable vie. » Les uns s'écrièrent : « Dieu lui a touché le cœur. Elle donne le bon exemple à ses pareilles ». Les autres : « Qui l'aurait jamais pensé? » « Oh ! insinua un sceptique, je veux être crucifié si elle va jusqu'au bout du mois. » Nanna se laissa murer, et aussitôt sa nouvelle demeure devint un lieu de pèlerinage. « On peut sauver son âme n'importe où », disaient devant la porte murée de la recluse ses anciens amants. Nanna les crut et sortit : elle avait atteint son but : ils lui renouvelèrent son mobilier [1].

Superstitieuses, plus qu'à demi sorcières, ayant toujours en main de petits cierges et des *agnus dei*, confiantes à la vertu du croisement des routes, ces hypocrites italiennes sont à beaucoup d'égards différentes de Macette. Je ne prétends donc nullement que l'héroïne de Regnier soit une pure copie des tristes héroïnes de l'Arétin. Loin de là. Nulle part Regnier ne justifie mieux que dans sa treizième *Satire* cette assertion d'un historien de notre littérature : « Il imite souvent; soyez sûr que s'il imite, c'est qu'il a reconnu dans la nature l'objet que son modèle lui offrait, et que son imitation, tout spontanément, rectifiera le modèle littéraire sur la réalité vivante [2]. » De tous les personnages de Regnier, nous le verrons, le plus réel est justement celui auquel nous venons de reconnaître tant

---

1. *1re partie, 2e journée*. Laïs conte exactement la même histoire : *Dialogue de l'Arétin où sont desduites les Vies de Laïs et Lamia, trad. d'italien en français*, imprimé à la suite des *Secretes ruses d'amour* (Paris, Thomas Estoc, 1610), p. 81 et suiv.

2. Lanson, *Histoire de la Littérature française*, p. 341.

de modèles. Mais que Macette ne fût jamais venue au monde si la Nanna, la Pippa, la Commère, l'Alvigia n'avaient pas existé, voilà ce que nous pouvons affirmer [1].

IV

Après avoir passé en revue les sources d'où dérive la satire de Regnier, il est facile de voir ce que le poète a voulu faire et de déterminer avec précision ce qu'il a fait réellement, ce qu'il faut par conséquent étudier dans son œuvre.

Ce qu'il a voulu faire? Il a cherché à devenir notre Horace, et voici, pour l'être, comment il crut devoir s'y prendre : il donnerait à chacune de ses *Satires* la forme d'une épître familière ; il se garderait d'y mettre de l'ordre, persuadé que le poète latin semait ses idées à l'aventure, exprès pour se conformer aux lois du genre, la satire étant une prairie,

> Qui n'est belle, sinon qu'en sa bizarrerie ;

1. Indépendamment des *Dialogues* de l'Arétin, Regnier fit sans doute ses délices de l'*Introduction* des *Hecatommithi overo cento Novelle* de Gio-Battista Giraldi (Venetia, MDCVIII, appresso Evangelista Deuchino et Gio-Bat. Pulciani). Nulle part on ne trouve des documents plus précis sur la vie des courtisanes de la Renaissance que dans les dix *Novelle* qui composent cette *Introduction*. La première nous offre le portrait d'une Macette (p. 35-39) : « Phriné eut recours à une vieille voisine, qui avait été, tant que ses forces l'avaient permis, une des plus coquines courtisanes qui fussent au monde. Depuis elle se vêtit de bure, comme si elle avait été sainte Claire, feignit de ne plus s'occuper que des choses divines, visitant les églises, gagnant des indulgences, tandis qu'en secret elle s'occupait uniquement d'enchantements, de maléfices, de tout ce qu'une coquine peut faire de mal. » Phriné va lui demander les moyens de capter la confiance de Titus. La vieille lui dit : « Je ne saurais trop louer ton désir, ma fille ; à mon sens, puisque tu t'es faite femme du monde, il faut que tu vives en femme du monde, comme tu devrais vivre en nonne, si tu avais eu la simplicité de te faire nonne. Chacun doit exercer le métier auquel il s'est consacré ; personne ne peut être blâmé d'avoir fait ce qui est de son métier. Puis donc que tu t'es faite femme du monde, je te loue qu'on puisse te compter au nombre des sages. Combien sont sottes celles qui se font scrupule de s'accorder les plaisirs pour lesquels les a faites la nature, quand l'occasion s'en présente ; la vieillesse ne les enlève que trop aux femmes, pour que dans leur jeunesse elles se privent de ce qui leur fait plaisir.... »

il s'entretiendrait avec son correspondant de toutes sortes
de sujets ; il lui parlerait de morale et de littérature ; il
lui ferait des confidences sur son père et sur son oncle,
sur ses amours et sur son maître, sur son avenir et sur
ses vers ; il médirait un peu de ses contemporains ; mais il
s'attaquerait de préférence aux travers les plus généraux
de l'humanité, « rimant ses caprices » dans une satire, où
« d'un œil doux-amer tout le monde se verrait, où personne ne s'entendrait nommer [1] » : et, comme c'est à la
peinture des mœurs et des caractères qu'il se sentait
destiné par son génie, c'est surtout à nous donner cette
comédie de la société qu'il se consacrerait.

Ce qu'il a fait réellement? Dans un cadre emprunté à
Horace (et à l'Arioste, son disciple), il a fait entrer, comme
son modèle, une morale, des théories littéraires, une
comédie de la société : mais sa morale, aussi superficielle
que peu originale, est celle d'un épicurien vulgaire qui
n'avait jamais réfléchi sur la vie ; ses idées littéraires,
intéressantes uniquement parce qu'elles nous font étudier
celles de Malherbe, sont celles d'un poète qui écrivait de
verve sans avoir beaucoup médité sur son art ; sa comédie
de la société, sans rivale à sa date dans la poésie française et qui n'a pas vieilli, procède moins de la poésie
latine que du *Pantagruel* et des nouvelles italiennes.
Regnier n'a donc guère été l'Horace français que par le
cadre qu'il a choisi ; par ce qu'il a mis dans ce cadre de
vraiment excellent il a été, et jusqu'à un certain point
seulement, le Rabelais de notre poésie, c'est-à-dire, à la
fois, le premier en date de nos poètes pittoresques et le
premier en date de ceux de nos poètes qui ont « connu
les mœurs et le caractère des hommes ».

1. *Satire* XII, 118-120.

CHAPITRE IV

I

Si nous demandons à Mathurin Regnier quel est le sens de la vie et quel emploi il en faut faire, voici ce qu'il nous répondra :

> N'*estimez* rien de vray qu'au goust il ne soit tel ;
> *Vicez* comme Chrestiens ; *adorez* l'Immortel,
> Où gist le seul repos qui chasse l'Ignorance :
> Ce qu'on voit hors de luy n'est que sote aparance
> Piperie, artifice [1].

En d'autres termes, ne nous brouillons pas avec une autorité qui brûle les livres, et quelquefois les hommes ; mais, cette précaution prise, que chacun de nous juge vrai et faux ce qui lui plaira ; tout n'est ici-bas que tromperie.

A qui se fier, en effet, ou à quoi ? A nos yeux ?

> Ceux qui pour voyager s'embarquent dessus l'eau
> Voyent aller la terre et non pas leur vaisseau.
> Ce qui plaist à l'œil sain offence un chassieux [2].

---

1. *Satire* IX, vers 163-167 ; éd. Courbet, p. 71.
2. *Satire* XIV, vers 13-14 ; V, 35 ; éd. Courbet p. 114 et 37.

Aux autres sens?

> Le sel est doux aux uns, le sucre amer aux autres.

« Suivant que nous sommes malades ou sains », la nourriture nous parait bonne ou mauvaise. Sur ce point, Montaigne n'a que trop raison : « Que les choses ne logent pas chez nous en leur forme et leur essence et n'y facent leur entrée de leur force propre et auctorité, nous le voyons assez ; parce que, s'il estoit ainsi, nous les recevrions de mesme façon : le vin seroit tel en la bouche du malade qu'en la bouche du sain. »

Concluons donc avec l'auteur de l'*Apologie de Raimond Sebond* : « les subjets estrangiers se rendent à nostre mercy ; ils logent chez nous comme il nous plaist » :

> Ainsi c'est la nature et l'humeur des personnes
> Et non la qualité qui rend les choses bonnes [1].

Nous fierons-nous à la raison plus qu'aux sens? Mais à la raison de qui? « Qui a jamais cuidé avoir faulte de sens?... Il ne feut jamais crocheteur ny femmelette qui ne pensast avoir assez de sens pour sa provision.... On dict communément que le plus juste partage que la nature nous ayt faict de ses graces, c'est celuy du sens ; car il n'est aulcun qui ne se contente de ce qu'elle luy en a distribué : n'est-ce pas raison? qui verroit au dela, il verroit au dela de sa vue. » (*Essais*, II, xvii.) N'est-ce pas raison en effet? Et peut-on mieux faire, que de traduire en vers cette prose savoureuse?

> . . . . Un chacun mesmes en son deffaut
> Pense avoir de l'esprit autant qu'il luy en faut.
> Aussi rien n'est party si bien par la nature
> Que le sens : car chacun en a sa fourniture [2].

---

1. *Satire* V, vers 9, 31-34, 39-40, 41-42 ; éd. Courbet, p. 36-37. — *Essais*, II, xii.

2. *Essais*, II, xvii ; *Satire* IX, vers 223-226 ; éd. Courbet, p. 72 ; imitation

Ni Gallet qui promet vingt pour cent d'intérêt à son prêteur sur l'argent qu'il gagnera aux dés, ni l'usurier qui
sur cette belle espérance lui fournit de quoi jouer, ni le
Cousin qui abandonne sa maison « de peur de réparer »
et dort dessus la dure, craignant « que son lit ne défonce »,
ne s'imaginent être fous pour cela :

> Ils ont une raison qui n'est raison pour *nous*;

mais autant que nous ils ont « droit en leur cause ».
Chacun « juge de sa tête, comme il voit de son œil »; tel
« blâme en autrui ce de quoi tel autre l'estime ».

> Tout suyvant l'intelec change d'ordre et de rang [1].

Et il n'est pas un seul d'entre nous en qui l'*intelec* ne
change et ne tournevire avec le vent, « étant si aisez à
incliner et à tordre par bien légères occurences », comme
dit Montaigne. Qu'il nous vienne un accès de fièvre :
voilà notre jugement « renversé » :

> . . . . . . Ceste raison est une estrange beste ;
> On l'a bonne selon qu'on a bonne la teste.

L'apoplexie éteint sa vue. Le moindre changement de temps
l'assoupit. A chaque instant la passion l'éblouit :

> L'Amant juge sa Dame un chef d'œuvre icy bas,
> Encore qu'elle n'ait sur soy rien qui soit d'elle,
> Que le rouge et le blanc par art la fasse belle....
> Qu'elle ante en son palais ses dents tous les matins....
> Et tout ce qui de jour la fait voir si doucete
> La nuit comme en depost soit de sous la toillette.

signalée par M. Dezeimeris. Comme Regnier, Descartes, on le sait, s'est
emparé de cette pensée de Montaigne : « Le bon sens est la chose du
monde la mieux partagée; car chacun pense en être si bien pourvu que
ceux même qui sont le plus difficiles à contenter en toute autre chose
n'ont point coutume d'en désirer plus qu'ils en ont. » Et avant Descartes,
le P. Garasse en avait fait son profit : « Il n'y a partage au monde si bien
fait que celui des esprits, d'autant que tous les hommes pensent en avoir
assez. »

1. *Satire* V, vers 7, éd. Courbet, p. 36.

Quel bien le soldat ne sacrifierait-il pas au plaisir de
« forcer un château » et l'avare à la volupté d'entasser de
« doubles ducats »? Ainsi, « sottement abusée, l'humanité
court à ses appétits, s'aheurte partout où quelque appas la
convie, trouve bon seulement ce qui lui plaît, voit et juge
par la passion » :

> O debille raison, où est ores ta bride?
> Où, ce flambeau qui sert aux personnes de guide?
> Contre la passion trop foible est ton secours
> Et souvent courtisane apres elle tu cours [1].

Mais peut-être existe-t-il une petite élite d'esprits que la
passion de la vérité a préservés contre les assauts des
autres passions, et dont les longues études, les patientes
observations, les réflexions hardies ont fait les conduc-
teurs naturels du troupeau humain? Point du tout; car
leurs instruments ne valent pas mieux que les nôtres :

> L'homme le plus parfaict a manque de cervelle.

Qui que nous soyons, nous « ne jugeons que suivant notre
appétit, comme le soleil n'est luisant que selon nos yeux » :

> Philosophes resveurs, discourez hautement;
> Sans bouger de la terre allez au firmament.
> Faites que tout le Ciel bransle à vostre cadance....
> Vostre raison vous trompe, aussi-bien que vos yeux [2].

Restent donc uniquement pour nous guider les lois dites
naturelles. Mais, est-il bien sûr qu'il y en ait d'autres que
celles de notre tempérament personnel? Qu'est-ce qui
peut nous enseigner, en effet, qu'une loi est naturelle pour
tout le monde, sinon l'unanime approbation du genre
humain? Si la nature nous a véritablement ordonné
quelque chose à tous, ne faut-il pas que nous l'acceptions

1. *Satire* XIV, vers 155-156, éd. Courbet, p. 118; *Satire* IX, vers 179-222,
p. 71-72.
2. *Satire* IX, vers 134, 138-139, 147-160, p. 70-71.

d'un commun accord? Or, loin qu'il en soit ainsi des quelques lois prétendues naturelles, « il n'est chose, comme l'observe Montaigne, en quoy le monde voit si divers qu'en coustumes et loix; il n'est rien si extrême qui ne se trouve receu par l'usage de quelque nation; telle chose est icy abominable qui apporte recommandation ailleurs, comme en Lacedemone la subtilité de desrober ; les mariages entre les proches sont capitalement deffendus entre nous, ailleurs ils sont en honneur » :

> Charnellement se joindre avecq' sa paranté,
> En France, c'est inceste, en Perse, charité :
> Tellement qu'à tout prendre en ce monde où nous sommes
> Et le bien et le mal depend du goust des hommes [1].

Croyons-en donc maître François, c'est la conclusion qui s'impose : pour une âme libérale, pour un frère Jean des Entommeures, ce modèle des moines, pour un Mathurin Regnier, cet exemple des chanoines, il n'est pas de morale qui vaille celle qui tient en ces trois mots : « Fais que voudras ». « Forme à ton goût une philosophie » et ne reconnais pas d'autre autorité que celle de ta nature. C'est le chemin le plus facile à suivre. C'est celui qui a le plus de chances d'être honnête :

> Laissons ce qu'en resvant ces vieux foux ont escrit;
> Tant de philosophie embarasse l'esprit;
> *Nous ne pouvons faillir suivant nostre nature.*

C'est celui où Montaigne s'est engagé à la suite des anciens : « j'ay prins bien simplement et cruement pour mon regard ce précepte ancien : que *nous ne scaurions faillir à suyvre nature*; que le souverain précepte, c'est de « Se conformer à elle ». Je n'ay pas corrigé, comme Socrate, par la force de la raison, mes complexions naturelles, et n'ay aulcunement troublé par art mon inclination [2] ». C'est enfin la

---

1. *Satire* V, vers 43-46, éd. Courbet, p. 37; *Essais*, II, xii.
2. *Satire* XV, vers 135, p. 124; *Essais*, III, xiii.

route qui conduit le plus sûrement au bonheur. Car, sans
compter qu'il est difficile « d'ôter avec l'étude ce qu'on
tient de naissance », impossible de se révolter contre certaines exigences de son « tempérament », « fût-on de
métal, de bronze ou de roc », la nature veut uniquement
notre bien[1]. Elle a, comme toute maîtresse, ses petites
tyrannies mesquines : elle vous envoie l'inspiration poétique à l'heure où l'on voudrait rester au lit; dans la saison
où l'on aimerait à se reposer des bruits de Paris sur les
bords charmants de l'Oise et à faire rire d'un bon mot ses
amis, leurs chiens, leurs chats et tout leur maison, elle
vous contraint à « rapetasser » de vieux vers[2]. Mais il
faut lui pardonner ces caprices : car le plus souvent
« étrange est sa providence, prudente sa méthode »; il est
admirable comme « elle sert un chacun à sa mode[3] ».

Obéissez donc aveuglément à votre nature et trouvez
bon que votre voisin obéisse à la sienne :

> Sans plus se controller, quant à moy je conseille
> Qu'un chacun doucement s'excuse à la pareille....
> Je t'excuse Pierrot : de mesme excuse moy[4].

Ne résistez point aux humeurs où elle vous « rend enclin »;
ne vous croyez pas obligé d'être sage, avant qu'elle vous
y contraigne; mais, quand elle aura sonné pour vous
l'heure de la retraite, « payez votre écot » sans murmurer;
moquez-vous de l'honneur, qui la « trahit » et voudrait
vous interdire ce qu'elle a fait pour vos délices; ne vous
chargez d'un faix qu'autant qu'elle vous aura donné de
robustes épaules :

> On doit selon la force entreprendre la peine;

1. *Satire* IV, vers 103-106, p. 33; voir aussi la *Satire* VII.
2. *Satire* XV.
3. *Satire* VII, vers 93-94, page 55.
4. *Satire* XV, vers 134-149, p. 124.

si vous êtes poëte, n'entonnez donc un hymne, qu'autant
que vous aurez reçu d'elle assez d' « haleine[1] » ; acceptez
gaiement la situation où elle vous aura fait naître et la
servitude où elle vous aura assujéti : penser s'affranchir
est une rêverie :

> Rien n'est libre en ce monde; et chaque homme depend,
> Comtes, Princes, Sultans, de quelque autre plus grand,...
> Au joug nous sommes nez, et n'a jamais esté
> Homme qu'on ayt vu vivre en plaine liberté....
> *C'est l'arrest de nature, et personne en ce monde*
> *Ne sçauroit controller sa sagesse profonde*[2].

Poussez même plus loin encore la révérence à son égard :
tenez-vous en l'assiette où elle vous aura mis jusque dans
les matières de foi et de science; croyez, sans plus, ce
qu'aura cru le père dont elle vous aura fait le fils; con-
servez les idées religieuses et littéraires dans lesquelles
elle aura voulu que vous soyez élevé. C'est le dernier
mot de Montaigne : « Quelque apparence qu'il y ait en la
nouvelleté, je ne change pas ayseement, de peur que j'ay
de perdre au change... et me tiens en l'assiette où Dieu
m'a mis.... Ainsi me suis-je, par la grace de Dieu, conservé entier, sans agitation et trouble de conscience, aux
anciennes créances de nostre religion, au travers de tant
de sectes et de divisions que nostre siècle a produictes. »
Et c'est aussi le dernier mot de Regnier :

> Pour moy, les Huguenots pourroient faire miracles,
> Ressuciter les morts, rendre de vrais oracles,
> Que je ne pourois pas croire à leur verité.
> En toute opinion je fuy la nouveauté[3].

Je ne sais si cette philosophie est la meilleure qui soit.
En tout cas, on préférera sans doute la démonstration

1. *Satire* V, vers 103-106, p. 39; *Satire* VII; *Satire* VI, vers 65, p. 46;
Satire I, vers 77-96, p. 11; *Satire* VI, vers 25-26, p. 45.
2. *Satire* III, vers 33-30, p. 23.
3. *Satire* IX, vers 211-244, p. 73; *Essais* II, xii.

moins superficielle que Montaigne en a donnée dans ses *Essais* et Horace dans ses *Épîtres*. Elle est là tout entière, en effet, et Regnier n'a pas enrichi d'une seule observation vraiment personnelle le fonds d'idées qu'il y a puisé. Ajoute-t-il quelque chose à son Horace (et ce sont des images plutôt que des idées)?

> Va d'un pas diligent à l'Arsenac, au Louvre....
> Mais si faut-il enfin que tout vienne à son conte;
> Et, soit avec l'honneur ou soit avec la honte,
> Il faut, perdant le jour, esprit, sens et vigueur,
> Mourir comme Enguerrand ou comme Jacques Cœur
> Et descendre la-bas, où, *sans choix de personnes*,
> *Les escuelles de bois s'égalent aux Couronnes* [1];

c'est du Ronsard :

> La terre est son empire [du trépas], où félon il exerce
> Par mille estranges morts sa malice diverse,
> *N'ayant non plus d'esgard aux princes qu'aux bouviers,*
> *Pesle mesle esgalant les sceptres aux leviers* [2].

Ajoute-t-il quelque chose à son Montaigne?

> Tout suyvant l'intelec change d'ordre et de rang.
> Les *Mores* aujourd'huy peignent le Diable blanc.
> *Le sel est doux* aux uns, le sucre amer aux autres....
> C'est un mal bien estrange aux cerveaux des humains
> Qui suivant ce qu'ils sont *malades* ou plus sains
> Digerent la *viande* [3];

c'est de l'Henri Estienne : « Je di donc qu'il en prend aux courtisans comme à quelques *Mores*. Car, comme ces Mores ne se moquent pas moins d'un homme blanc que nous d'un noir,... ainsi eux ne trouvent pas moins estrange le

---

1. *Satire: N'avoir crainte de rien*, vers 64-88, éd. Courbet, p. 201; Horace, *Épîtres*, I, vi, 17-27.

2. *Hymnes*, livre I, *de l'Eternité*, éd. Blanchemain, t. V, p. 7. Comparez la *Satire* XVI de Regnier à l'*Elégie* XIV de Ronsard et à la *Satire* II d'Horace; les vers 15 et suivants de la *Satire* XIV aux *Vers récitez sur le théâtre par le Seigneur Mauvissier*, éd. Blanchemain, t. IV, p. 184.

3. *Satire* V, vers 7-34, éd. Courbet, p. 36.

sain et entier langage en beaucoup de choses que les
autres trouvent estrange celui qui est vitieux.... De se
rapporter au jugement de tels courtisans touchant ceste
chose (le langage) il n'y a non plus de raison que se fier
à un *malade* touchant le goust des *viandes* et de dire que
désormais il faut croire que *le miel n'est pas doux ains
amer* pource que ceux qui ont la maladie que les Grecs
appellent Ictère le trouvent amer[1]. » Ou bien c'est de la
philosophie d'almanach. Car personne n'a fait une plus
ample moisson de ces maximes pleines de sens, forgées par
l'expérience universelle, qui apportent à toutes les difficultés de la vie une solution rapide ou une explication
sommaire :

> Et de mal discourir il vaut bien mieux se taire,
> Et toute medecine à tout mal n'est pas bonne.

Encore cette dernière partie de la morale de Regnier
n'est-elle pas peut-être elle-même aussi originale qu'on le
croit. Je veux dire qu'elle n'est pas tout entière sans doute
le fruit de l'expérience. Je ne nie pas qu'il ait assez souvent cueilli ses proverbes, comme on le dit, sur les lèvres
du peuple. Mais je soupçonne aussi qu'ayant lu dans la
Precellence d'Henri Estienne cette phrase suggestive :
« nos beaux proverbes, bien appliquez, ornent le langage »,
il s'essaya à frapper des proverbes en médailles, s'aperçut
qu'il réussissait cet article à merveille, s'en fit une spécialité et s'approvisionna dans les innombrables recueils
d'adages latins, français, italiens, espagnols, imprimés dans
la seconde moitié du xvie siècle.

> . . . . Corsaires à Corsaires
> L'un l'autre s'attaquant ne font pas leurs affaires[2] :

-----

1. *Dialogues du françois italianizé* (Genève 1578), p. 574 et 560. Regnier
avait certainement lu aussi *les Prémices* ou *le Livre des Proverbes epigram-
matizes*, 1594.

2. *Satire* XII, vers 133-134, éd. Courbet, p. 104.

voilà un proverbe espagnol, Brossette l'a bien vu. En effet
Regnier a pu le lire soit dans le recueil de l'éminentis-
sime professeur de rhétorique et de grec, Hernan Nunez,
soit dans celui de César Oudin : *de cosario a cosario ne se
llevan qui los barrilos*[1].

L'admirable vers 120 de la *Satire* V :

> Et comme nostre poil blanchissent noz desirs,

n'est qu'une traduction (combien supérieure à l'original!)
d'un proverbe espagnol probablement tiré des mêmes
recueils : *muda se el pelo comme el zelo*; — *le poil change
avec le désir*[2].

Pareillement les deux vers suivants :

> De la douce liqueur roussoyante du Ciel
> L'une en fait le venin et l'autre en fait le miel,

moins clairs et moins concis que la phrase espagnole :
quando çuga el abeja miel torna y quando el araña ponçona;
ce que César Oudin traduit ainsi : *Quand l'abeille suce, elle
tourne en miel et l'araignée en venin*[3].

Voici maintenant un proverbe italien :

> Du tans ni de l'estat il ne faut s'affliger;
> Selon le vent qui fait l'homme doit naviger[4].

Aussi est-ce à la page 191 du recueil de proverbes italiens
le plus répandu au temps de Regnier, *Giardino di recrea-
tione nel quale crescono fronde fiori e frutti vaghe, leggiardi*

---

1. *Refranos o proverbios en romance que nuevamente coligió y glóso el
commendador Hernan* NUNEZ, *professor eminentissimo de Retorica y Griego en
Salamanca* (Valladolid, 1602), p. 106; je n'ai pu consulter la 1ʳᵉ édition, qui
est de 1578. — *Refranos o proverbios españoles traduzidos en lengua fran-
cesca : Proverbes espagnols traduits en français* par César Oudin (Lyon,
Rigaud, 1614), p. 55; la 2ᵉ édition est de 1609 (Paris), j'ignore la date de la
première, qui est certainement antérieure aux *Satires* de Regnier.

2. Hernan Nunez (1602), p. 277; Oudin (1614), p. 120.

3. *Satire* V, vers 40-41, éd. Courbet, p. 37; Hernan Nunez, p. 348;
Oudin, p. 185.

4. *Satire* VI, vers 55-56, p. 46.

et suavi,… colti et scelti da Giov. Florio (Londres, 1591) que
nous irons, comme l'a fait sans doute notre poète, en chercher le texte original :

> *Secondo il tempo conviene fare,*
> *Secondo il vento navigare* [1].

Et, pour ne pas poursuivre cette fastidieuse étude, prenons
chez Regnier une poignée de maximes ou d'expressions
proverbiales :

1. Tout se change ; qui fist qu'on changea de discours.
2. Il n'est moyen qu'un homme à chacun puisse plaire.
3. Cependant il vaut mieux sucrer notre moutarde.
4. Pourveu qu'on se confesse, on a toujours sa grace. →
5. Qui gay fait une erreur la boit à repentance.
6. Aussi froid qu'un jaloux qui voit son corrival.
7. Le peché que l'on cache est demi pardonné.
8. . . . . Il n'est si decrepite
   Qui ne trouve (en donnant) couvercle à sa marmite [2].

Nous les retrouverons toutes dans quelqu'un des répertoires
que Regnier avait entre les mains : les trois premières,
comme beaucoup d'autres proverbes de notre poète, dans
les *Mimes, Enseignements et Proverbes* de Baïf [3] :

> Changeons propos, puisque tout change (liv. I) ;
> Le sucre est bon à la moutarde (liv. II) ;
> A tous je ne scauroy complaire (liv. III) ;

les quatrième, cinquième et sixième, comme plusieurs
autres, dans les *Adages et Proverbes de Solon de Vorge* par
Jean le Bon l'Hétropolitain [4] :

> Un *confiteor* de la messe sauve tout cela (3ᵉ part.) ;
> Qui a fait la faute, qu'il la boive (1ʳᵉ part.) ;
> Plus froid qu'un mari jaloux (2ᵉ part.) ;

1. Regnier a dû consulter aussi le recueil suivant : *Bonne réponse à tous propos, traduit de la langue italienne*, Paris, L'Angelier, 1547.
2. *S.* X, 214 ; V, 2 ; II, 19 ; XIII, 150 ; XI, 387 ; VIII, 95 ; XIII, 144 ; XIII, 174.
3. Paris, 1576, 1581, 1597.
4. La dédicace de la 2ᵉ partie à Ronsard est datée de 1576 ; la dédicace de la 3ᵃ à Baïf, de 1577.

la septième dans le recueil de Florio déjà nommé,
page 174 :

Peccato celato e mezzo perdonato;

la huitième, comme la plupart des autres proverbes de
Regnier, dans ce *Trésor des sentences dorées* de Gabriel
Meurier qui fit les délices de nos pères :

Il n'y a si laid pot qui ne trouve son couvercle [1].

Dans les idées morales de Regnier, si quelque chose
mérite d'attirer l'attention, c'est donc uniquement, l'effort,
presque toujours couronné de succès, qu'il a tenté pour
donner à son vers les qualités de la prose de Montaigne
et pour rendre par cela même notre phrase poétique capable de porter la pensée. Quant au fonds de sa philosophie,
elle ressemble à celle de Boileau en ce que celle-ci a
d'essentiel : esclaves tous les deux d'une tradition impé-
rieuse qui voulait qu'un poëte satirique philosophât, cédant
chacun à la vanité de vouloir être appelé l'Horace français,
Nicolas et Mathurin ont composé des satires morales, sans
avoir rien de bien intéressant à dire sur la morale.

II

Toute la doctrine littéraire que Regnier a si éloquem-
ment défendue dans la première moitié d'une *Satire*
fameuse, aussi débordante de poésie que dépourvue de bon
sens, est condensée dans un admirable vers d'une autre
Satire :

Il se faut recognoistre, il se faut essayer,
Se sonder, s'exercer avant que s'employer....

1. Paris, Bonfons, 1583. Une édition antérieure avec le même titre avait
paru à Rouen chez Nicolas L'Écuyer en 1578.

> Il faut faire de mesme un œuvre entreprenant :
> Juger comme au sujet l'esprit est convenant
> Et, quand on se sent ferme et d'une aisle assez forte,
> *Laisser aller la plume où la verve l'emporte* [1].

Cette poétique est-elle, comme Regnier l'affirme, celle de Ronsard? Elle l'est dans la mesure où ceux dont toute la philosophie se borne à crier : « Vivent le plaisir et le bon vin! » sont les disciples d'Épicure. Ou, pour faire un rapprochement plus intéressant et plus juste, la poétique formulée dans la première partie de la *Satire* IX est celle de Ronsard dans les limites où la morale exposée dans la seconde est celle de Montaigne. Regnier a réduit l'une et l'autre à leur principe fondamental, et, par cet excès de simplification, il les a un peu faussées. Il ne les a pas cependant dénaturées au point qu'on les méconnaisse : car, pour Montaigne, la grande loi de la morale est bien qu'on ne peut faillir en suivant sa nature, et pour Ronsard, la grande loi de l'art poétique que « toute doctrine est manque » sans « l'ardeur d'esprit ». « Tu auras en premier lieu les conceptions hautes, grandes, belles et non trainantes à terre. Car *le principal poinct est l'invention* [2] » : voilà le conseil qu'il ne cesse d'adresser aux poètes dans la *Préface* de sa *Franciade* comme dans son *Abrégé d'Art Poétique*. Personne n'a flétri en termes plus dédaigneux ces « versificateurs qui semblent avoir beaucoup faict pour la republique quand ils ont composé de la prose rimée », aussi différents du vrai poète, « qui invente et forge argumens tous nouveaux », qu'un « bidet » l'est d'un « coursier de Naples », ou qu'un « prophète » l'est d'un « charlatan et vendeur de triacles [3] ». Enfin, trois siècles avant Lamartine, n'a-t-il pas osé prononcer ce mot étonnant : « Le

1. *Satire* I, vers 85-96, éd. Courbet, p. 12.
2. *Abrégé d'Art Poétique*, éd. Blanchemain, t. VII, p. 318.
3. *Préface de la Franciade*, éd. Blanchemain, t. III, p. 20.

poète est porté de fureur et d'art *sans toutefois se soucier beaucoup des reigles de grammaire*[1] »?

On objecte que Ronsard a un art savant et qu'il demande aux poètes beaucoup plus de labeur encore que Malherbe. Oui, mais Ronsard veut qu'ils travaillent surtout avant de prendre la plume, et Malherbe, qu'ils travaillent surtout après l'avoir prise. Pour l'un, les « points principaux » sont la composition et la rédaction ; pour l'autre, « le point principal est l'invention » ; seulement il ajoute aussitôt que l'invention « vient tant de la bonne nature que par la leçon des bons et anciens autheurs[2] ». Malherbe exige donc qu'on peine et sue pour canaliser son inspiration, et Ronsard, pour l'alimenter :

> As-tu point veu voler en la prime saison
> L'avette qui de fleurs enrichit sa maison?
> Ainsi le bon esprit *que la Muse espoinçonne*,
> *Porté de sa fureur*, sur Parnasse moissonne
> Les fleurs de toutes parts, errant de tous costez[3].

Tandis que celui-là, en faisant de l'art le correcteur de la nature, les oppose l'un à l'autre, celui-ci, en donnant l'art comme soutien à la nature, les identifie :

> Les poètes gaillards ont artifice à part.
> Ils ont un art caché, qui ne semble pas art
> Aux versificateurs, *d'autant qu'il se promeine*
> *D'une libre contrainte où la Muse le meine*[4].

Entre ces deux manières d'entendre l'art n'y a-t-il pas un abîme? et par conséquent, bien que les derniers disciples de la Pléiade aient singulièrement rétréci la doctrine du maître, peut-on nier que ce soit à l'école de Ronsard

---

1. *Préface de la Franciade.*
2. *Abrégé d'Art Poétique*, t. VII, p. 318.
3. *Response aux injures et calomnies de je ne sçay quels predicantereaux*, éd. Blanchemain, t. VII, p. 123.
4. *Id.*; remarquer le passage du pluriel au singulier.

insurgée contre l'école de Malherbe que Regnier ait prêté l'appui de sa parole enflammée dans sa neuvième *Satire*, après s'être déjà prononcé pour elle dans la quatrième?

> Car on n'a plus le goust comme on l'eut autrefois.
> Apollon est gené par de sauvages loix
> Qui retiennent sous l'art sa nature offusquée [1].

— Mais l'avocat de la Pléiade était-il bien convaincu? Si l'on retranchait de son œuvre ces quelques vers de la *Satire* IV et la *Satire* IX tout entière, est-ce qu'il ne nous apparaîtrait pas comme le meilleur disciple du réformateur dont il s'est outrageusement moqué? N'est-ce pas un simple accident qui a divisé ces deux hommes, qui étaient d'ailleurs si bien faits pour s'entendre et que Molière et Boileau ont confondus dans une même affection? — Voilà ce qu'ont avancé la plupart des critiques, et chacun sent tout ce qu'il y a de vérité dans cette opinion.

Regnier a beau s'écrier :

> C'est ce qui m'a contraint de *librement* escrire
> Et sans picquer au vif me mettre à la Satyre,
> Où, *poussé du caprice*, ainsi que d'un grand vent,
> Je vais haut dedans l'air quelquefois m'eslevant [2];

à quoi donc l'a poussé dans ses bons jours ce bienheureux caprice? à composer des vers que n'eût pas désavoués Malherbe. Si la réforme du regratteur des mots, pour qui considère les choses d'un peu haut, tendait tout entière en effet à préparer l'avènement d'une poésie impersonnelle et d'un art naturaliste, où donc en trouve-t-on pour la première fois un avant-goût au XVIIe siècle, sinon dans la *Macette* et dans le *Fâcheux* de Regnier? Si le *Commentaire sur Desportes* révèle avant tout un amour exclusif pour la réalité, n'est-ce pas le sentiment de la réalité qui constitue

---

1. *Satire* IV, vers 111-113, éd. Courbet, p. 33.
2. *Satire* I, vers 115-118, éd. Courbet, p. 12.

le meilleur du génie de Regnier? Si la nouvelle école
déclare la guerre aux fictions, si elle recommande aux
poètes de beaucoup « savoir », si elle leur enjoint d'observer plutôt que d' « imaginer », est-ce que notre satirique,
pour avoir « appris dans la vie », comme il s'en vantait,

> D'autres secrets plus fins que de philosophie,

n'est pas l'homme de France qui, au jugement d'un con-
naisseur en la matière, a « su » le plus de choses sur le
caractère des hommes avant Molière? A-t-il inventé son
fâcheux, imaginé l'habit « cicatrisé » de ses poètes faméliques ou le compliment à la mode de ses courtisans? A-t-il
tenté la fiction ailleurs que dans des pièces de circonstance? Enfin, si leur passion pour la vérité a conduit et
devait conduire les réformateurs à quelques excès, Regnier
n'y est-il pas tombé presque plus souvent qu'eux? De peur
de rien avancer qui fût déraisonnable, ils ne chérissaient rien
tant que le lieu commun : mais qu'est-ce donc que Regnier
a ramassé de préférence dans les *Épîtres* d'Horace? Est-ce
que le plus clair de sa philosophie ne se compose pas
de tout ce qu'il y a de plus banal parmi les lieux communs, c'est-à-dire de proverbes populaires? Pour clarifier
la langue, pour l'épurer de tout pédantisme, pour rendre
leurs poèmes intelligibles à tout le monde, ils voulaient se
mettre à l'école des portefaix : mais aucun d'eux a-t-il
puisé dans l'idiome du Port-au-Foin autant que leur adversaire? On ne peut donc en douter : il y avait plus d'affinité
entre Malherbe et Regnier que celui-ci ne se l'est imaginé,
et dans la campagne qu'il entreprit contre l'art tout lyrique
de la Pléiade, le premier n'eut pas d'allié plus utile que le
second.

Il n'en eut pas d'ailleurs de plus infidèle, n'en ayant pas
eu de plus inconscient : car, loin d'avoir compris l'œuvre
poursuivie par Malherbe, il se méprit sur sa propre origi-

nalité. Sans se rendre compte que les beaux jours du lyrisme étant passés, et nul ne pouvant à cette date les ramener, lui-même moins que personne, il valait mieux préparer l'avènement d'une littérature nouvelle que conserver une vie factice à une littérature morte, il voulut continuer les traditions de l'art pindarique de Ronsard. Et il écrivit des *Discours* en style ampoulé! et il inventa des histoires de nymphes poursuivies par des hydres! et il fabriqua des divinités nouvelles! et Malherbe se moqua de lui! et Malherbe avait bien raison; car Regnier violait ainsi l'unique loi de sa propre poétique : « qu'on doit se donner du ton suivant qu'on a d'haleine [1] »; car il donnait en lui-même une parfaite image de ce poète artificiel et guindé dont il traçait un si amusant portrait dans sa neuvième *Satire*. On lui pardonnerait volontiers toutefois ses essais de « grande poésie », si par une erreur plus fâcheuse il n'avait transporté trop souvent dans la satire les procédés de composition, la grammaire, la syntaxe et parfois même le style les moins compatibles avec la nature de ses sujets et l'originalité de son génie. Dans un genre qui exigeait de l'ordre, il n'eut guère d'autre « sergent de bande » à ranger ses idées que son caprice. Dans un genre qui exigeait de la vérité, il prit quelquefois sur sa palette des couleurs plus brillantes que justes. Dans un genre qui exigeait de l'éloquence, il eut une syntaxe trop tourmentée pour que ses périodes pussent se déployer harmonieusement. Aussi conçoit-on que Malherbe ait été tour à tour si sévère et si élogieux pour cet auxiliaire indiscipliné. Un jour il le proclamait, au témoignage de Racan, l'égal des satiriques anciens. Un autre jour il critiquait vertement ses négli-

---

1. *Satire* VI, vers 26. Comparez Ronsard, *Poëmes*, livre II, *A Christ. de Choiseul*, éd. Blanchemain, t. VI, p. 201 :

> *Il faut garder le ton* dont la grâce despend
> Ny trop ni haut trop bas, *suivant notre nature*
> Qui ne trompe jamais aucune créature.

gences et ses obscurités. Car, c'est évidemment Malherbe
qui est visé dans ces vers de la *Satire* XII :

> Qu'un chacun taille, roigne et glose sur mes vers;
> Qu'un *resveur insolent* d'ignorance m'accuse,
> Que je ne suis pas net, que trop simple est ma Muse,
> Que j'ai l'humeur bizarre, inégal le cerveau,
> Et s'il luy plaist encore qu'il me relie en veau [1].

« Égal aux anciens par le génie, mais ignorant, peu net,
négligé, inégal » : tel est bien le jugement que l'on s'attendait à voir Malherbe porter sur Regnier.

La protestation de Regnier ne fut pas de tout point inutile.
Si elle fit beaucoup de bruit et rendit courage à quelques
attardés, je crois bien que c'est elle qui empêcha les meilleurs disciples du réformateur d'avoir un culte trop
superstitieux pour une doctrine qui n'était pas exempte
d'excès, ni surtout d'erreurs de détail. Parmi les ellipses
et les anacoluthes formellement « notées » dans le *Commentaire sur Desportes*, combien y en avait-il qui étaient
claires et légitimes ! On peut bien supposer que si Regnier
n'avait pas défendu la cause d'une syntaxe un peu libre,
et surtout s'il n'eût pas risqué certains tours audacieux, La
Fontaine n'en aurait pas osé lui-même de si hardis? Or, qui
voudrait corriger la syntaxe de La Fontaine? Qui se plain-
drait qu'il eût quelquefois fait heurter les *qui* avec les
diphtongues, et puisqu'il disait en vers *quiétude* qu'il ne
se fût pas défendu d'y dire *qui es-tu?*
Si l'on a un regret à exprimer, c'est donc que la protestation de Regnier n'ait pas été plus intelligente : au lieu de
discuter (et avec quelle frivolité!) le principe de la réforme
de Malherbe, que ne s'est-il contenté d'attaquer quelques

---

1. *Satire* XII, vers 28-32, éd. Courbet, p. 101. Ces vers me semblent prouver que si Malherbe ne répondit pas par écrit à la *Satire* IX, il n'épargna
pas Regnier dans ses conversations; ils ont tout l'air en effet d'être une
sorte de réplique.

prescriptions de détail vraiment tyranniques du chef de la nouvelle école! Il n'avait malheureusement pas assez réfléchi sur son art, et sans doute il était incapable d'y réfléchir. Aussi peut-on dire que chez lui l'insignifiance du moraliste n'est égalée que par l'impéritie du critique litté-raire.

III

Qu'on réunisse les épîtres et satires de Ronsard, de Regnier et de Boileau : on aura beau les presser, je ne sais si l'on en pourra extraire une seule idée neuve. Cependant, si notre langue poétique est devenue capable d'exprimer des idées morales, philosophiques et littéraires, c'est à eux trois surtout qu'elle le doit. Et comme les vers de Regnier sont assez souvent des vers de Ronsard remis sur l'enclume, et les vers de Boileau des vers de Regnier rajeunis, la part qui revient à chacun peut se déterminer, pour ainsi dire, mathématiquement. C'est presque une simple affaire de soustraction.

Soit donc la *Satire* contre Malherbe. C'est sans doute ce que Regnier a composé de mieux venu, de plus chaud, de plus passionné, en un mot de plus éloquent. Mais cette éloquence n'est-elle pas tout entière dans la page de Ronsard, dont nous avons vu que le satirique avait imité le mouvement?

> Toutefois les docteurs de ces sectes nouvelles
> Parlent profondement des mystères de Dieu;
> Ils sont ses conseillers, ils sont ses secretaires,
> Ils sçavent ses advis, ils sçavent ses affaires,
> Ils ont la clef du ciel et y entrent tous seuls,
> Ou qui veut y entrer, il faut parler à eux, etc. [1].

1. Voir p. 95-97.

N'est-ce pas le même élan et la même simplicité de
moyens? des vers indépendants ou groupés deux à deux,
et cependant une phrase qui marche d'un pas allègre, uniquement soutenue par la pensée, et dont la conclusion,
sans être marquée d'aucun artifice grammatical, est
nettement annoncée par le vers nerveux et spirituel qui
couronne? Celui qui a rendu notre alexandrin capable de
s'émouvoir, de s'indigner, de gémir, d'apostropher un
adversaire, c'est donc Ronsard. Il est le premier en date
de nos grands orateurs en vers. Il en est, avant Lamartine,
le plus abondant et le plus facile, d'autant plus admirable
souvent, qu'à peine maître de sa syntaxe, inhabile à construire une phrase bien équilibrée, il n'en réussit pas
moins à échauffer ses longues séries de vers monotones
de toute la passion qui bouillonne dans son âme. Loin
d'avoir, sur ce point, complété l'œuvre de son devancier,
on pourrait dire que Regnier semble parfois, par sa lourdeur et sa froideur, avoir écrit avant Ronsard. Chez lui
l'indignation éclate en cris superbes :

> Peres des siecles vieux, exemple de la vie,
> Dignes d'estre admirez d'une honorable envie
> (Si quelque beau desir vivoit encor' en nous),
> Nous voyant de là haut, Peres, qu'en dittes vous?

Mais le mouvement s'arrête brusquement, comme il arrive
à ceux qui manquent de souffle, et la colère s'évanouit
devant le plaisir de peindre des mœurs curieuses :

> Jadis de vostre tans la vertu simple et pure
> Sans fard, sans fiction imitoit sa nature,...
> Où la nostre aujourd'huy qu'on revere icy bas,
> Va la nuict dans le bal et dance les cinq pas,
> Se parfume, se frise, et de façons nouvelles
> Veut avoir par le fard du nom entre les belles, etc. [1]

Poursuivons notre enquête et prenons par exemple
quelques-uns des *Vers recitez sur le théâtre par le seigneur*

[1]. *Satire* V, vers 205 et suiv., éd. Courbet, p. 42.

Maurissier sur la fin de la comédie représentée à Fontainebleau :

> Le monde est le théâtre, et les hommes acteurs :
> La Fortune, qui est maitresse de la Sceine,
> Appreste les habits et de la vie humaine
> Les Cieux et les Destins en sont les spectateurs,
> En gestes différens, en différens langages,
> Roys, Princes et Bergers jouent leurs personnages
> Devant les yeux de tous sur l'eschaffaut commun, etc. [1].

Pour la pensée, pour l'expression même, c'est déjà du Regnier ; pour la facture du vers, ce n'en est pas encore :

> Non plus que de farceurs [2] je n'en [3] puis faire conte :
> Ainsi que l'un descend, on voit que l'autre monte,
> Selon ou plus ou moins que dure le roollet,
> Et l'habit faict, sans plus, le maistre ou le vallet [4].

Ou bien prenons la quatorzième *Élégie* de Ronsard :

> Il n'est (ce disent-ils) que d'aimer choses grandes,
> Que d'aimer en grand lieu. Au diable la grandeur
> Qui toujours s'accompagne et de crainte et de peur !
> Bien ! une grand'Princesse a tousjours plus de pages
> D'escuyers, de suyvants, de pompeux équipages ;
> Hé ! de quoy sert cela ? Car quand on vient au poinct
> Du plaisir amoureux, certes il n'en faut point ;
> Il faut se cacher d'eux : en cela l'abondance
> De trop de serviteurs porte grande nuisance.
> Où, quand on aime bas, jamais on n'est épris
> (Pour estre seul à seul) de crainte d'estre pris, etc. [5].

La pensée est de plus en plus digne de Regnier ; la forme l'est de moins en moins ; ce n'est pas seulement la fermeté du contour qui manque au vers, c'est la poésie qui fait défaut à l'expression :

> Aymer en trop haut lieu une Dame hautaine,
> C'est *aimer* en soucy *le travail* et la peine ;

1. Éd. Blanchemain, t. IV, p. 184.
2. Comédiens.
3. Des grands.
4. *Satire* XIV, vers 43-46, éd. Courbet, p. 115.
5. Éd. Blanchemain, t. IV, p. 281.

C'est *nourrir son amour de respect* et de soin
Je suis saoul de servir *le chapeau dans le poing*,
Et fuy plus que la mort l'amour d'une grand Dame :
Tousjours comme un forçat *il faut estre à la rame,*
Naviger jour et nuit, et, sans profit aucun,
Porter tout seul *le fais* de ce plaisir commun [1].

Les vers alexandrins « sentent trop la prose très facile et sont trop énervez et flasques. Au reste ils ont trop de caquet, s'ils ne sont bastis de la main d'un bon artisan » : ainsi s'exprime Ronsard dans la *Préface* de sa *Franciade.* On ne saurait avoir une plus juste conscience de ses défauts. Si Ronsard a, nous l'avons vu, d'admirables vers, surtout quand il s'émeut et s'indigne, rien, en revanche, ne ressemble plus parfois à des lettres en « prose très facile » que ses épîtres familières en alexandrins, si ce n'est cependant les épîtres de Marot. Bouleversez l'ordre des vers : vous ne retrouverez pas les membres épars d'un poète; il vous restera des lignes « énerveez et flasques », et un seul signe vous révélera qu'elles ont été des vers, c'est qu'elles auront « trop de caquet », c'est-à-dire un ou deux mots de trop, à moins qu'au contraire il ne leur en manque un ou deux d'essentiels :

Un mesme fait produit le blasme et la louange,
Et ce qui est vertu [à l'un] semble à l'autre péché [2].

Mais en quelque endroit que vous rencontriez ces treize syllabes : « Ton bras est invaincu, mais non pas invincible », vous n'hésiterez pas à dire : « Voilà un vers ! et un vers de grand poète ! » De pareils vers, tous les contemporains et tous les devanciers de Regnier ont été assez « bons artisans » pour en « bastir » au moins quelques-uns. De du Bellay, on peut citer la conclusion du *Poète courtisan* :

1. *Satire* XVI à Fourquevaux (*Epître* II dans l'éd. Brossette), vers 49-56, éd. Courbet. p. 127.
2. Ed. Blanchemain, t. IV, p. 184.

> [La pauvreté] est à ceux-là réservée en partage
> Qui desdaignant la court, fascheux et mal plaisants,
> *Pour allonger leur gloire accourcissent leurs ans*;

de Vauquelin, l'heureuse traduction du célèbre mot de Publius Syrus sur le deuil des héritiers :

> Le pleur de l'héritier sous le masque est un ris.

Bertaut et Robert Garnier nous offriraient à eux seuls plus de beaux vers que tous leurs prédécesseurs réunis. Mais si Regnier n'a pas fabriqué le moule où l'on coule les vers d'airain, c'est assurément lui qui en a tiré avant Corneille et Rotrou les exemplaires les plus solides, les plus brillants et les plus sonores. C'est lui notamment qui, en enfermant dans la mesure de douze syllabes tant d'axiomes créés par le peuple, a permis aux Corneille, aux Molière et aux La Fontaine d'enrichir le trésor de nos proverbes nationaux de quelques pièces magnifiques et rares.

> A qui venge son père il n'est rien d'impossible.
> . . . . Aux âmes bien nées
> La valeur n'attend pas le nombre des années.

Voilà des proverbes dont Mathurin Regnier peut se vanter à bon droit d'être un peu le père,... et Montaigne avec lui. Car c'est par une étude très attentive de la langue de Montaigne que Regnier a donné à la sienne cette fermeté de bronze. Les vers du poète sont de la même frappe que les phrases du prosateur : ils s'enlèvent avec le même relief dans une période aussi embarrassée.

Et leurs images sont de la même qualité. Sainte-Beuve ne s'y est pas trompé. Voici une expression « qui rentre tout à fait dans le goût de Montaigne », observe-t-il en citant l'admirable vers 120 de la *Satire* V :

> Et comme nostre poil blanchissent noz desirs.

Montaigne n'a pas mieux dit en effet, ni même autrement; son expression a la même audace et peut-être la même origine populaire que celle de Mathurin : « La vieillesse nous attache plus de rides en l'esprit qu'au visage[1] ». Véritable Montaigne de notre poésie, suivant le mot du critique, parce que c'est Montaigne qui lui a directement enseigné l'art d'écrire, l'originalité de Regnier est d'avoir fait entrer dans la langue de notre poésie didactique les deux qualités de la prose de Montaigne : la « vigueur » et la « hardiesse », cette vigueur de la phrase et cette hardiesse des images que l'auteur des *Essais* admirait dans la « meilleure prose ancienne », et pour lesquelles il « semait indifferemment cette prose pour vers » dans son livre[2]. Où donc, en effet, avant les *Satires*, si ce n'est dans les *Essais*, des idées aussi abstraites avaient-elles été traduites dans une langue aussi nerveuse et aussi colorée que celle-ci ?

> Philosophes resveurs, discourez hautement ;
> Sans bouger de la terre allez au firmament ;
> Faites que tout le Ciel bransle à vostre cadance
> Et pesez vos discours mesme dans sa Balance....
> Portez une lanterne aux cachots de Nature....
> Voyez germer à l'œil les semances du monde ;
> Allez mettre couver les poissons dedans l'onde....
> Vostre raison vous trompe aussi-bien que vos yeux[3].

Et n'est-ce pas parce que Regnier a écrit quelques vers de cette marque qu'après lui, et d'après lui, de plus grands poètes ont pu écrire dans le même style de plus belles choses ?

> Quant aux volontés souveraines
> De celui qui fait tout et rien qu'avec dessein,
> Qui les sait que lui seul ? Comment lire en son sein ?
> Auroit-il imprimé sur le front des étoiles
> Ce que la nuit des temps enferme dans ses voiles ?

1. *Essais*, III, II.
2. « Mille poetes traisnent et languissent à la prosaïque : mais la meilleure prose ancienne, et je la seme céans indifferemment pour vers, reluit partout de la vigueur et hardiesse poetique. » (*Essais*, III, IX.)
3. *Satire* IX, vers 147-160, éd. Courbet, 70.

Quand on lit les *Satires*, on ne peut même s'empêcher de s'écrier parfois : « Trop d'images ! » ; car il n'y en a pas seulement de vulgaires, mais de forcées et de bizarres ; et surtout : « Trop de beaux vers ! » ; car, si Regnier eût fait moins de beaux vers, peut-être lui-même et certains de ses successeurs eussent-ils fait de meilleures phrases. « Surtout, pas de beaux vers ! » disait un jour Talma à Victor Hugo. Il avait raison : car les beaux vers sont la rançon des mauvaises tirades, voire des mauvaises tragédies. Si quelques-uns de nos poètes ont peut-être trop sacrifié à la beauté des vers sentencieux des beautés égales ou supérieures, personne, on le voit, n'en est plus responsable que Mathurin Regnier.

Mais il n'a pas seulement les défauts de ses qualités. Il lui manque toutes les qualités qu'on ne peut acquérir autrement que par le commerce de la société polie, et toutes celles dont on est dépourvu quand on ne respecte pas assez son lecteur pour subordonner à son sujet les caprices de sa muse, ou plutôt quand on n'a pas de sujet, n'ayant pas d'idées générales.

Il ne connaît ni la pudeur, ni la délicatesse, ni la légèreté. Il a quelquefois beaucoup d'esprit, surtout pour dire des gaudrioles[1] ; il n'en a généralement aucun quand il adresse un compliment à ses protecteurs. En cela, il est bien le disciple de Ronsard : car jamais en France les Mécènes ne respirèrent un encens plus grossier que pendant le règne de la Pléiade.

> Toute louange est pour vous trop petite :

voilà un échantillon des éloges que du Bellay, ce délicat, assénait sur la tête de Marguerite de Valois et que Regnier

---

1. Voir *Satire* VII, 117-124.

ramassa pour les asséner d'une main plus lourde encore sur la tête d'Henri IV :

Toute *extresme* louange est pour toy trop petite [1].

Encore n'est-ce pas là le pavé le plus pesant dont il ait accablé ce noble chef. Si Molière, qui prenait son bien partout où il le trouvait, n'a pas eu beaucoup de choses à changer au discours de Macette pour en faire un discours de Tartufe, il a eu moins encore à changer à l'*Épître liminéaire* de Regnier au Roi pour en faire un discours de Thomas Diafoirus : « On lit qu'en Etyopie, il y avoit une statuë qui rendoit un son harmonieux toutes les fois que le soleil levant la regardoit. Ce mesme miracle, Sire, avez vous faict en moy, qui touché de l'Astre de V. M. ay receu la voix et la parole. » Pour apprécier à sa juste valeur un des mérites les plus contestés et cependant les moins contestables de Despréaux, il suffit de relire après cette *Épître liminéaire* et après la *Satire* I de Regnier, le *Discours au Roi* et l'*Épître* I de Boileau, qui en sont des imitations. L'expression en paraîtra souvent terne et décolorée; l'alexandrin, monotone et dépourvu de résonance :

On verra les abus par ta main réformés,
La licence et l'orgueil en tous lieux réprimés,
Du débris des traitants ton épargne grossie,
Des subsides affreux la rigueur adoucie.

On regrettera ces admirables vers qui font pardonner à Regnier les platitudes qui les entourent :

Et c'est aux mieux disans une temerité
De parler....
Où ta bonté discourt au bien de tes sujets,
Où nostre aise et la paix ta vaillance publie,
. . . . où le vice abatu
Semble en ses pleurs chanter un hymne à ta vertu [2].

1. Du Bellay, *Sonnet à la Royne de Navarre*, éd. de 1573, chez Morel p. 157, f° 2; Regnier, *Satire* I, vers 56, éd. Courbet, p. 11.
2. *Satire* I, vers 59, éd. Courbet, p. 11.

Mais en revanche quelle urbanité ! quel bon goût ! Comme le poète loue délicatement le roi en se moquant de ceux qui le louent trop ! Comme il sait tout dire en se déclarant incapable de rien dire ! Comme il tourne ingénieusement en compliment exquis jusqu'à une satire décochée contre Cotin ! Et surtout, tandis que chez Regnier se heurtent durement les allégories mythologiques, les comparaisons épiques, les familiarités et les proverbes, et que l'on y passe sans transition de l'ampoulé au trivial, du sublime au plaisant, quelle harmonie ! quelle unité de ton !

Car, ce qui manque le plus à Regnier, c'est de savoir composer. Sauf quand il emprunte un plan tout fait à quelque poète ancien [1], ou qu'il peut adopter le procédé facile de l'énumération [2], il va au hasard, se répétant, se contredisant, étranglant en deux vers une idée principale, délayant en deux pages une idée secondaire, s'égarant en des digressions, d'où il ne sort qu'à grand renfort de transitions artificielles. Que sont les rares « ce n'est pas que » de Boileau en comparaison des innombrables « or » de Regnier ? Car entre toutes les conjonctions de coordination il préfère celle qui, ayant à cette date le sens le plus vague, peut donner le plus facilement l'illusion que ses idées se tiennent quand il se contente de les juxtaposer. Aussi, pour apprécier la composition de Nicolas, faut-il le lire après Mathurin. Les *Satires* de Boileau sont monotones, pénibles et pesantes, tant qu'on voudra. Mais quel progrès depuis Regnier ! Si Boileau ne sait ni faire converger ses idées à la manière des orateurs, ni voler capricieusement de l'une à l'autre, sans laisser cependant oublier jamais son but, à la façon d'Horace, est-ce qu'il n'arrive pas cependant et à présenter son sujet sous toutes les faces et à laisser une

---

1. Par ex. dans la *Satire* posthume (XVIe dans l'éd. Brossette), éd. Courbet, p. 199.

2. *Satire* III : Pourquoi irais-je à la cour ? Je ne sais ni faire ceci, ni faire cela, etc. ; *Satire* VII : J'aime les brunes, j'aime les blondes, j'aime les savantes, j'aime les sottes, etc.

impression dominante? Et par conséquent, n'est-ce pas à lui, plus qu'à Ronsard et plus qu'à Regnier, que revient l'honneur d'avoir véritablement créé en France la satire des idées et la poésie morale? à lui — et à ses amis, les Aristes de Molière?

IV

Avant donc que d'écrire apprenez à penser :

s'il est trois écrivains dont l'œuvre atteste la vérité de ce précepte, c'est Ronsard, c'est Regnier et c'est Boileau : ils ont contribué à créer la langue de notre poésie didactique, chacun dans la mesure où il a pensé.

Penser, c'est ce que Ronsard, il me semble, n'a jamais fait. Toute sa philosophie et toute sa morale ont consisté en ceci qu'il a été patriote et catholique, patriote ardent, catholique convaincu, confondant dans un même amour, comme d'Aubigné, son pays et sa religion, incapable de comprendre, comme lui, qu'on pût trahir l'un et déserter l'autre. Aussi, parce qu'il eut comme d'Aubigné une foi et non pas une philosophie, il n'a pas rendu notre alexandrin capable d'autre chose que de s'émouvoir, c'est-à-dire, à prendre le mot dans un sens étroit, d'être éloquent.

De grandes passions, Regnier n'en connut jamais que deux : il détesta cordialement le détracteur de son oncle ; comme tous ses contemporains, il eut une sorte de tendresse filiale pour le bon citoyen qui avait réparé les maux de la France : de là, soit dans la *Satire* contre Malherbe, soit dans les discours au Roi, quelques beaux mouvements, d'ailleurs fort clairsemés. D'idées générales, il en fut entièrement dépourvu. Expérimentale et vulgaire, sa philosophie consista à résoudre toutes les difficultés de la vie à la lumière de maximes proverbiales, qui n'ont pas d'autre lien entre elles que leur banalité. Mais enfin, ces lieux communs, qu'aucune idée générale ne rattache les uns aux autres, et qui même se contredisent quelquefois, il les fit siens : et voilà pourquoi, si la langue de notre poésie philosophique ne lui doit rien autre, elle lui doit du moins — et c'est beaucoup — la vigueur et la hardiesse de l'expression.

La morale de Boileau fut plus honnête qu'originale. Mais en littérature, il n'eut pas seulement des idées, il eut une doctrine, c'est-à-dire un corps d'idées d'une parfaite cohésion. Je doute même qu'il se soit jamais rencontré un critique plus systématique, au meilleur sens du mot. La plupart de ses règles particulières sont des conséquences tellement nécessaires de ses principes fondamentaux, que si l'on s'attaque à l'une de ses règles, c'est aux principes mêmes qu'on a affaire. Et ici éclate l'évidence de celle de ces règles que nous citions tout à l'heure : on apprend à écrire en apprenant à penser. Boileau n'était rien moins qu'orateur : aussi n'a-t-il pas la faculté d'enchaîner étroitement ses idées. A peine d'autre part était-il né poète : aussi son expression, quand elle n'est pas spirituelle, manque-t-elle toujours un peu de relief et d'éclat. Et cependant il n'en réussit pas moins et à dire tout ce qu'il veut dire et à le dire avec cette plénitude d'expression qui à elle seule est déjà de la poésie. Et voilà pourquoi, de Ronsard, de Regnier et de lui, c'est lui Nicolas, lui le moins poète et le moins éloquent des trois, mais le plus « penseur », qui a fait réaliser les plus grands progrès à ce que nous pourrions appeler la « poésie des idées ».

CHAPITRE V

LA PEINTURE DES MŒURS ET DES CARACTÈRES

DANS LES SATIRES DE REGNIER

I. Les hobereaux. — II. Les poètes. — III. Les hypocrites. — IV. Valeur de la peinture des mœurs dans les *Satires* de Regnier. — V et VI. Valeur de la peinture des caractères.

I

Sur les mœurs de ces hobereaux qui s'en vinrent chercher fortune à la cour de Henri IV, aucune histoire, aucun pamphlet, aucun journal du temps ne nous en apprendra plus que quatre *Satires* de Regnier. Réunissons les traits qui y sont épars. Pour en contrôler l'exactitude, rarement pour les compléter, consultons, avec la précaution qu'exigent plusieurs de ces documents, *le Baron de Fœneste*, *la Confession de Sancy*, le *Journal* de L'Estoile et quelques pièces curieuses, comme *l'Inventaire du courtisan* [1] par Berthelot, le *Discours nouveau sur la mode* [2] et le *Discours à la Royne régente sur les désordres qui sont pour le présent en ce royaume* [3] : nous connaîtrons le costume, le langage, la

---

1. Pièce qui se lit dans *les Muses gaillardes recueillies des plus beaux esprits de ce temps par A. D. B.* à Paris, chez A. du Breuil, 1609.
2. Paris, 1613, chez P. Ramier.
3. Paris, 1614.

conversation, les divertissements, les occupations du personnage.

Contemplons ce beau seigneur qui vient surprendre notre poète à la messe [1]. Il est vêtu, comme le baron de Fœneste, « à la mode de trois ou quatre messieurs qui ont de l'autorité ». Il s'est frisé les cheveux et troussé les moustaches avec un manche de cuillère, nettoyé le cuir avec du bran de froment, fardé le visage « pour avoir du nom entre les belles ». Sa rotonde, lissée avec une coquille de limaçon, a sans doute, comme celle de M. de Fœneste, un double rang de dentelle, puisqu'il la fait admirer à sa maîtresse ; son pourpoint est fait de « quatre ou cinq taffetas l'un sur l'autre », et ce taffetas « est œuvre de la Chine : la mode en est nouvelle ». Prenons garde surtout qu'il a des bottes. Un gentilhomme ne quitte les siennes, ni en carrosse, ni en bateau : quand on voit ces messieurs aller partout en costume de cavalier, on conjecture en effet qu'ils ont des chevaux, alors qu'ils en sont réduits le plus souvent à emprunter les « bidets » de leurs amis et que plus d'un est venu à pied du fond de la Gascogne jusqu'à Paris. C'est pour donner la même illusion, qu'ils ont toujours la « gaule [2] » à la main, qu'ils ne cessent d'en jouer et, quand ils rencontrent le sieur Regnier ou le sieur Motin, qu'ils lui en flattent l'épaule comme à un cheval tout en lui demandant des nouvelles de ses vers [3].

Bottes, éperons, gaule, rotonde, tout cela, comme dit le baron de Fœneste, est pour « paraître ». Paraître, c'est-à-dire faire parler de soi à la cour et chez les dames, voilà l'unique but où visent maintenant ceux qui ont combattu à Coutras et à Ivry. Les guerres intestines sont finies ou près de l'être. La vie de salon renaît avec le calme, et avec

1. *Satire* VIII.
2. *Cravache.*
3. Regnier, *Satire* VIII, vers 9 et suiv.; *Satire* IV, vers 131 et suiv.; *Satire* V, vers 221. *Baron de Fœneste*, liv. I, chap. ii; liv. II, chap. i. Berthelot, *l'Inventaire du courtisan.*

elle s'épanouissent aussitôt toutes les petites vanités. On cherche à être remarqué par la qualité de son pourpoint, parce qu'on n'a plus l'occasion de l'être par la qualité de son courage, et, comme il devient difficile de se mettre au-dessus des autres par un beau fait d'armes, on prétend s'y mettre par un beau titre. On ne se contente plus, en effet, à cette date, comme encore sous François Ier, d'être un gentilhomme de bonne race; on veut être appelé Monsieur le comte ou Monsieur le marquis. Le temps viendra bientôt où l'on imaginera une hiérarchie des titres et une classification des nobles, où, à mesure qu'on fera moins parler de son épée, on parlera davantage de celle de ses pères. Déjà Regnier connaît des courtisans qui vantent sans cesse la valeur déployée par leurs ancêtres à la bataille de Cérizolles, où ils ont acquis « avec tant d'honneur » à leurs descendants le titre de comte ou de marquis; Berthelot a trouvé chez son courtisan un « discours fort antique »

> De la grandeur de ses ayeux
> Descendus des rois de Bayeux;

et le baron de Fœneste a des titres qui, commençant par cette formule : « Sous le règne de Jésus-Christ », prouvent sans contredit qu'il est plus noble que le roi de France; peut-être sa race remonte-t-elle jusqu'à David, puisqu'on trouve le nom de Fœneste en plusieurs passages de la *Bible*[1].

Il est regrettable que les parchemins ne donnent pas des titres de rente en même temps que des titres de noblesse. Car le luxe coûte cher à cette date. Le costume que nous avons décrit (et l'on en fait porter d'aussi beaux à ses

---

1. Regnier, *Satire* III, vers 101 et suiv.; Berthelot, *l'Inventaire du courtisan*; d'Aubigné, *Baron de Fœneste*, liv. IV, chap. VI et XIV, *Œuvres complètes de d'Aubigné*, éd. Réaume et de Caussade (Paris, Lemerre), t. II, p. 582 et 618.

laquais[1]) a dû épuiser la bourse du fâcheux qui importune
Regnier. Aussi je crains bien qu'il n'ait sacrifié à la partie
du vêtement « qui paraît » celle qu'on ne voit pas, qu'il
n'ait pas de chemise par exemple, ou que sa chemise,
comme celle du baron de Fœneste, ne soit pourrie.

> Piolez, riolez, fraisez, satinisez
> Veloutez, damassez et armoirinisez,

et « parez comme des reliquaires », nous dit l'auteur de
l'Espadon satyrique, ces courtisans ont sur eux tout le prix
de leur moulin, de leur pré et de leur terre,

> Et n'ont pas dans leur poche un demy quart d'écu.

La guerre avait commencé leur ruine; les habits brodés,
les chiens et les oiseaux l'ont achevée[2]. Malheureusement
le temps n'est plus où un cabaretier se croyait trop honoré
de leur servir à dîner sans oser leur demander de l'argent.
Aujourd'hui ils ont beau jurer en gascon et en français,
demander « si l'on ne sait pas qui ils sont, si l'on traite
ainsi les gentilshommes », l'hôte ne se laisse plus éblouir
par de vains titres :

> . . . .soit sot ou gentilhomme,
> Macette de Regnier, il prend garde à la somme;
> Car, selon que l'on frippe, on paye le gibier,
> Le noble tout autant que le plus roturier.

Aussi le noble meurt-il de faim ou vit-il d'expédients. Je
ne sais si l'ami de Regnier fait jouer ses valets, comme le
baron de Fœneste, avec des dés pipés, pour prendre
ensuite sur les bénéfices la part du seigneur; si, lorsqu'il
loge à l'hôtellerie il emporte les serviettes et les draps; s'il

---

1. Regnier, *Satire* VIII, vers 155 :

> Ce beau valet à qui ce beau maistre parla.

Baron de Fœneste, liv. I, chap. II : « Estans ainsi couberts avec trois
laquais de vroderies. »

2. Regnier, *Satire* X, vers 67 et 71.

fait « sauter tout ce qu'il peut » chez ceux qui lui offrent l'hospitalité et n'ont pas le courage de fouiller son équipage : mais il a des dettes criardes, puisqu'un « bon sergent » l'arrête et le met « dedans[1] » ; mais les banquiers ne lui prêteraient pas quatre doubles ducats sur son minois ; mais il s'attache comme une sangsue au bras du poëte, parce que l'imprudent a eu la maladresse de se dire invité chez son oncle. « J'en suis », s'est empressé de crier l'autre, et croyez bien qu'il voulait en venir là. Se faire inviter à dîner est à cette date la grande occupation des trois quarts des hobereaux. Le mal est que les maîtres d'hôtel « grondent quelquefois », que les grands seigneurs font souvent fermer leur porte, sous prétexte qu'ils ont affaire ou qu'ils sont indisposés. Alors le héros de Regnier et celui de d'Aubigné n'ont plus qu'une ressource : « faire bonne mine, un cure-dent à la bouche pour paraître avoir dîné[2] ».

Brillamment vêtu aux dépens de son ventre, mais à la mode qui trotte, ou, pour plaisanter comme on faisait sous Henri IV, « à la trotte qui mode », M. le courtisan s'en va donc chercher un amphitryon ou rejoindre ses amis dans la cour du Louvre. Il n'aborde personne sans lui faire le petit compliment à la mode : « Ah ! monsieur ! que vous êtes brave ! que vous êtes bien aujourd'hui épanoui comme une rose ! »[3]. Et pendant tout le cours de l'entre-

1. Regnier, *Satire* VIII, 218 :

> Quand vous serez dedans, vous ferez à partie.

2. Regnier, *Satire* VIII, vers 100 et suiv. ; 210 et suiv. ; d'Aubigné, *Baron de Fœneste*, liv. II, chap. i ; liv. I, chap. ii ; *Discours à la Ryne régente sur les désordres qui sont pour le présent en ce royaume*, 1614 ; les vers cités sont tirés d'une pièce de *l'Espadon satirique* déjà imprimée à part en 1622 sous ce titre : *Tableau des ambitieux de ce temps tracé du pinceau de la vérité par maître Guillaume*.

3. Regnier, *Satire* VIII, vers 20-21 :

> Je luy fis à la mode un petit compliment ;
> Luy comme bien apris le mesme me sceut rendre.

D'Aubigné, *Baron de Fœneste*, liv. I, chap. ii ; *Confession de Sancy*, liv. II.

lien la mode règlera minutieusement les moindres de ses paroles.

> On a beau consumer tout son temps à l'école ;
> Il faut, quiconque veut estre mignon de court,
> Gouverner son langage à la mode qui court :

telle est la loi que la mode proclame de sa propre bouche dans une pièce de 1613, où l'auteur fait parler cette déesse[1]. On prendra bien garde surtout qu'il n'existe au monde qu'une façon décente d'exprimer son admiration ; et qu'il s'agisse d'une belle jambe, d'un bon vers ou d'une jolie femme, on n'usera d'aucune autre formule que celle-ci : « En ma conscience, cette jambe est si belle, ce vers est si beau, cette femme est si jolie que c'est pour en mourir[2] ! » De plus, on dira cela « en demenant les bras, en branlant la teste, en peignant d'une main la moustache et les cheveux », en

> Changeant sur l'un des pieds à toute heure de place
> Et dansant tout ainsi qu'un barbe encastelé[3] ;

mode assez ancienne déjà, celle-ci ; car le roi des Hermaphrodites (prince plus généralement connu de notre temps sous le nom de Henri III, et du sien, sous celui

chap. 1, éd. Réaume et de Caussade, t. II, p. 310 : « Quand il rencontre un des fardez de la cour : *Oh ! que vous estes bien aujourd'hui espanouy comme une rose....* »

1. *Discours nouveau sur la mode*, 1613 ; pièce réimprimée en 1624 sous ce titre : *le Satyrique de la cour*.

2. Regnier, *Satire* IV, 157 :

> Avez vous pas sur vous quelque chanson nouvelle ?
> J'en vy ces jours passez de vous une si belle
> Que c'est pour en mourir !

Voir encore *Satire* VIII, vers 40 ; d'Aubigné, *Baron de Fœneste*, liv. I, chap. 11 : « et puis ceste velle greve (belle jambe) : c'est pour en mourir ! » *Mémoires* de Sully, partie II, chap. 11 : « ces cajoleurs de cour semblent n'y estre que pour faire des exclamations de tout ce qu'ils voyent et oyent et crier en voix dolente : Il en faut mourir ! ».

3. Regnier, *Satire* VIII, 25 ; d'Aubigné, *Fœneste*, I, 11, et *Confession de Sancy*, II. 1.

d'Hérode), avait publié la loi suivante comme une des plus nécessaires au maintien de son État : « La bienséance de nos sujets est d'avoir en eux le mouvement perpétuel, soit de la tête, du corps et des jambes ; et surtout nous tenons les façons sautelante et branslante pour les plus agréables et mieux séantes [1]. »

La mode régente aussi bien les sujets que les formules de la conversation. Quand le courtisan a causé de l'avancement en cour et de ceux qui ont obtenu une pension à son détriment (« il a tant servi, tant fait la faction! »), qu'il a

Parlé de ses hauts faits et de ses vaillantises,

bien inutiles en un temps où « les galants et baillands hommes », comme dit M. de Fœneste, sont si peu estimés, qu'il a demandé combien de pistoles ont perdu au jeu Créqui et Saint-Luc, « comme on ne peut discourir toujours sur des choses si hautes », il « glose sur les habits » et leur forme, il « philosophe sur les bas de chausses » et leur couleur, il disserte sur le bleu de turquoise ou sur l'orangé, sur l'isabelle ou sur la couleur ventre de biche, ou sur une des cinquante autres couleurs à la mode, dont le baron de Fœneste donne consciencieusement la liste [2]. Notons ici, d'après Regnier, et pour la satisfaction de ceux qui s'intéressent à l'histoire du costume, que vers le début du xviiᵉ siècle le vert et le gris commencent à n'être plus de mise pour l'avoir trop été jusque-là. Le vert plaisait à la belle Gabrielle. Le roi aimait le gris : « Vive le Gris », dit une chanson de 1600 :

---

1. *L'Ile des Hermaphrodites nouvellement découverte*, pamphlet contre la cour de Henri III, imprimé en 1605 ; il eut, d'après L'Estoile, un succès prodigieux.

2. Regnier, V, 230 ; VIII, 190 et suiv. ; *Baron de Fœneste*, liv. I, chap. ii et ix ; *Confession de Sancy*, liv. II, chap. 1, éd. Réaume. t. II, p. 310.

> Le Gris n'est point de ces couleurs qu'on donne
> Pour vestement à la sotte personne :
> Le Roy souvent en porte à ses habits.
>   Vive le Gris [1].

On sait que Henri IV avait canonisé sa couleur et qu'il jurait par le ventre de ce nouveau saint. Aussi vit-on au début du règne les courtisans prendre avec servilité les livrées du maître et celles de la favorite ; et les poètes de cour chantèrent avec enthousiasme les mérites du gris :

> Si quelqu'un ne vous aime, ô belle couleur grise,
> Il ne mérite pas que sa dame le prise ;
> Car qui n'ayme le gris, il n'est pas vray amant,

dit le sieur de la Roque, et le sieur de Vermeil enchérit encore :

> Le gris est le milieu de deux couleurs extresmes ;
> Le milieu est le but que les vertus ont pris ;
> Puis donc que les vertus et le gris sont de mesmes,
> Qui aime la vertu il aimera le gris [2].

Mais trop est trop. Au moment où Regnier écrit sa troisième *Satire*, le gris et le vert finissent par devenir ridicules, et l'on ne saurait plus en mettre désormais sans

> Entendre un marjollet qui dit avecq' mespris :
> « Ainsi qu'asnes ces gens sont tous vestus de gris ;
> Ces autres, verdelets, aux perroquets ressemblent [3] ».

Cette noble matière du vêtement et des couleurs une fois épuisée, il reste à parler de la vertu. Car l'Italie n'a pas mis la vertu à la mode, mais elle y a mis le mot *vertu*, auquel on prête tous les sens du mot italien correspondant.

---

1. *La Fleur des chansons amoureuses* (Rouen, 1600), p. 393.
2. *Stances sur le gris* par le sieur de la Roque et le sieur de Vermeil ; dans l'édition de 1618 du *Parnasse des plus excellens poètes de ce temps*, chez Guillemot, elles se lisent aux p. 275 et 276.
3. Regnier, *Satire* III. 115 et suiv. ; éd. Courbet, p. 25.

par exemple ceux d' « art », de « talent », d' « habileté »,
et l'on fait un si étrange abus de ce terme

> ... qu'il n'est crocheteur ny courtault de boutique
> Qui n'estime à vertu l'art où sa main s'aplique,
> Et qui, paraphrasant sa gloire et son renom,
> Entre les vertueux ne veuille avoir du nom [1].

De là la nécessité de distinguer les différentes vertus et
l'habitude d'en donner des définitions. L'ami de Regnier
n'y manque pas :

> Il vint à definir que c'estoit qu'Amitié
> Et tant d'autres Vertus que c'en estoit pitié;
> Mais il ne definit, tant il estoit novice,
> Que l'Indiscrétion est un si facheux vice
> Que [2]....

Plus novice encore, le baron de Fœneste ne saurait définir
quoi que ce soit. Il se vante de discourir de la vertu tout
comme un autre ; mais quand on lui demande si les vertus
dont il discourt sont morales ou intellectuelles « j'ay vien
ouy dire ces mouts là », répond-il ; puis, éludant aussitôt la
question et se tirant avec adresse de ce mauvais pas : « Bous
boulez saboir de quoi sont nos discours : ils sont des
duels ». Pour ce Gascon, la seule vertu est la valeur, et
l'honneur la seule divinité [3].

L'honneur ! les gentilshommes l'avaient toujours adoré
en France ; mais jamais ils n'en avaient observé le culte

1. *Satire* V, vers 237, éd. Courbet, p. 43.

2. *Satire* VIII, vers 163, éd. Courbet, p. 63. On donna à la cour, peu
après le mariage du roi, un Ballet des Vertus ; chacune des principales
vertus était représentée par une dame qui en donnait une définition en
vers ; voir les vers de ce ballet dans le *Recueil de quelques vers amoureux*,
Paris, chez la veuve Patisson, 1602.

3. *Baron de Fœneste*, liv. I, chap. II. Ce sujet de conversation avait été
mis à la mode par l'Académie du Palais. Henri III avait proposé aux aca-
démiciens ce sujet de discussion : « Quelles vertus sont plus excellentes,
les morales ou intellectuelles ? » Ronsard parla en faveur des vertus mora-
tes, Desportes et A. Jamyn en faveur des intellectuelles. Voir E. Frémy,
l'Académie des derniers Valois (Paris, 1887, Leroux), p. 221 et suiv.

comme à cette date, où, suivant leur expression, ils le
« raffinèrent ». Les raffinés, c'étaient des gens qui se bat-
taient pour un clin d'œil, si on ne les saluait que « par
acquit », si le manteau d'un autre touchait le leur, si on
crachait à quatre pas d'eux; c'étaient ceux qui imitaient
deux gentilshommes dont l'un avait provoqué l'autre en
le prenant pour un tiers; en allant sur le pré, le provoca-
teur demanda à son adversaire s'il n'était pas un tel d'Auvergne; « Non, répondit celui-ci, je suis un tel de Dau-
phiné »; l'erreur était évidente; « pourtant ils avisèrent,
ajoute avec admiration le baron de Fœneste qui conte
cette histoire, que, puisqu'il y aboit appel, il se falloit
tuer, comme ils firent; et cela s'appelle raffiné d'hau-
nur [1] » Un tel ridicule ne pouvait échapper à l'œil
observateur de Regnier. Malheureusement le poète, abandonnant pour une fois la peinture des mœurs, se borna à
traduire les deux *Capitoli* écrits par le Mauro « pour
déshonorer l'honneur »; mais, si l'on peut regretter qu'il
n'ait pas attaqué ce travers d'une manière plus pittoresque,
du moins par l'idée qu'il eut de composer une *Satire*
contre l'honneur,

> . . . . ce monstre abominable,
> Qui nous trouble l'esprit et nous charme si bien
> Que sans lui les humains icy ne voyent rien,

par les allusions qu'il fit ailleurs aux raffinés d'honneur,
par les expressions qu'il puisa dans leur vocabulaire [2], on
peut comprendre la place que tenait le duel dans la vie
des courtisans du règne de Henri IV.

Les divertissements de ces bretteurs sont ceux qu'on
peut attendre d'hommes nourris dans les camps et qui
n'ont pas eu d'autre école que la guerre. Épris des exercices du corps, ils jouent volontiers, s'il faut en croire

---

1. *Baron de Fœneste*, liv. I, chap. VIII et IX.
2. Par exemple, *Satires* IX, 50; XII, 126; XIII, 4.

d'Aubigné, à des jeux d'enfant, à l'un desquels Regnier
fait également allusion : à *biscombis*, où chacun saute successivement par-dessus la tête des autres; à *michaut*, où
l'un des joueurs a les yeux bandés et essaye de frapper
les autres avec une serviette nouée; au *roi dépouillé*, où
l'on arrache ses vêtements à celui qui se laisse prendre
tout en s'inclinant devant lui et en l'appelant Sire [1]; et
pendant l'hiver ils se battent sur les ponts de Paris à coup
de pelottes de neige dans lesquelles M. le duc de Vendôme prend soin de mettre des pierres, au risque de
meurtrir le visage de ses gentilshommes : ce sont là jeux
de princes [2]. Un courtisan à cette date ignore le grec et le
latin, ou, s'il apprend ces langues, c'est en secret, aimant
mieux perdre cent écus que de s'entendre appeler docte en
certaines compagnies [3]; mais il fait la voltige, comme les
écuyers de nos cirques,

> Fait crever les courtaux en chassant aux forests,
> Court le faquin, la bague, escrime des fleurets,
> Monte un cheval de bois, fait desus des Pommades,
> Talonne le Genet et le dresse aux passades [4].

Il donne son argent à l'astrologue qui entend l'influence
secrète du ciel; il paye fort cher au sieur César le plaisir de
faire connaissance avec le diable; Cosmo Ruggieri lui
vend au poids de l'or des statuettes de cire qu'il suffit
d'approcher du feu, pour qu'aussitôt l'amour fonde le cœur
de la dame la plus rebelle [5]; mais il considère l'inspiration
poétique comme « un mal d'esprit », met les vers « au

---

1. *Baron de Fœneste*, liv. II, chap. vii; Regnier, *Satire* XI, 271.
2. *Journal* de L'Estoile, 5 janvier 1610 (*Supplément tiré de l'édition de 1736*).
3. H. Estienne, *Dialogues du françois italianizé*, éd. de 1578, p. 478.
4. *Satire* V, vers 224 et suiv.
5. Quand Regnier refuse d'entrer à la cour parce qu'il ne connaît pas
« le cours du ciel » (*Satire* III, vers 121), il imite Juvénal sans doute; mais
le travers auquel il fait allusion existait sous Henri IV comme sous Domi-
tien; voir, dans le *Baron de Fœneste*, les chapitres où le héros raconte les
enchantements ridicules dont il a été dupe, par exemple le chap. x du
livre II.

rang des plus vaines sornettes », et ceux qui en écrivent au nombre des fous [1]. Il excepte uniquement les auteurs de « chansons nouvelles » :

> Encore quelques grands, affin de faire voir,
> De Mœcene rivaux, qu'ils ayment le sçavoir,...
> Nous disent souriant : « Eh bien ! que faictes vous?
> Avez vous point sur vous quelque chanson nouvelle?
> J'en vy ces jours passez de vous une si belle
> Que c'est pour en mourir [2] ! »

Les seuls livres qui figurent dans *l'Inventaire du courtisan* dressé par Berthelot sont un livre de magie pour apprendre à trouver la pierre philosophale, des préceptes pour la grimace (entendez un code du savoir-vivre) et un répertoire de chansons nouvelles. Aussi, comme ces recueils ont du débit, vont-ils se multipliant, et chez tous les libraires qui éditent des vers, à Paris chez Bonfons, à Lyon chez Rigaud, à Troyes chez Nicolas du Ruau, à Rouen chez Adrien de Launay, c'est pendant vingt-cinq ans une étonnante éclosion de *Fleurs*, de *Rosiers*, de *Vergiers*, de *Jardins*, de *Printemps*, de *Recueils*, de *Trésors*, de *Sommaires*, de *Chansons nouvelles* [3]. Les courtisans se plaisent à chanter eux-mêmes les plus beaux de ces airs

1. *Satire* IV, 146.
2. *Satire* IV, 131.
3. La Bibliothèque nationale possède, entre autres, les sept recueils suivants reliés en un seul volume : *Sommaire de tous les recueils de chansons tant amoureuses, rustiques que musicales*, Lyon, Rigaud, 1579; *Ample recueil des chansons amoureuses, rustiques et musicales*, Lyon, 1579; *la Fleur des chansons nouvelles*, Lyon, 1580; *le Printemps des chansons nouvelles*, Lyon, 1579; *le Rosier des chansons nouvel'es*, Lyon, 1580; *le Plaisant jardin des belles chansons*, Lyon, 1580; *Nouveau recueil des chansons qu'on chante à présent*, Lyon, 1580. — La Bibliothèque de l'Arsenal possède un volume semblable d'une date un peu postérieure. Elle possède encore : *le Recueil des chansons nouvelles de divers poètes français*, Paris, Nicolas Bonfons, 1585, deux volumes; *le Premier recueil de toutes les chansons nouvelles*, Troyes, Nicolas du Ruau, 1590, relié avec le *Recueil de plusieurs belles chansons nouvelles et modernes*, Lyon, 1593; *la Fleur des chansons amoureuses où sont compris tous les airs de cour*, Rouen, de Launay, 1600. — Le *Manuel du libraire* cite beaucoup d'autres recueils que je n'ai pu consulter. Ces recueils deviennent moins nombreux à partir de 1606.

nouveaux [1], par exemple, *la Chanson de la follastre mignonne*, très goûtée certainement, puisqu'elle se trouve dans tous les recueils :

> Allons, ma follastre mignonne,
> Sous l'espaisseur de ce bois verd ;
> Sentirons l'herbe qui fleuronne
> Et verrons son émail divers :
> Là nous ferons deux ou trois tours
> Communiquant de nos amours ;
>   Puis après-près
> De quelque fraiche ombrelette
>   De Cyprès
> Nous irons presser l'herbette [2] ;

ou bien encore *la Chanson fort amoureuse des oiseaux*, non moins appréciée sans doute, puisqu'elle est reproduite dans la plupart des répertoires :

> Le Rossignol sauvage
> Chanter je l'oy toujours
> En ce joly bocage
> Traitant de nos amours.
> Et que me dict ce beau mignon ?
> Il me dict : « mon compagnon,
> Jette le traict de tes yeux
> A celle qui t'ayme mieux »....
> « Je croy bien que la beauté
> N'usant point de cruauté
> Ira droict en paradis »,
> A ce que dict la perdrix. etc. [3].

---

1. Regnier, *Satire* V, vers 225 : la vertu de nos jours, dit-il, consiste à « chanter les airs nouveaux ». Une petite pièce publiée dans *les Muses inconnues* (1604), et intitulée *la Description des effets d'un vray sot*, donne la définition de l'homme à la mode : c'est celui

> Qui marmotte toujours quelque chanson nouvelle,
> Se promenant qui bransle en cent façons les bras, etc.

2. Cette *chanson* se lit à la p. 274 de *la Fleur des chansons amoureuses*, Rouen, 1600.

3. On pourra lire cette *chanson* dans le *Recueil des chansons nouvelles* de Nicolas Bonfons, Paris, 1585-1586, t. I, p. 37.

Plus souvent je m'imagine qu'ils chantent *la Chanson fort joyeuse de la dame de Paris* :

> A Paris est une dame
> (Pour Dieu ! ne la nommez pas)....

— et pour Dieu ! si vous ne voulez pas offenser les oreilles pudiques, n'achevez même pas le premier couplet, — ou bien encore *la Chanson fort récréative* de Robinet et de Marie, *nouvellement composée* sur l'air et avec l'ignoble refrain de *la Chanson de madame Perette*, non moins « récréative », paraît-il, puisqu'on la retrouve dans tous les recueils sans exception. Car à mesure qu'on avance dans le règne de Henri IV, on voit disparaître de ces répertoires les célèbres chansons de la Pléiade

> Les Muses lièrent un jour
> De chaines de roses Amour....
> Avril, l'honneur et des mois
> Et des bois....

et grossir le nombre des chansons ordurières. Or, comme les dames raffolent de ces œuvres à la fois précieuses et malpropres, comme c'est un rare moyen de séduction que de leur apporter la primeur de quelques vers « nouveaux », nos gentilshommes ne dédaignent pas d'en composer eux-mêmes quelquefois, non sans se croire obligés de s'en excuser, comme fait le héros de la huitième *Satire* de Regnier, non sans qualifier leurs vers de « méchants », ni sans ajouter qu'ils les ont écrits « pour tuer le temps [1] ». Le plus souvent du reste ils commanderont leur chanson à quelque poète famélique, qui sera trop heureux de leur vendre quatre couplets pour quatre deniers, et même, s'il en faut croire Berthelot, pour un cure-dent d'ivoire [2].

---

1. *Satire* VIII, 116.
2. Berthelot, *l'Inventaire du Courtisan*.

II

Le père de Regnier avait été bon prophète, s'il a réellement prononcé les paroles que son fils lui attribue :

> Les plus grands de ton tans dans le sang aguerris,
> Comme en Trace seront brutalement nourris,
> Qui rudes n'aymeront la lyre de la Muse
> Non plus qu'une vielle ou qu'une cornemuse [1];

et vers 1605 le poète pouvait s'écrier sans aucune exagération :

> Motin, la Muse est morte ou la faveur pour elle [2]!

Comme à cette date, en effet, on était loin de l'heureux temps où le roi de France s'honorait d'écrire au prince des poètes : « Tous les deux nous portons des couronnes » ! Le successeur des Valois demeurait tellement sourd aux appels lamentables de la poésie devenue pauvre et « quémande [3] », qu'il faisait regretter les règnes de Charles IX et de Henri III aux plus savants de ses sujets. « Il n'entend rien en la musique, ni en la poésie, disait de lui du Perron, et c'est pour cela que de son temps il n'y a personne qui y excelle [4] ». Un autre contemporain [5] prétendait que ce grand roi savait tout faire, sauf deux choses : tenir sa gravité et lire, et qu'il méprisait César et Alexandre, le premier, parce qu'il avait écrit des livres, le deuxième, parce qu'il avait lu ceux de son précepteur Aristote; pour lui, d'après le même témoignage, il haïssait le sien, M. Chrestien, encore qu'il

---

1. *Satire* IV, vers 79-82.
2. *Satire* IV, vers 1.
3. Regnier, *Satire* IV, vers 42.
4. Voir *Perroniana*, au mot Henri IV.
5. Scaliger. Voir *Secunda Scaligerana*, au mot Henri IV.

dût bien un peu sa couronne aux auteurs de la *Satyre Ménippée*. Que l'on consulte Regnier, Malherbe, Maynard, Auvray, du Lorens, *le Cabinet satyrique* : on entendra tous les hommes de lettres gémir sur le triste abandon dans lequel Henri IV pendant son règne et Marie de Médicis pendant sa régence laissèrent les muses se morfondre.

Quelle sera l'existence de ces malheureux poètes rejetés dans les bas-fonds de la société? on le devine aisément. Dédaignés comme des hommes mal appris, ils s'honoreront d'avoir les travers qu'on leur reprochera,

> Et, desirant en eux ce qu'on meprise en tous,

ils chercheront à forcer l'attention par la folie de leur conduite, par l'éclat de leurs débauches et par l'aspect lamentable de leurs habits « cycatrisés », tout disposés, s'il en faut croire Regnier, à souiller les bénitiers « afin qu'on parle d'eux[1] ». Puis, réunis en petit comité à la Pomme de Pin, ils médiront de la cour, échangeront des plaisanteries ordurières et s'accableront les uns les autres de compliments extravagants : la vanité insupportable, les mauvaises mœurs, la bizarrerie du costume, voilà ce qui a toujours distingué les habitants de la Bohême. Au reste, on n'a qu'à relire la deuxième et la quatrième *Satires* de Regnier; les poètes de son temps ont tous déploré leur indigence; mais lui seul a tracé le tableau de la vie à laquelle elle les condamnait trop souvent; et ce tableau est complet : Regnier nous montre le poète famélique à table et dans la rue, au cabaret et chez les étrangers; il nous fait voir ses allures; il nous révèle ses sentiments les plus intimes.

Regardez dans ce carrefour cet homme que Regnier vous désigne du doigt : il est encore loin de vous; mais

---

1. Regnier, *Satire* IV, vers 144; *Satire* II, vers 49 et 37.

déjà les rires des passants le signalent à votre attention ;
tout le monde se retourne en le voyant aller « l'œil
farouche et l'esprit à l'abandon », marmottant des mots
entre ses dents et grimaçant comme quelqu'un « qui a la
colique ». Le voici près de vous : il n'a ni souliers, ni
ceinture, ni cordons ; son rabat est sale et sa chausse
rompue ; son pourpoint ne lui va qu'au coude ; ses grègues
ne lui vont qu'aux genoux ; sa pauvre mine et sa bizarre
démarche lui servent de signalement :

> Sans demander son nom, on le peut recognoistre ;
> Car si ce n'est un Poëte, au moins il le veut estre [1].

Mais pour peu qu'il vous connaisse, ne vous arrêtez pas
à le contempler ; fuyez avant qu'il ne vous ait aperçu ;
autrement il vous accostera « comme une personne ivre »,
et, vous donnant aussitôt le titre de son poème, le nom
des critiques qui en ont parlé et surtout l'adresse de son
éditeur, il

> Vous dira pour bonjour : « Monsieur, je fais des livres ;
> On les vent au Palais et les doctes du tans
> A les lire amusez n'ont autre passetans [2] ».

Et dès lors vous serez prisonnier du monsieur ; impossible
de lui échapper, ni de le renvoyer : il faudra vous résigner
à l'emmener chez vous. Que dis-je? C'est lui qui vous y
conduira, lui qui commandera qu'on serve votre dîner,
qui vous priera de vous asseoir à votre table, et il s'y ins-
tallera le « premier » avec la majesté d'un « prélat » : un
poète, comme un roi, se croit partout chez lui. Et là, « le
caquet lui manquant », il « discourra des dents, semblera
avoir des yeux regret au demeurant », demandera encore
à boire après avoir bu le coup de grâce ; puis, promenant

---

1. *Satire* II, vers 43-47, 129-130.
2. *Satire* II, vers 131 et suiv.

dans votre salle un regard fureteur, il avisera le bibelot dont vous pourriez bien lui faire cadeau et s'en emparera sans presque vous en demander la permission :

> . . . . « Mais, Monsieur, me donnez vous cela? »
> C'est tousjours le refrain *qu'il fait à sa* ballade[1]!

Inutile d'observer qu'il vous fatiguera de la lecture de ses vers, se chargera lui même du commentaire et provoquera vos compliments. Si vous en êtes prodigue, il « vous baisera à la joue comme une épousée » et, « tout pétillant d'aise », vous fera « l'honneur d'approuver votre petit jugement[2] ». Si vous lui dites pour le flatter : « Ne seriez-vous pas l'auteur de cette mordante *Satire* qui court par la ville », il s'en défendra mal : l'improbité littéraire se concilie fort bien avec les mauvaises mœurs; des poètes comme ceux de ce temps-là sont capables de tirer profit de tout, même du talent des confrères; toute pièce de vers exposée à la rue par son père sera aussitôt adoptée, pour peu qu'elle soit passable, et ceux qu'on accusera de l'avoir écrite

> . . . . feront bonne mine
> Et voudront le niant qu'on lise sur leur front,
> S'il se fait un bon vers que c'est eus qui le font[3].

Que si, loin d'encourager la vanité de votre poète, vous paraissez l'écouter froidement, il vous laissera entendre que « vous n'aimez point la rime », que vous êtes « lourd », « ignorant »,

> Difficille, hargneux de *sa* vertu jaloux,
> Contraire en jugement au commun bruit de tous[4].

Puis, il qualifiera ses œuvres de « divines », se baptisera des noms poétiques d' « enfant des cieux », de « convive

---

1. *Satire* II, vers 143-154.
2. *Satire* VIII, vers 140 et suiv.
3. *Satire* II, vers 25 et suiv.
4. *Satire* II, vers 163 et suiv.

des dieux », de « compagnon de Minerve », et vous forcera
enfin à lui concéder qu'il est une des « lumières de la
France[1] ». Aussi trouve-t-il « honteux » que le roi ne lui
donne rien. Les temps sont bien changés, ajoutera-t-il;
Ronsard et du Bellay ont eu du bien; la muse de Desportes lui a donné une bonne table et dix mille écus de
rente; mais l'ingrat siècle où nous sommes, aussi hostile
au talent qu'à la vaillance,

> Au pris de la vertu n'estime point les hommes[2],

et nous laisse mourir à l'hôpital, après nous avoir con-
traints de vivre au cabaret et dans les mauvais lieux!

C'est, en effet, dans un de ces deux endroits que les poètes
d'alors sont le plus souvent réunis; et ce qu'ils y font, ce
qu'ils y disent, c'est encore Regnier qui vous l'expliquera,
si toutefois vous complétez ses *Satires* par les différentes
pièces de lui et de ses amis qu'on a recueillies dans les
éditions successives du *Cabinet satyrique*. Voulez-vous
assister aux repas que ces poètes font en commun à la
Pomme de Pin? Regnier les a excellemment décrits en
un seul vers : il les compare aux festins des moineaux, où
les convives s'affament les uns les autres[3]. Désirez-vous
entendre les propos qu'ils échangent? Ils sont aisés à
deviner d'après un vers de la *Satire* IV : ils consistent à
faire librement ce que Regnier n'ose faire en ce passage, à
« gloser les humeurs de dame Frédégonde[4] » et de la
« divine Macette »; et avec quelle propriété de termes ils
savent en parler, c'est ce que vous apprendra la première
pièce venue des *Muses gaillardes*. Êtes-vous curieux de
savoir comment ils vident leurs querelles? Le *Combat de*

1. *Satire* II, 176.
2. *Satire* II, 139-142.
3. *Satire* II, 128.
4. *Satire* IV, 171.

Barnier et de Mathelot, poëtes satiriques vous donnera toute
satisfaction :

> Mathelot de qui la carcasse
> Pese moins qu'un pied de poullet,
> Prend soudain Barnier en la face,
> Et, se jettant sur son collet,
> Dessus ce grand corps il s'accroche
> Ainsi qu'une anguille sous roche.
>
> De fureur son ame bouillonne;
> Ses yeux sont de feu tout ardents;
> A chaque gourmade qu'il donne,
> De dépit il grince les dents,
> Comme un magot à qui l'on jette
> Un charbon pour une noisette.
>
> Il poursuit toujours et le presse,
> Luy donnant des poings sur le nez;
> Et ceux qui voyent la foiblesse
> De ce géant sont étonnez,
> Pensant voir en ceste deffaite
> Un corbeau sous une alouette.
>
> Phœbus, dont les graces infuses
> Honorent ces divins cerveaux,
> Comment permets-tu que les muses
> Gourmandent ainsi leurs museaux,
> Et qu'un peuple ignorant se raille
> De voir tes enfants en bataille?

Voulez-vous enfin les suivre jusque dans la maison où ils
passent la nuit? relisez la onzième *Satire* : rien ne manque
au tableau. Vous sortirez de ce « mauvais gîte », attristé
sans doute, mais peut-être assez disposé à l'indulgence
pour le poète qui s'y réfugie : à la naïveté de son immoralité, vous aurez compris que le mauvais goût des contemporains, en rejetant les hommes de lettres en dehors de la
bonne société, fut pour eux le pire des corrupteurs.

Ce qu'il y a de plus triste, c'est qu'une seule voie s'ouvrait à ceux qui voulaient sortir de la misère : entrer au
service d'un grand seigneur en qualité de « courtier de

Cypris », comme le dit un disciple de Regnier[1], ou comme il le dit lui-même (mais nous ne nous servirons pas du même mot que lui), rendre leur muse entremetteuse[2]. Et ce n'est point là une boutade de sa part. Tous les poëtes de son temps finirent par consacrer leur plume à cette vilaine besogne. Quand Motin jeta à la tête de Sygognes les noms honteux de « trafiqueur de filles », de « maquignon du jeu d'amourettes », d' « artisan du vice étranger[3] », Sygognes se défendit en alléguant la coutume et l'usage :

> Vous dictes que j'ai fait la poule
> Et des dames fendu la foule
> De mon maistre le messager....
> Si j'ay faict d'amour le message,
> Je n'ay point violé l'usage
> Ny la coutume de la cour[4].

Il n'avait point en effet violé l'usage : Maynard regretta toujours dans sa retraite le temps où il chantait les amours de la reine Marguerite; Malherbe composa ses meilleurs vers d'amour pour le grand Alcandre, dans le but nullement dissimulé de séduire la belle Charlotte de Montmorency, princesse de Condé; la muse de Vauquelin des Yveteaux ne fit guère autre chose que célébrer successivement toutes les maîtresses du roi, qui récompensa le poëte en le nommant précepteur du duc de Vendôme, puis du Dauphin : singulier temps, où, pour avoir encouragé les vices du père, un homme recevait la mission d'élever les fils dans l'amour de la vertu! Regnier luimême, qui au début du siècle n'avait pas assez d'indignation pour flétrir ces poëtes « débaucheurs de filles », et vantait avec tant de fierté la chasteté et l'indépendance de

---

1. *Le Banquet des Muses ou les divers satires du sieur Auvray*, Rouen, David Ferrand, 1628 : *les Chevaliers sans reproche*, p. 172.

2. *Satire* III, vers 153.

3. Motin appelle ainsi Sygognes dans la *Réponse au combat d'Ursine et de Perette*, qu'on pourra lire dans *le Cabinet satyrique*.

4. *Réponse*, pièce imprimée dans *les Muses gaillardes*, 1609.

sa muse[1], Regnier composa pour Henri IV toutes les *Élégies* qui lui furent demandées; et ces *Élégies* tendaient à faire tout ce que le poète réprouvait autrefois avec tant de verve : « à détourner la foi » de quelque grande dame; à lui « montrer par vives raisons comme Amour fait les grandes maisons », et, « pour le faire court », à lui

> Prouver qu'il n'est rien tel qu'aymer *le roi de France*[2].

Regnier n'était-il donc pas sincère lorsqu'il refusait au début de sa vie une mission qu'il devait accepter à la fin? Certainement si. Mais l'expérience lui avait appris qu'en voulant montrer « trop de cœur », un poète s'exposait à n'obtenir jamais ni pension, ni abbaye, ni cadeaux, ni honneurs, ni compliments du prince et de ses courtisans.

III

Dans une société dont l'élite affichait sa corruption avec autant de cynisme, l'hypocrisie de la religion était-elle possible? On l'a nié. « Le seul vice que Regnier ait attaqué avec un peu de vigueur, écrit un critique, est aussi le seul dont on ne trouve aucune trace de son temps[3]. » Voilà qui est bientôt dit. J'ai peine sans doute à me représenter Tartufe vivant à la cour dévergondée de Fontainebleau : le blasphème, le jeu, le libertinage, et même la sodomie, y régnaient, d'après L'Estoile, si effrontément, que les prédicateurs n'osaient faire aucune remontrance au roi, de peur qu'on ne leur interdît la parole[4]. Mais à Paris, encore que bien des gens, surtout parmi les financiers et les

---

1. *Satire* III, 157-158.
2. *Satire* III, vers 127, 132, 140.
3. Doumic, *Histoire de la littérature française* (Paris, Delaplane), p. 203.
4. L'Estoile, *Journal*, décembre 1608, éd. de la *Librairie des bibliophiles*, t. IX, p. 187.

magistrats, suivissent les exemples que donnaient les
princes et les gentilshommes, on avait conservé les habitudes de piété contractées pendant la Ligue. Jamais le
peuple ne fut plus avide de sermons, ni plus assidu aux
processions; jamais il ne dépensa plus d'argent en cierges,
médailles, chapelets et feuilles dévotes venues de Rome;
et jamais on ne vit tant de fils et filles de bonne maison
bourgeoise s'interner dans des couvents austères[1]. Quand
don Pèdre de Tolède vint en France à la fin de 1608, il
admira moins la beauté des édifices de Paris que la
dévotion des fidèles qui se pressaient dans l'église des
Cordeliers et il déclara qu'à l'ombre des clochers français
il se sentait devenir homme de bien[2]. Serait-il vraisemblable que l'hypocrisie n'eût pas germé quelquefois
dans un sol si bien préparé pour elle? Non, sans doute,
et L'Estoile, qui ne tarit pas sur les vices honteux de la
cour, accuse formellement, et à plusieurs reprises, ses
contemporains de bigotisme. Haïssant les sottes dévotions chez les autres, écrit-il le 28 mars 1610, je ne puis
les aimer chez mes enfants et « je crains fort la tache de
la superstition en ce temps plus hipocrite que religieux[3] ». Au reste, aussitôt après la mort du roi, cette
épidémie de fausse piété gagna la cour. Il y eut alors une
révolution dans les mœurs comme dans la littérature. La
poussée de la sève gauloise avait été si forte pendant vingt
ans que, écœurés par la grossièreté de leurs devanciers,
les écrivains du règne de Louis XIII tombèrent dans tous
les excès de la préciosité. Par une réaction semblable, la
dévotion et l'hypocrisie à sa suite succédèrent naturellement au libertinage; et dix ans après la *Satire* XIII de
Regnier, écrite du reste, elle aussi, après la mort de

---

1. L'Estoile, *Journal*, octobre 1606, éd. de la *Librairie des bibliophiles*,
t. VIII, p. 249.
2. L'Estoile, octobre 1608, t. IX, p. 153.
3. L'Estoile, 28 mars 1610, t. X, p. 490.

Henri IV, voici le conseil qu'un auteur inconnu donnait aux femmes du monde dans une pièce intitulée *Pasquil de la cour pour apprendre à discourir et s'habiller à la mode* [1] :

> Il faut donc en premier lieu
> Apprendre à bien parler de Dieu,
> Et bien que l'on n'y sçache notte,
> Si faut-il faire la Devoste,
> *Porter le cordon sainct François,*
> *Communier à chasque mois....*
> Aller à vespre à l'oratoire,
> Sçavoir où sont les stations,
> Que c'est que méditations,
> Visiter l'ordre saincte Ursule,
> Cognoistre le père Bérulle,
> Luy parler de devotion,
> Des sœurs de l'Incarnation,
> Participer à son extase....
> Se réserver pour sa conduicte
> Père Chaillou, un Jésuiste,
> Aller conférer avec eux
> Chaque journée une heure ou deux ;
> Avoir des tantes et cousines,
> Dans le couvent des Carmélines....
> *Amasser force grains de Rome,*
> Avoir veu de près le sainct homme,
> Garder de sa robbe un morceau
> Pour enchâsser en un tableau,
> *Parler des cas de consciences*
> Selon qu'on voit les occurences,
> Appeler toujours à garend
> Arnoux, Granger et Seguerrand.

Il y a dans ce morceau des allusions trop précises et trop nombreuses à des hommes et à des choses du commencement du xvii⁰ siècle, pour qu'on accuse l'auteur d'avoir peint l'hypocrisie d'après ses lectures, et non d'après des modèles vivants. Or, plusieurs de ces dévotions à la mode en 1622 sont précisément celles que Macette pratiquait en 1612, et d'ailleurs, si les dames ont abandonné pendant ces dix ans les Récollets pour les Jésuites et les Oratoriens, elles n'ont

1. Paris, 1622.

pas cessé d'aller, comme Macette, de couvent en couvent
et de discuter, comme elle, des questions de théologie.

Car ce n'est pas seulement par sa dévotion que Macette
est de son temps, mais aussi par la façon dont elle entend
la dévotion. Elle n'a pas la religion toute romantique de
la Catin de Ronsard, qui consiste à se promener le soir
dans les cimetières, voilée d'un drap mortuaire, pour
effrayer les braves gens. Elle n'a pas le bigotisme tout
italien des personnages de l'Arétin, qui ont moins de confiance en Dieu qu'en ses saints et n'invoquent pas la croix
de Jésus-Christ, mais les ailes de saint Raphaël et le poisson de saint Tobie. Macette appartient à une génération qui
a pris l'habitude pendant la Ligue de passer ses journées
au pied des chaires et surtout de censurer les sermons :

Clergesse elle fait jà la leçon aux prescheurs,

et, suivant les compagnies où elle se trouve, elle traite sans
doute le Père Cotton de factieux ou d'espagnol, et le curé
Fuzil d'hérétique ou de fauteur. Elle disserte sur la nature
des personnes divines et sur la nécessité de la contrition;
elle a de « grandes intelligences » des « cas réservés »,
question que la conversion du roi avait mise à l'ordre du
jour, et, quand elle parle de théologie, c'est avec les
termes propres : elle sait ce que c'est qu' « hypostase » et
que « syndérèse »; comment en effet pourrait-elle l'ignorer,
puisqu'à cette date les prédicateurs s'occupaient uniquement
ment de définir en chaire des termes d'école et qu'il n'était
pas, nous dit L'Estoile, un cardinal, ni un évêque, ni un
aumônier, ni un curé, ni un jésuite, ajoutons : ni un
ministre huguenot, qui ouvrit seulement la bouche sur les
vices du temps [1]? Ses livres de chevet sont *la Guide des
pécheurs* du Père Louis de Grenade et les *Méditations* de la
mère Thérèse, c'est-à-dire justement ceux que les Espagnols

1. L'Estoile, *Journal*, décembre 1608, éd. de la *Librairie des bibliophiles*,
t. IX, p. 187.

avaient apportés à Paris dans leurs bagages. Les moindres lignes sorties de la plume de la mère Thérèse eurent le plus grand succès ; et ces lectures conduisirent tant de jeunes filles au couvent, qu'un jour le président Jambeville impatienté disait au président Séguier : « Nous avons, vous et moy, fait fouetter à Paris cinquante entremetteuses qui ne l'avaient pas si bien gagné que cette mère Thérèse dont on parle tant [1] ». « J'ai presté à mon cousin Édouard Molé, écrit L'Estoile le 2 juillet 1606, la *Vie de la mère Thérèse, alias* la Bible des bigottes [2]. » « J'ai donné, écrit-il deux ans plus tard, à une femme dévote de libraire, pour tirer d'elle une petite médaille d'or qu'elle avait du déclin de l'empire, un petit livret de dévotion intitulé *le Cloistre de l'âme religieuse* avec le portrait de la mère Thérèse : vraie relique pour une bigote [3] ! »

Enfin Macette « sait toutes les indulgences attachées au nom de Jésus » et ce que valent les chapelets et les « grains bénis enfilés » ; or, ce n'était pas là une mince difficulté : pour récompenser le roi de sa conversion, le pape avait, en effet, octroyé un grand nombre d'indulgences aux « chapelets, grains, croisettes, rosaires, croix, crucifix, médailles et images, » que lui avait fait bénir « le Révérend Père en Dieu messire Jacques Davi, évêque d'Évreux, conseiller du Roi en ses conseils et son premier aumônier » ; les grains étaient pour les seuls Français : aussi furent-ils plus recherchés par les dévotes de la trempe de Macette et quelques-unes en firent sans doute le plus déplorable usage, les transformant en colliers, en broches, en pendants d'oreilles, quand elles ne s'en servaient pas d'amulettes pour se préserver du mal français [4].

1. L'Estoile, *Journal*, éd. citée, t. IX, p. 122.
2. L'Estoile, éd. citée, t. VIII, p. 227.
3. L'Estoile, 30 août 1608, éd. citée, t. IX, p. 122. Voir dans *les Caquets de l'accouchée*, 2ᵉ *journée* (éd. Fournier, p. 114), un récit piquant de fêtes de la canonisation de la mère Thérèse.
4. « Estant de retour de Rome il apporta à Paris des indulgences sin-

IV

Regnier, on le voit, est un excellent observateur. Il a
peint telle qu'elle était la société à laquelle il fut mêlé. On
regrettera sans doute qu'il ait uniquement coudoyé des
courtisans, des hommes de lettres et des femmes de mauvaise vie. De quels bons originaux il eût pu enrichir sa
collection, s'il eût pénétré dans un milieu qui paraît lui
être demeuré fermé, le monde de la magistrature et de la
basoche! Que de ridicules dignes du pinceau d'un grand
maître nous y signalent en 1622 *les Caquets de l'accouchée*,
en nous faisant observer qu'ils existaient « depuis quinze ou
seize ans en ça[1] », c'est-à-dire depuis assez longtemps pour
que Regnier eût pu les voir croître et embellir! Avec quelle
verve il se fût sans doute amusé aux dépens de ces lionnes
pauvres, femmes de notaires, de procureurs, d'avocats,
couvertes de soie des pieds à la tête et obligées pour entretenir cet état de se mal conduire[2]! Comme je voudrais
qu'il m'eût drapé en quelques vers cette bourgeoise poupine
qui, la veille, fille de chambre au logis d'un puissant seigneur, portait le lendemain « autant d'atours que la plus

gulières qu'il fist imprimer en une feuille de papier, chez M. Patisson,
desquelles les plus grands catholiques se moquoient. Elles portoient ce
titre : « Indulgences octroiées par N. S. P. le pape Clément VIII aux
« chapelets, grains, croisettes, rosaires, croix, crucifix, medailles et images
« benistes, à l'instance de R. P. en Dieu messire Jacques Davi, evesque
« d'Evreux, conseiller du Roy en ses conseils d'Etat et privé et son pre-
« mier aumonier ». Les grains bénits sont seulement pour le royaume de
France. » (L'Estoile, *Journal*, septembre 1595.) Sur ces indulgences octroyées
à l'instance de du Perron, sur l'usage que les courtisans et les femmes de
mauvaise vie faisaient des reliques et des grains bénits, voir (sans oublier
que c'est un huguenot qui parle) la *Confession de Sancy*, liv. II, chap.
vu, *Œuvres complètes de d'Aubigné*, éd. Réaume et de Caussade, t. II,
p. 275-287; voir notamment la p. 284.

1. *Caquets de l'accouchée*, 5ᵉ *journée*, éd. Ed. Fournier (Paris, Jannet,
1855), p. 170.

2. Même ouvrage, même passage.

grande dame de la cour », sans que ses perles aient pu lui blanchir le teint [1] ! Ou bien ce jeune muguet, si leste, de si bonne mine, si bien vêtu à l'avantage avec l'habit de satin découpé, le bas de soie et le chapeau de castor, qu'on ne savait si on devait lui dire *Monsieur* ou *Monseigneur* : mais lorsqu'on demandait son nom après son départ, on apprenait qu'il devait le jour à un bonhomme de chirurgien [2] !

Et, s'il avait occupé plus longtemps sa stalle de chanoine à la cathédrale de Chartres, ou s'il eût été plus assidu à visiter les églises de la capitale, combien de types amusants Regnier aurait pu placer dans sa galerie à côté de ce prélat « enrichi d'intérêts et d'usure »,

Qui plaint son bois saisi pour n'estre de mesure

et à qui il donne en passant une atteinte légère [3] ! Quelles paroles singulières il eût pu entendre tomber parfois du haut des chaires ! car, si l'on ne s'amusait plus aussi folâtrement à leur pied que du temps de la Ligue, on y pouvait encore passer, au témoignage de L'Estoile, de joyeux instants quand les curés prêchaient contre les Jésuites [4]. Il ne faut donc pas essayer de le dissimuler : l'œuvre de Regnier ne saurait avoir le même intérêt que celle de La Fontaine et de Molière ; en recueillant les traits de mœurs qui s'y trouvent épars, on ne fera pas renaître une société entière.

Mais le monde dont il fit partie, comme il a su nous le peindre ! comme nous connaissons jusqu'au mobilier des maisons où habitaient ses héros, jusqu'à la physionomie des rues où ils circulaient ! Voulez-vous écrire une histoire du costume au commencement du xvIIe siècle ? puisez à pleines mains dans les *Satires* de Regnier ; vous y rencon-

1. *Caquets*, 7ᵉ *journée*, éd. citée, p. 222.
2. *Caquets*, 5ᵉ *journée*, éd. citée, p. 105-107.
3. *Satire* XV, vers 161-162.
4. L'Estoile, *Journal*, 2 février 1611.

trerez une foule de termes intéressants : chapperon, collet, beguin, toquet, demy-ceint, cotte, cornette, grègues, galoche, botte, pannache, rotonde, taffetas, clinquant, que sais-je encore? Voulez-vous apprendre ce que contenait à cette date la garde-robe d'une femme du peuple? le voici :

> . . . . . . un demy ceint, deux cottes,
> Une robe de serge, un chapperon, deux bas,
> Trois chemises de lin, deux mouchoirs, deux rabas [1].

Êtes-vous curieux de visiter la maison d'un hobereau? Entrez avec Regnier chez l'insupportable fâcheux de la dixième *Satire* : comme l'escalier n'est pas éclairé, il faut qu'un valet vous y précède avec un flambeau; le diner est servi dans la salle même où l'on reçoit les invités; ils voient apporter la nappe et mettre le couvert; à la lueur d'une chandelle unique, les uns se mettent sur des chaises, les autres s'asseoient sur un banc, tandis que les chiens se couchent sous la table et que les valets circulent autour des convives, la serviette au bras, prêts à remplir les verres [2].

Quittez maintenant la salle avec Regnier et suivez-le dans les rues de Paris; elles ont à peu près la physionomie qu'elles auront au temps de Molière et de Boileau : il y fait crotté, au grand désespoir des valets de pied [3], et les honnêtes gens qui ne vont pas en carrosse se plaignent qu'il y pleuve souvent de telle manière

> Que les reins par despit leur servent de goutie e [4];

la chaussée est encombrée de terre, de bois, d'estançons, de platras, de pierres, de mortier, « au beau milieu duquel on se sent embourbé avant de s'apercevoir qu'on

1. *Satire* XI, 251.
2. *Satire* X, 101, 103, 104, 246, 269, 352, 236, 251.
3. *Satire* X, 72.
4. *Satire* X, 413.

soit tombé [1] », et les marchands d'habits étourdissent les passants en leur criant à l'oreille : *Vieux linge et vieux drapeaux* [2]! Votre Regnier à la main, continuez votre promenade à travers le Paris de 1608 ; vous allez passer devant la plupart de ses monuments, et d'un mot le poète vous en dessinera généralement la physionomie : voici les Gobelins, l'hospice des Quinze-Vingts, le Châtelet, la tour l'Évêque, le château de Bicêtre ; voici la cour du Palais, où s'assemblent les banquiers ; ses galeries, où l'on vend des livres ; l'hospice de la Charité, dans les cours duquel se chauffent au soleil soldats et capitaines estropiés par la guerre ; le Pont Neuf qui s'achève ; l'église Saint-Eustache, auprès de laquelle un monde interlope vit dans des chambres garnies [3] ; les églises des quartiers riches, qui servent aux rendez-vous, derrière les piliers desquelles

> . . . . on oyt mainte sornette,
> Où, comme dans un bal tout le monde caquette [4] ;

et voici enfin, de tous les monuments de Paris, celui dont le bon Regnier vous aurait enseigné le chemin avec le plus de plaisir, voici le cabaret de la Pomme de Pin, derrière les vitres duquel vous apercevrez, tout enluminés de « rubis balais rougissans de vin », se profiler les nez « authentiques » de maints buveurs très illustres et de maints libertins très précieux [5].

1. *Satire* XI, 330,
2. *Satire* X, 213.
3. *Satires* IV, 408 ; V, 54, 63, 53 ; X, 152 ; VIII, 122 ; II, 33 ; XI, 62 ; VIII, 161 ; XI, 254.
4. *Satire* VIII, 172. Rapprochez de ce texte de Regnier un quatrain des *Visions d'Aristarque*, pièce de 1606, qui figure dans les *Recueils de vers* de L'Estoile (publiées pour la première fois à la suite du *Journal* dans l'éd. de la *Librairie des bibliophiles*, t. XI) et dans les *Muses gaillardes* de 1609 :

> Je vois du haut du ciel Saint Honoré descendre
> Maudire ses voisins et son propre sejour
> Si par Edit public l'on ne vouloit deffendre
> Que dedans son Eglise on ne parlast d'amour.

5. *Satire* X, 158.

Est-ce que maintenant vous ne connaissez pas admirablement les personnages de Régnier? Est-ce que les costumes qu'ils portent, les lieux qu'ils fréquentent, ne vous semblent pas expliquer leur caractère? Mais, est-ce que cette façon de peindre les mœurs, en plaçant les hommes au milieu des accessoires associés à leur existence, n'est pas celle que nous préconisons aujourd'hui, celle dont nos romanciers nous ont appris à connaître les excès sans doute, mais aussi l'efficacité? Et, après cela, nous étonnerons-nous qu'à l'apparition des *Satires* de Régnier les contemporains aient crié au miracle, qu'élevant jusqu'aux nues la vérité ou, comme ils disaient, la « naïveté » de ses tableaux, ils aient mis sans façon leur poète au-dessus d'Horace? Non : leur enthousiasme n'était que trop légitime; car ils ne trouvaient pas dans notre littérature poétique une seule œuvre qui ressemblât à la sienne. A quoi pouvaient-ils la comparer en effet? Aux fabliaux et aux farces du moyen âge? mais personne à cette date ne les lisait plus. Aux *Satires* de Vauquelin? mais on y sentait constamment le procédé. Regnier travaillait sur des modèles vivants; il se promenait par les rues, l'œil au guet et l'oreille au vent; puis, rentré chez lui, il s'amusait à crayonner les grotesques qu'il avait rencontrés au passage; après quoi, il est vrai qu'il cherchait dans les anciens ou dans les Italiens un cadre pour y enfermer ses portraits, et que ce cadre était parfois bien conventionnel. Vauquelin s'y prenait tout autrement : il ouvrait son Horace ou son Arioste, choisissait une *Satire*, la traduisait mot à mot, en suivait le plan pas à pas et ne s'arrêtait que lorsqu'il se heurtait à quelque trait de mœurs trop antique ou trop italien : alors seulement il songeait à observer la réalité; mais, en fait, l'on sent bien qu'alors il se bornait à substituer des mots à des mots, à nommer « magistrats » ceux qu'Horace appelait « préteurs », à baptiser d'Auly, Darfin, d'Armont, le Rinieri, le Solonnio, le Lorenzo de l'Arioste,

sans que ces personnages devinssent plus Français pour
cela; et rien assurément n'est plus faux; mais, comme
rien n'est plus facile à démasquer que cette prétendue
façon de peindre les mœurs de son temps, les contemporains ne s'y trompèrent pas : ils ne songèrent nullement
à reconnaître dans Vauquelin de la Fresnaie le véritable
ancêtre de Mathurin Regnier.

Pouvaient-ils d'autre part décerner ce titre à du Bellay?
Oui, sans doute, jusqu'à un certain point : mais la peinture
des mœurs occupait dans les *Regrets* une place trop res-
treinte pour qu'on pût saluer dans leur auteur un rival des
satiriques anciens. Il est inutile de prolonger cette revue.

En 1608, rien dans ce que l'on connaissait alors de
notre littérature ne méritait d'être comparé aux *Satires*
de Regnier et l'on eut raison d'acclamer le jeune poète :
pour la première fois, en effet, la peinture des mœurs
rentrait dans la poésie française d'où elle avait disparu
depuis le moyen âge, et celui qui l'y faisait revivre la portait d'emblée à un degré de perfection que n'avaient jamais
soupçonné nos vieux trouvères.

Les applaudissements redoublèrent en 1612, quand on
lut dans la troisième édition des *Satires* les 298 vers dont
Regnier avait enrichi son livre. La *Satire* nouvelle était
courte; mais l'importance des œuvres ne se mesure pas
toujours à leur longueur. Toute une littérature romanesque
sortit du *Lazarille de Tormes* : de la « fameuse » *Macette*
allait dériver chez nous toute la comédie de caractères.

V

Plus d'une fois dans ses premières *Satires*, Regnier
avait touché aux ridicules qui sont de tous les temps. Il
n'est pas nécessaire de nous reporter par la pensée au
règne de Henri IV pour comprendre ses satires contre les
poètes faméliques et les courtisans vaniteux. Son pédant

lui-même n'a pas entièrement vieilli. Il y a en lui bien des traits d'une éternelle vérité. Dix ans après la mort de Regnier, Garasse déclara que cet impayable portrait de cuistre avait dû être tracé sur le modèle d'Étienne Pasquier[1]. Un demi-siècle plus tard, Charles Perrault soutint qu'il ressemblait à Boileau, et Boileau, qu'il ressemblait à Charles Perrault[2]. Y faudrait-il changer beaucoup de choses aujourd'hui pour que les gens de lettres continuassent à y voir la vivante image de leurs ennemis?

Cependant la dixième *Satire* appartient plutôt, comme la onzième, la huitième, la troisième et la deuxième, à la comédie de mœurs qu'à la comédie de caractères. Macette, au contraire, est à la fois de son temps et de tous les temps, également supérieure à ses deux modèles, à la Dipsas d'Ovide, qui n'est d'aucun siècle ni d'aucun pays, et à la courtisane de l'Arétin, qui est trop italienne et trop du xvi⁰ siècle pour que nous reconnaissions en elle nos contemporaines et nos concitoyennes.

La Dipsas d'Ovide n'est pas un être vivant. Ni son âge, ni son pays, ni sa profession ne se trahissent à son langage, ni même toujours à ses conseils. Elle a rarement le mot familier, la métaphore pittoresque, l'expression crue et cynique, comme il conviendrait à une femme du peuple élevée dans les mauvais lieux[3]. Elle n'est pas verbeuse, mielleuse, enveloppante, comme devrait l'être une vieille femme : « Ah, misère! dit-elle, ta toilette n'est pas en harmonie avec ta beauté. Je voudrais que tu fusses aussi heureuse que tu es belle[4]. » Quelle froideur et quelle

---

1. *Les Recherches des recherches et autres œuvres de M. Estienne Pasquier* (Paris, Sébastien Chappelet, MDCXXII), p. 112 et 114.
2. *Cinquième réflexion sur Longin.*
3. Je dis rarement, non jamais : voir les vers 51, 52, 63, 64.
4. Ovide, *Amores* I, viii, 26 :

> *Me miseram, dignus corpore cultus abest.*
> *Tam felix esses quam formosissima vellem.*

abstraction! Quel contraste entre ce langage incolore et
celui de Macette! Comme celui-ci est imagé! comme il est
chaud! et par conséquent, comme il est vrai!

> Mais tout ne respond pas au traict de ce visage
> Plus vermeil qu'une rose et plus beau qu'*une image* [1].
> Vous devriez, estant belle, avoir de beaux habits,
> Esclater de satin, de perles, de rubis.
> Le grand regret que j'ay! non pas, à Dieu ne plaise,
> Que j'en ay' de vous voir belle et bien à vostre aise :
> Mais pour moy je voudrois que vous eussiez au moins
> Ce qui peut en amour satisfaire à vos soins,
> Que cecy fust de soye et non pas d'estamine.
> Ma foy! les beaux habits servent bien à la mine.

Comme Macette sait bien qu'on ne séduit pas une jeune
femme en lui souhaitant vaguement le bonheur d'avoir
une toilette digne de sa beauté, mais qu'il faut lui mettre
cette toilette sous les yeux, en appelant chaque chose par
son nom! Aussi, avec quelle adresse fait-elle sonner aux
oreilles de sa protégée ces mots harmonieux de « perles »,
de « rubis », de « soie », de « satin », de « brillants »! Et
quelle vérité dans son geste, quand elle prend dédaigneu-
sement entre ses doigts la jupe grossière de la belle, qui
mériterait d'être vêtue de soie et non d'étamine! Dipsas
n'a aucune de ces habiletés. Elle s'imagine sans doute
avoir assez fait pour chatouiller la vanité de celle qui
l'écoute quand elle s'est écriée : « Et pourquoi ne plairais-
tu pas? Ta beauté est sans égale [2] ». Elle n'a pas senti
qu'aucune musique ne caresse plus voluptueusement l'âme
d'une jolie femme comme une série de mots qui lui disent
l'un après l'autre qu'elle est charmante. Molière ne s'y est
pas trompé. « Peut-on rien voir de plus agréable! dit don
Juan à Charlotte. Tournez un peu, s'il vous plaît. Ah! que

1. J'adopte la correction de M. Dezeimeris : voir le chapitre VIII, § 1.
2. Vers 25 :

> *Et cur non placeas? nulli tua forma secunda est.*

cette taille est jolie! Haussez un peu la tête, de grâce. Ah!
que ce visage est mignon! Ouvrez vos yeux entièrement.
Ah! qu'ils sont beaux! Que je voie un peu vos dents, je
vous prie! Ah! qu'elles sont amoureuses, et ces lèvres
appétissantes! Pour moi, je suis ravi, et je n'ai jamais vu
une si charmante personne. » Macette n'est guère moins
éloquente :

> Il vous ayme si fort! Aussi pourquoy, ma fille,
> Ne vous aimeroit-il? Vous estes si gentille,
> Si mignonne et si belle et d'un regard si doux,
> Que la beauté plus grande est laide auprès de vous.

Dipsas loue d'un mot le nouvel amant : « C'est un jeune
homme riche [1] »; elle ne comprend pas qu'elle devrait
insister, comme fait Macette, sur les qualités de sa personne et sur celles de sa bourse :

> . . . . un homme grand, adroit,
> Riche, et Dieu sçait s'il a tout ce qu'il vous faudroit!

Et pas plus qu'elle ne sait faire valoir l'amant qui peut
donner des écus, elle ne sait discréditer celui qui donne uniquement des chansons d'amour; elle se contente d'observer qu'Ovide est pauvre, tandis que Macette découvre en
Regnier tous les défauts capables de choquer une jeune
femme : il est crotté; il a mauvaise façon; il « va mélancolique »; il est méchant comme un satirique; fou, impie et
gueux comme un poète; enfin

> Il hante en mauvais lieux : gardez vous de cela,

insinue entre deux autres méchancetés cette bonne dévote,
qui n'a pas oublié sans doute ce qu'elle a donné à ses amis
en ces endroits-là.

[1]. Vers 23 :
> *Scis here te, mea lux, juveni placuisse beato*

Comme il arrive souvent à ceux qui ne traitent que superficiellement leur sujet, Ovide y a joint des développements superflus et d'un tout autre genre. Un tiers de son *Élégie* ressemble à un extrait de l'*Art d'aimer*, inséré là fort mal à propos. Car, si Dipsas se propose de pervertir une jeune femme jusqu'ici fidèle, comme il semble, à son amant, quelle maladresse d'entremêler aux arguments qui doivent la séduire des conseils que seule peut écouter une insigne pécheresse! Pourquoi lui recommande-t-elle « de refuser souvent ses nuits, d'alléguer tantôt un mal de tête et tantôt le culte d'Isis, de ne pas trop faire attendre son amant de peur qu'il ne prenne l'habitude de la patience et que l'amour souvent rebuté ne se ralentisse »? ou encore « de montrer de la colère contre l'amant qu'elle aura blessé, comme s'il l'avait blessée la première et de faire évanouir sa propre faute en lui reprochant la sienne »? Au lieu de lui apprendre le métier des courtisanes de bas étage, ne faudrait-il pas d'abord qu'elle lui persuadât de l'exercer? et personne ne conviendra que le début de son discours ait pu y suffire. Au reste Dipsas ne s'y prend aussi mal pour débaucher une fille que parce qu'elle n'a aucun intérêt, ni aucun plaisir à la détourner de sa foi. Il semble du moins qu'il en soit ainsi : car jamais à l'entendre parler d'argent et de toilette, on ne la voit s'animer comme devrait le faire une femme qui s'est passionnée autrefois pour des robes de soie et des bijoux et qui gémit de n'en plus porter; jamais son œil ne s'allume au souvenir de ces voluptés de l'amour auxquelles son âge l'a contrainte de renoncer. Et cependant, si le poète ne nous fait pas sentir qu'elle veut plonger la jeune femme dans la débauche parce qu'elle a conscience d'y avoir goûté elle-même mille délices, comment nous expliquerons-nous son rôle? Évidemment Ovide n'a pas su entrer dans les sentiments de son personnage; évidemment il était incapable de créer un être vivant.

Personne ne s'étonnera que cet infâme Arétin ait très
bien compris l'âme des courtisanes italiennes du xvi⁰ siècle : s'il en faut croire Berni, ses deux sœurs étaient
le plus bel ornement d'une maison consacrée aux plaisirs
des citoyens d'Arezzo. On ne reprochera donc pas à sa Nanna
de n'être, comme Dipsas, ni de son âge, ni de son sexe,
ni surtout de sa profession. On n'accusera pas son langage
de sécheresse, ni de monotonie. Quelle exubérance, au
contraire! quel caquet! et quel cynisme! quelle richesse de
vocabulaire! quelle chaleur de ton! Avec quel naturel les
souvenirs personnels se mêlent sans cesse aux conseils
dans les discours de la vieille pécheresse! Avec quelle
vérité cette femme, dépourvue de sens moral, mais non
d'amour maternel, applaudit aux futurs succès de sa fille et
s'amuse des tours pendables qu'elle jouera à ses dupes! Et
cependant, combien il s'en faut que Nanna vaille Macette!
Si Dipsas n'est d'aucun temps, Nanna est trop exclusivement du sien : de la peinture des mœurs, l'Arétin ne s'élève
jamais à la peinture des caractères.

Macette est de son temps et de tous les temps. A l'aide
de son discours, on peut refaire entièrement sa biographie
qui est celle de toutes les courtisanes. Jetée dans la
débauche par l'amour de l'argent et la soif de la volupté,
l'âge n'a fait qu'attiser en elle l'une de ces passions, sans
éteindre l'autre. Elle veut encore prendre sa part des joies
d'antan, mais avec moins de fougue, « plus de contentement », et surtout, s'il se peut, moins d'éclat. C'est pourquoi « d'un long habit de cendre enveloppant sa flamme »,
elle ne va plus « chercher la cour que dans les monas-
tères ». Hypocrisie bien humaine. Que de fois n'a-t-on pas
vu les pareilles de Macette prises de la nostalgie de la
considération, après avoir épuisé tous les plaisirs du scan-
dale! De nos jours elles essaient de se refaire une réputation d'honnêteté par le mariage. En un siècle chrétien,

une éclatante conversion était le moyen le plus efficace de
reconquérir l'estime publique. N'est-il pas aujourd'hui
encore de ces femmes qui, rentrées dans leur village,
décorent l'église de leurs deniers et, de leurs mains, cou-
ronnent les rosières? Si l'hypocrisie des personnages de
l'Arétin n'est qu'une simple ruse, celle de Macette est donc
née, on le sent, de ce besoin de réhabilitation qui est la
dernière passion des courtisanes usées par la vie; et rien
n'est plus naturel. Ce qui ne l'est pas moins, c'est que,
la courtisane survivant dans la dévote, elle mêle aux
formules de la piété les termes effrontés du vocabulaire
des mauvais lieux. Et ce qui ne l'est pas moins non plus,
c'est que, tout en mettant autant de zèle à détester publi-
quement les péchés de la chair, elle mette autant de
passion à encourager secrètement les autres à les com-
mettre. Comme toute douairière se complaît à combiner de
vrais mariages, toute vieille femme galante se délecte à en
combiner de faux; chez l'une et chez l'autre, c'est le même
plaisir très féminin de s'occuper, après la retraite, des
choses de l'amour, pour avoir l'occasion d'en parler encore;
et c'est la même satisfaction, si naturelle aux femmes
âgées, de nouer des intrigues, de prêcher la jeunesse, de
vanter leur expérience de la vie. Regnier a bien compris
tout cela : tandis que la Dipsas d'Ovide s'acquitte de son
rôle avec si peu de conviction et de passion qu'on ne voit
pas vraiment pourquoi elle le joue, le poète français nous
fait parfaitement sentir pourquoi toute courtisane se trans-
forme avec le temps en entremetteuse.

Le langage du personnage est admirablement approprié
à son caractère, et ici l'on peut dire que Regnier a été
servi jusque par ses défauts. Concis dans sa phrase, il
manque de sobriété dans le développement de sa pensée,
qu'il répète volontiers et parfois délaye : mais un peu de
surabondance ne messied pas dans la bouche d'une vieille
bavarde. Habile à forger des vers pleins, solides et vigou-

reux, tous façonnés sur le même type, notre poète ignore
l'art de construire une ample période : mais cette monotonie, qui n'exclut pas une certaine chaleur, loin de choquer dans le discours de Macette, y paraît une vérité de
plus; on ne s'étonne pas d'entendre des phrases senten-
cieuses tomber une à une des lèvres d'une vieille dévote,
à qui son âge et sa sainteté semblent donner doublement
le droit de prononcer des oracles :

> Qui donnera le plus, qu'il soit le mieux venu.
> Laissez la mine à part, prenez garde à la somme.
> Riche vilain vaut mieux que pauvre gentilhomme.

Enfin, si l'on peut estimer que Regnier abuse des proverbes
et qu'il trempe trop souvent son pinceau dans la boue, bref,
si l'on peut regretter qu'il exprime parfois ses propres
pensées dans un style digne de Macette, on comprendra
sans peine que, pour exprimer les siennes dans un langage
conforme à son caractère, il suffisait à Macette d'emprunter celui de Regnier

VI

Le personnage de Macette est unique dans l'œuvre de
Regnier, et ceci seul nous autorise à classer cette œuvre fort
au-dessous de celle de Molière. Car parmi les preuves du
génie, c'est encore la fécondité qui est la plus éclatante et
la plus sûre. Si *Andromaque* n'eût pas été suivie de tant de
chefs-d'œuvre, elle n'en eût pas moins été une merveilleuse
tragédie de caractères; mais les ennemis de Racine auraient
pu soutenir sans invraisemblance que l'amour avait été
sa seule inspiration, qu'il n'avait pas créé ses personnages,
qu'ayant rencontré autour de lui Andromaque et Hermione,
il avait simplement copié des modèles vivants. Ce qui

devait les confondre, c'est qu'il allait composer *Britannicus*
après *Andromaque*; après *Phèdre*, *Esther* et *Athalie*.
Regnier au contraire en resta à *Macette*, peu **après laquelle**
il est juste d'observer qu'il mourut. Mais eût-il vécu plus
longtemps, je doute qu'il eût abordé de nouveau la peinture
des caractères. Il fallait qu'il eût pour cela l'imagination
vraiment créatrice, et sa treizième *Satire* à elle seule ne
suffit pas à me convaincre qu'il fût doué de cette éminente
faculté : car il est évident que la part de l'imitation et des
souvenirs personnels est plus grande dans ce chef-d'œuvre
que celle de l'inspiration.

J'irai plus loin : je ne crois pas qu'on puisse mettre la
Macette de Regnier tout à fait au même rang que le Tartufe
et l'Harpagon de Molière, ni par conséquent que notre
poète ait porté à sa perfection la peinture des caractères.
Après lui, il restait en effet à créer des personnages, qui,
sans être plus vrais, fussent d'un intérêt plus général. Je
ne dis pas que les Macette soient rares. Mais il est évident — et je n'ai pas besoin d'insister — que pour rencontrer ces femmes, il faut aller les chercher là où elles
habitent, tandis que dans le monde des « honnêtes gens »
on est exposé à rencontrer Alceste, Tartufe et même Harpagon. Il ne manque rien sans doute au portrait de Macette;
mais, les êtres exceptionnels, hommes et choses, étant les
moins difficiles à distinguer des autres, sont sans doute
aussi les plus faciles à peindre. Si l'art de Regnier ne laisse
en soi rien à désirer, on peut donc imaginer un art moins
aisé et partant supérieur.

Enfin, je pense qu'on pouvait enfoncer plus avant dans
l'étude de l'hypocrisie en ne prenant pas pour héroïne une
courtisane. Ce qui restait à faire après Regnier, c'était
surtout de placer les caractères dans la condition sociale
où ils peuvent le mieux se développer[1]. Était-ce seulement

1. Voir Brunetière, *les Époques du théâtre français*, Paris, 1892, Calmann
Lévy. *Conférence sur Tartufe*.

pour donner plus de pompe tragique au langage de ses
héros que Racine mettait toujours en scène des rois et des
princesses? N'était-ce pas surtout parce que l'ambition ne
pousse de profondes racines que dans l'âme de ceux qui
peuvent aspirer à gouverner un royaume, parce que
l'amour n'exerce tous ses ravages que dans le cœur de
ceux qui, pour prouver leur passion, peuvent restaurer un
empire comme Pyrrhus, et comme Roxane offrir une couronne? Et pourquoi Molière, au lieu d'avoir fait d'Harpagon
un pauvre hère, nous l'a-t-il présenté menant un certain
train de vie, si ce n'est parce que son avarice doit nécessairement s'exaspérer avec les occasions de dépenses résul-
tant de ce train même? Pareillement, s'il est une condition
favorable à l'éclosion et à l'épanouissement de l'hypocrisie
de la religion, c'est celle de directeur de conscience. Tartufe n'est pas un directeur ecclésiastique; mais c'est un directeur, et par suite, il a tellement vécu dans la dévotion qu'il
en parle le langage naturellement, même quand il est
démasqué, même quand il fait à Elmire la déclaration d'une
flamme toute profane : à l'entendre prononcer les mots de
« foi », de « suavité », de « béatitude », on croirait qu'il
vient de relire dans son livre d'heures son acte d'amour
de Dieu. Chez Macette, au contraire, l'hypocrisie est une
seconde nature qui non seulement laisse subsister la première, mais qui s'évanouit parfois devant elle. A certains
moments on jurerait qu'elle a oublié sa dévotion. Elle
l'oublie en effet de temps à autre, et ceci est admirablement observé. En faut-il conclure que Regnier n'a pas prétendu tracer le caractère de l'hypocrite, mais celui de la
courtisane qui, après avoir vécu dans l'infamie, entend
sauver sa réputation en vieillissant sous la bure et en
mourant sur la cendre? C'est évident. Seulement on avouera
alors que ces femmes-là n'ayant pas l'âme très compli-
quée, il faudra plus d'art, ou, si l'on veut, un art différent
et supérieur, pour concevoir le caractère moins simple

d'un père de famille avare, amoureux d'une fille pauvre,
ou d'un misanthrope épris d'une coquette. Pour voir dans
Macette la courtisane plutôt que l'hypocrite, je ne chan-
gerai donc rien à ma conclusion : après Regnier, il restait
à introduire, dans notre littérature, des caractères non seulement moins exceptionnels, mais aussi plus complexes,
dont les éléments fussent, non pas mieux fondus, mais
plus nombreux.

CHAPITRE VI

LA PEINTURE DES MŒURS ET DES CARACTÈRES DANS LES SATIRES
DE REGNIER (SUITE) : LA MISE EN OEUVRE

I. Le peintre. — II. Le narrateur. — III. L'auteur dramatique.

Si Regnier est de tous les poètes français « celui qui a
le mieux connu avant Molière les mœurs et le caractère
des hommes », ces hommes dont il connaît si bien les
mœurs et le caractère, sait-il les peindre? sait-il les faire
agir? sait-il les faire parler?

Il ne possède pas ces facultés au même degré. Peintre
incomparable, il n'a pas toutes les parties d'un conteur,
ni surtout celles d'un auteur dramatique. Non seulement,
ses récits ont les défauts — longueurs, répétitions, monotonie des tours, obscurités — inhérents à un art non adulte
encore; mais ils manquent en partie de vérité, soit par
insouciance du poète qui ne prenait pas ses sujets au
sérieux, soit parce qu'il ne savait pas se représenter dans
tout son développement l'action qu'il imaginait. En outre,
les dialogues y sont trop clairsemés : nous ne voyons pas
chez Regnier, comme chez Rabelais, des scènes de comédie
sortir à chaque instant de la narration.

I

Peintre, Regnier l'est en perfection. Il l'est autant que Rabelais. Il l'est beaucoup plus que l'auteur du *Lutrin*, du *Repas ridicule* et des *Embarras de Paris* auquel on aime à le comparer en les qualifiant tous les deux de réalistes.

Assurément, ils n'appartiennent ni l'un ni l'autre à la famille de ces artistes à qui les prés et les forêts révèlent leur âme obscure. Dans la nature, l'un n'a jamais goûté que la poésie familière de son jardin d'Auteuil; et l'autre n'a su dépeindre avec originalité que le spectacle pittoresque d'une nuit sans lune, pendant laquelle il tombait une telle averse du haut des toits parisiens

> Que les chiens alterez pouvoient boire debout [1].

En bon écolier de la Pléiade il a fait quelque part sa description du printemps; mais, s'il a rencontré d'heureux traits, ils lui ont été inspirés par la lecture de Ronsard, non par ses émotions personnelles :

> Mais aux jours les plus beaux de la saison nouvelle,
> Que Zephire en ses rets surprend Flore la belle,
> Que dans l'air les oyseaux, les poissons en la mer,
> Se pleignent doucement du mal qui vient d'aymer,
> Ou bien lors que Ceres de fourment se couronne,
> Ou que Bacchus souspire amoureux de Pomone [2]....

Et pas plus que Boileau, Regnier n'avait assez de délicatesse dans l'âme pour se laisser séduire à tout ce que le « fœminin ouvrage » a de plus gracieux. Dans ce sexe, créé, à ce qu'il prétend, pour trahir le ciel et les amours, cet avocat du naturel, ce soi-disant admirateur des visages

1. *Satire* X, vers 405 et suiv., éd. Courbet, p. 86.
2. *Satire* XV, vers 37 et suiv., éd. Courbet, p. 121.

« lavés d'eau claire », n'a au fond rien tant apprécié que
les « douces malices » des beautés « sçavantes en l'amoureux plaisir[1] ». Évidemment, si le mot réalisme signifie
impossibilité de se complaire aux choses poétiques, Regnier
et Boileau doivent être rangés avec les petits hollandais
parmi les peintres de magots. Mais entre eux, comme
entre certains maîtres de l'école hollandaise, quelle différence dans les procédés et dans le choix des sujets ! Et,
malgré sa prédilection pour des modèles vulgaires, comme
il s'en faut que Regnier mérite entièrement le nom qui
convient si bien à Boileau, si l'on entend par réalistes
ceux dont l'art se borne à reproduire fidèlement et scru-
puleusement, sans l'altérer ni l'interpréter, ce qu'ils ont
sous les yeux !

« Réaliste dans toute la force, ou, si l'on veut, dans toute
l'étroitesse du mot », observe excellemment M. Lanson,
« Boileau rend ce qu'il a perçu comme il l'a perçu[2]. » Regnier
a assez d'imagination et pour se représenter ce qu'il n'a
pas vu, et pour donner une forme sensible à ce qui ne
peut se voir, et surtout pour animer tout ce qu'il a vu, en
le reproduisant : il a pleinement le don de la vie, c'est-
à-dire du mouvement.

Pour un peintre qui a le don de la vie, il n'y a pas de
plus beau sujet que l'homme agissant. C'est le sujet favori
de Regnier, disciple à cet égard de Rabelais et parent de
tous les grands artistes de la Renaissance. Moins curieux
du décor que des personnages, ce qui l'intéresse en eux,
ce ne sont pas précisément les traits du visage, c'est
l'expression que ce visage prend pendant l'action :

> . . . . un gros vallet d'estable,
> Glorieux de porter les plats dessus la table,

---

1. Voir la *Satire* VII.
2. Lanson, *Boileau (Collection des Grands Ecrivains)*, p. 53.

> D'un nez de Majordome et qui morgue la faim,
> Entra serviette au bras et fricassee en main,…
>
> Il va mélancolique et les yeux abaissez
> Comme un Sire qui plaint ses parens trepassez [1].

Et ce qui d'ordinaire frappe ses regards dans un costume, ce n'en est ni la forme ni la couleur, mais surtout la façon dont le porte son propriétaire :

> Un valet *se levant le chapeau de la teste*
> Nous vint dire tout haut que la souppe estoit preste.
>
> Un de ces iours derniers par des lieux destournez
> Je m'en allois resvant *le manteau sur le nez.*
>
> Aprenons à mentir,…
> Faire la court aux grands et dans leurs antichambres,
> *Le chapeau dans la main*, nous tenir sur noz membres [2].

Notre poëte dessinera d'ailleurs d'un trait aussi juste cet individu qui rêve immobile, les yeux au plafond, « faisant la moue aux chimères en l'air », et cet autre « doublant le pas, comme un qui fend le vent » [3]. Comme il sait bien nous faire voir la plaisante démarche de ces trois bonnes femmes qui

> Vinrent à pas contez comme des erignees !

Comme il est heureux en nous montrant la folle allure d'un poète qui vous tombe sur les bras dans un carrefour !

> Cepandant sans souliers, ceinture, ny cordon,
> L'œil farouche et troublé, l'esprit à l'abandon
> Vous viennent acoster comme personnes yvres
> Et disent pour bon-jour : « Monsieur, je fais des livres » [4].

Des deux présentations du pédant, on ne sait laquelle est la mieux réussie : si c'est la première, quand pénétrant « à

---

1. *Satire* X, vers 258; *Satire* XIII, vers 239; éd. Courbet, p. 81 et 111.
2. *Satires* X, 246; X, 33; IV, 30; éd. Courbet, p. 81, 75, 31.
3. *Satires* X, 305; X, 125; éd. Courbet, p. 85, 86.
4. *Satires* XI, 32; II, 129; éd. Courbet, p. 89 et 18.

l'estourdi » dans la salle obscure, ce sot « faict à la fourche »
laisse « choir son chappeau » pour saluer l'assistance, fait
« comme un entre-chat avec un escabeau »

> Et grondant se fascha qu'on estoit sans lumiere;

ou si c'est la seconde, quand la chandelle faisant étinceler
les rubis de son nez, resplendir le rouge qui borde ses
yeux, ressortir les arabesques dessinées par la teigne sur
sa robe illustre et vénérable, il s'avance vers notre poète
du pas majestueux qui convient à l'arrière-petit-fils de dix
Catons et de quatre-vingts préteurs :

> Ainsi ce personnage en magnifique arroy
> Marchant *pedetentim* s'en vint jusques à moy,
> Qui sentis à son nez, à ses levres décloses
> Qu'il fleuroit bien plus fort, mais non pas mieux que roses [1].

Et de ces deux individus, crayonnés dans l'exercice de
leur profession, on hésite à dire quel est le mieux attrapé,
de l'avocat qui se tient debout dans un parquet « une
cornete au col », ou du médecin dont on voit tour à tour
la main se promener sur le corps du malade, rédiger
l'ordonnance, tirer le bonnet doctoral pour saluer le
client, enfin s'entr'ouvrir lestement pour se serrer aussitôt
sur l'écu qu'elle vient de recevoir et qu'elle a l'air de
refuser [2]. A quoi bon multiplier les exemples? Si l'on
voulait en épuiser la liste, des *Satires* entières y passeraient.
Quelles que soient les poses, les attitudes, les allures,
par où la vie se manifeste, elles sont toujours saisies avec
la même sûreté de coup d'œil et fixées sur la toile avec la
même précision.

Apte à copier la nature sans savoir l'animer, moins
capable par conséquent de rendre le mouvement que les
contours, les formes et les couleurs, Boileau était né pour

---

1. *Satire* X, vers 91 et 216, éd. Courbet, p. 77 et 80.
2. *Satire* IV, vers 51, éd. Courbet, p. 31.

peindre les choses, et les choses immobiles, plutôt que pour peindre les hommes. Jamais, en effet, il n'a manié le pinceau avec plus de fermeté, d'audace et de bonheur, que lorsque, s'enfermant dans les limites de l'art auquel son astre l'avait destiné, il a pris pour modèle une cruche au large ventre [1] ou un poulet rôti. « Rappelez-vous avec quelle franchise hardie d'expression il nous présente dans son *Repas ridicule* tous les plats qui défilent : le potage où parait un coq, les deux assiettes,

> . . . . dont l'une étoit ornée
> D'une langue en ragout de persil couronnée,
> L'autre d'un godiveau tout brulé par dehors
> Dont un beurre gluant inondoit tous les bords ;

le rôt où trois lapins de choux s'élevaient

> Sur un lièvre flanqué de six poulets étiques....

et les salades :

> L'une de pourpier jaune et l'autre d'herbes fades,
> Dont l'huile de fort loin saisissoit l'odorat
> Et nageoit dans des flots de vinaigre rosat ;

et le jambon de Mayence, avec les deux assiettes qui l'ac- compagnent,

> L'une de champignons avec des ris de veau
> Et l'autre de pois verts qui se noyoient dans l'eau.

Nous savons le goût et la composition des sauces ; le poète nous dit le jus de citron mis dans la soupe, la muscade et le poivre des sauces trop épicées, la blancheur molle et fade du lapin, le goût plat du petit vin d'Orléans [2]. » Il est vrai ; mais, si l'on excepte le fameux laquais qui marche comme un recteur suivi de quatre facultés, nous ne connaissons ni

1. *Lutrin*, I, 124.
2. Lanson, *op. laud.*, p. 58.

les convives, ni les valets. Avec quelle verve, au contraire, Regnier fait défiler devant nous tous ses personnages dans leurs attitudes successives : l'un émiettant du pain entre ses doigts, l'autre ayant pour saisir les bons morceaux dans le plat deux fois autant de mains que Briarée, ceux-là se faisant passer l'épaule de mouton qui glisse entre leurs mains comme la navette entre les fils ! Je ne méprise pas l'art de Boileau. Mais, comme un repas est sans doute plus facile à décrire que ceux qui le mangent, je ne pense pas qu'il faille mettre dans la hiérarchie des peintres un peintre de nature morte au rang d'un portraitiste, ni à plus forte raison d'un artiste qui peint l'homme dans l'action, ni par conséquent Boileau au rang de Regnier.

Ce serait d'autant plus injuste qu'abordant, quand il lui plaît, les sujets de Boileau, Regnier sait prêter une physionomie autrement puissante aux objets inanimés : à un tabouret de paille,

> Qui s'estoit sur trois pieds sauvé de la bataille,

à deux bouteilles,

> Qui disoient sans goulet : « Nous avons trop vescu [1] »,

au teint d'un visage ou à l'éclat d'un œil :

> Son teint mortifié presche la continence....
> Son œil tout penitent ne pleure qu'eau beniste [2].

Cette aptitude à animer les choses insensibles a permis au poète de renouveler le portrait du pédant italien en le copiant. Tout prend une vie intense dans le visage et le costume du cuistre de la *Satire* X : tout agit et tout parle : et le nez « qui presche la vendange » et assure « en sa trongne »

> Qu'un jeune Medecin vit moins qu'un vieux yvrongne ;

1. *Satire* XI, 189-190, 191-192, éd. Courbet, p. 93-94.
2. *Satire* XIII, 18 et 30, éd. Courbet, p. 105-106.

et les yeux qui dirigent la jeunesse; et l'épaule qui fait la guerre à la tête; et les gants déchirés qui semblent crier en se moquant : « Vieux linge et vieux drapeaux! »; et le morceau tout entier est enlevé avec tant de verve qu'on pardonne à Regnier des exagérations fantaisistes qui chez Caporali ont paru excessives même aux Italiens.

Regnier n'avait cependant vu nulle part ce visage de pédant qu'il réussit à nous faire voir. Mais il avait le don souverain. En partie dénué de l'imagination créatrice particulière aux poètes dramatiques, il avait celle qui est le privilège des grands peintres : il pouvait se figurer un personnage sans l'avoir contemplé de ses propres yeux, reconstituer un spectacle sans y avoir assisté en personne. Il sait même donner un corps à l'immatériel, à ce que personne n'a jamais vu, ni ne verra jamais. Il revêt d'une forme sensible nos idées et nos passions, nos désirs qui « blanchissent comme notre poil », l'ambition « qui nous tire l'oreille pendant la nuit », la vertu que « son habit décousu montre à demi nue », le vice

> Qui va comme un banquier en carosse et en housse [1].

Et, comme un simple mot lu chez un modèle suffit à éveiller pleinement en lui la faculté de se représenter les choses invisibles, la tourmente qui emporte au gouffre du plaisir la barque d'Ovide devient pour lui un véritable orage : son regard perçoit nettement sa nef qui erre

> A la triste mercy de la vague indomtée
> Sans cordes, sans timon, sans etoille ny jour,

pendant que l'amour « content de son mal et joyeux de sa perte »,

> Se rit de voir de flots sa poitrine couverte,

[1]. *Satires* V, 120; XII, 11; II, 18.

et que lui-même « nageant sur les flots et relevant la
teste »,

> ...semble depiter, naufrage audacieux,
> L'infortune, les vents, la marine et les Cieux [1].

Voilà comment une comparaison, banale en provoquant
dans l'esprit de Regnier une véritable vision, s'est transformée en un tableau vivant. Jamais Boileau n'a su ni
évoquer l'image des objets qui n'avaient pas effectivement
frappé son œil, ni surtout faire tomber sous nos sens ce
qui ne paraît pas susceptible d'y pouvoir tomber.

Non plus que les mêmes sujets, deux peintres d'un tempérament aussi différent que Boileau et Regnier ne sauraient avoir le même style descriptif. Boileau, comme un
homme qui voit net et cherche à copier exactement le contour des choses, a une incomparable précision de dessin.
Disons tout simplement que sans périphrases, sans comparaisons, sans métaphores, sans aucun autre secours que
celui du mot propre et du rythme, il vous met un objet
sous les yeux.

Dans l'art de croquer un portrait à la manière classique,
avec des mots bien choisis et bien entourés, un peu de
couleur et un trait final, Regnier sans doute, au besoin,
ne le cède à personne :

> Un autre, renfroigné, resveur, mélancolique
> Grimassant son discours, semble avoir la colique,
> Suant, crachant, toussant, pensant venir au point,
> Parle si finement que l'on ne l'entend point.
> Un autre ambitieux pour les vers qu'il compose
> Quelque bon benefice en l'esprit se propose,
> Et, dessus un cheval comme un singe attaché,
> Meditant un sonnet medite une Evesché [2].

N'est-ce pas là du La Bruyère en vers? de l'Horace en
français? N'est-ce pas là plutôt de l'excellent Molière? Car,

1. *Satire* VII, 158-168, éd. Courbet, p. 57.
2. *Satire* II, 155-162, éd. Courbet, p. 18-19.

la grande scène des portraits au deuxième acte du *Misanthrope*, qu'est-elle donc sinon une *Satire* de Regnier mise
en action? Aussi, lorsqu'après avoir entendu ces vers :

> C'est un parleur étrange et qui trouve toujours
> L'art de ne vous rien dire avec de grands discours ;
> Dans les propos qu'il tient on ne voit jamais goutte
> Et ce n'est que du bruit que tout ce qu'on écoute ;

Clitandre félicite Célimène d'être « admirable à bien
peindre les gens », est-ce que Mathurin Regnier ne pourrait pas prendre sa part du compliment flatteur adressé à
son élève?

Mais Regnier n'est pas un pur classique. Loin de là : il
est pour cela trop coloriste. Il n'est pas plus tôt en présence
de la réalité que son imagination part en campagne. Une
attitude lui rappelle aussitôt une autre attitude; la vue
d'un spectacle fait surgir immédiatement devant ses regards
un second spectacle, à l'aide duquel il décrira le premier,
avec plus de brièveté que Boileau et plus d'éclat. Je veux
dire que sous la plume de notre poète les comparaisons
jaillissent sans cesse, aussi justes, aussi expressives,
aussi originales que sous celle de Rabelais. Ni Panurge
transi de peur et « remuant les babines comme un singe
qui cherche poulx en tête » ; ni le bucheteur, retrouvant
sa cognée perdue, reconnaissant sa marque et tressaillant
de joie, « comme un renard qui rencontre poulles esgarees
et soubriant du bout du nez » ; ni Frère Jean assis à la
table de l'évêque Homenas, où le service était fait par de
jolies filles, et « les regardant de cousté comme un chien
qui emporte un plumail [1] », ne sauraient faire oublier ce
jeune bellâtre

> Changeant sur l'un des pieds à toute heure de place
> Et dansant tout ainsi qu'un barbe encastelé,

—————

1. IV, 67; *Prologue* du IVᵉ livre: IV, 51.

et qui mettra tout à l'heure « ainsi qu'un pot les mains
sur les rognons »; ou Regnier lui-même, un jour allongeant l'échine « comme un asne restif », laissant choir la
tète « comme un bœuf qu'on assomme », devenant « aussi
fier qu'un chat amadoué », et un autre jour, « dispos du
talon, allant comme un chat maigre » ou

> Resvant comme un oyson qu'on mene à la pature [1].

Parfois Regnier nous emporte dans le monde de la pure
fantaisie. Il arrive alors que son imagination outre les
ridicules des choses avec une telle extravagance qu'elles
en deviennent méconnaissables, et je ne suis pas de ceux
qui approuvent ces écarts; mais, le plus souvent, le peintre
garde instinctivement dans son audace un tel sentiment
de la réalité que l'exagération des traits ne réussit pas à la
déformer. N'est-il pas certain, par exemple, qu'à travers
l'énormité de la caricature suivante on aperçoit la vraie
figure des personnages?

> En tout, elles n'avoient seulement que deux yeux,
> Encore bien flétris, rouges et chassieux,
> Que la moitié d'un nez, que quatre dents en bouche,
> Qui durant qu'il fait vent branlent sans qu'on les touche.
> Pour le reste, il estoit comme il plaisoit à Dieu ;
> En elles la santé n'avoit ny feu, ny lieu [2].

Avant Regnier ce mélange audacieux d'imagination et
de réalité dans la peinture des hommes et des choses ne
s'était rencontré chez nous que dans le *Pantagruel*; après
lui, si l'on excepte *l'Étourdi* et *les Folies amoureuses*, il
faudra attendre deux siècles pour qu'il reparaisse.

Je ne veux pas dire que notre littérature classique ne
compte aucun peintre égal à Regnier. Pleinement doué
comme lui du sens de la vie, capable à la fois, comme lui,

1. *Satires* VIII, 25, 92, 88, 102, 36 ; XI, 327 ; II, 220 ; éd. Courbet, p. 59,
61, 59, 97, 20.
2. *Satire* XI, 71-78, éd. Courbet, p. 90.

de peindre l'homme dans l'action et d'animer les êtres
insensibles, le vent et le soleil, l'eau et les arbres, La Fontaine a sur Mathurin l'éclatante supériorité de savoir tout
rendre : la grâce exquise d'une princesse « que l'herbe
auroit portée », si bien

> Qu'une fleur n'auroit pas
> Reçu l'empreinte de ses pas,

comme la laideur pittoresque d'un jupon « crasseux et
détestable ». Mais, pas plus que Boileau, La Fontaine n'a
les procédés de Regnier. Il peint sans comparaisons ni
figures, par la propriété et l'ordre des mots, par l'incroyable
justesse du rythme :

> Un pauvre bûcheron, tout convert de ramée,
> Sous le faix du fagot aussi bien que des ans
> Gémissant et courbé, marchoit à pas pesans
> Et tâchoit de gagner sa chaumine enfumée.

C'est par exception qu'il use d'une comparaison imprévue
et neuve à la Regnier :

> On lui lia les pieds; on vous le suspendit;
> Puis cet homme et son fils le portent *comme un lustre*.

Plus souvent, par un art différent de celui du satirique,
plus difficile d'ailleurs et plus puissant, il condense toute
une comparaison dans un mot, appliquant au besoin de
dormir le mot qui désigne le besoin de manger :

> . . . . et couroit droit au lit
> Où de tout leur sommeil, *de tout leur appétit*,
> Dormoient les deux pauvres servantes;

ou désignant le ventre d'une belette engraissée par les
mots qui s'appliquent aux joues trop grosses :

> La voilà pour conclusion
> Grasse, *mafflue et rebondie* [1].

1. *Mafflu* signifie « qui a de grosses joues ». Furetière donne aussi le
sens de « qui a le corps replet » : mais il est évident qu'il a en vue le vers
de La Fontaine.

Alfred de Musset a dit de Regnier qu'il était « l'immortel devancier de l'immortel Molière ». En tant qu'observateur des mœurs, Regnier est en effet l'ancêtre de Molière et de La Fontaine. Mais, comme peintre, c'est, plus encore qu'à Boileau et au fabuliste, à Alfred de Musset lui-même qu'il fait songer ; car avec plus de goût, plus de facilité, plus de grâce, mais moins d'imagination peut-être, rien ne rappelle mieux les tableaux des *Satires* que ceux de *Don Paez* :

> Connaîtriez vous point, frère, dans une rue
> Déserte, une maison sans porte, à moitié nue,
> Près des barrières, triste ; on n'y voit jamais rien,
> Sinon un pauvre enfant fouettant un maigre chien,
> Des lucarnes sans vitre et par le vent cognées
> Qui pendent comme font des toiles d'araignées....
> Ainsi qu'on voit souvent sur le bord des marnières,
> S'accroupir vers le soir de vieilles filandières,
> Qui d'une main calleuse agitant leur coton,
> Faibles sur le genou laissent choir leur menton ;
> De même l'on dirait que par l'âge lassée,
> Cette pauvre maison, honteuse et fracassée,
> S'est accroupie un soir au bord de ce chemin....
> Point de lit au dedans. Une fumée étrange
> Seule dans ce taudis atteste qu'on y mange....
> Des pots ; mille haillons ; et sur la cheminée,
> Où chantent les grillons la nuit et la journée,
> Quatre méchants portraits pendus, représentant
> Des faces qui feraient fuir en enfer Satan [1].

II

Regnier était né peintre : sa première *Satire* (*Satire* II), si diffuse, si mal composée, où les idées se suivent si

[1]. Comparer la *Satire* XI de Regnier. Ces lignes étaient écrites quand a paru l'*Alfred de Musset* de la *Collection des Grands Écrivains*. On y lit à la p. 43 : « Musset nommait Regnier son premier maître, et il y a en effet du Regnier dans plus d'un passage, par exemple dans la comparaison des fileuses :

« Ainsi qu'on voit souvent, etc. »

Je suis heureux de m'être rencontré avec M. Arvède Barine.

mal, contient une série d'excellents croquis; il n'a jamais mieux peint. Il n'était pas né conteur comme Rabelais, dont les récits, surchargés cependant de parenthèses et d'incidentes, marchent admirablement à leur dénouement. C'est que Rabelais savait se représenter les actions imaginaires telles qu'elles avaient dû être et les voir tout entières par l'esprit dans leur mouvement continu. Regnier ne possédait cette qualité qu'à demi.

Ce qu'il fait le mieux, c'est, comme l'autre, « son commencement ». De même qu'il excelle à poser une question ou à entamer une discussion, il excelle à introduire ses personnages :

> Un de ces jours derniers, par des lieux destournez
> Je m'en allois resvant, le manteau sur le nez,
> L'âme bizarément de vappeurs occupee,
> Comme un Poëte qui prend les vers à la pippee.
> En ces songes profonds où flottoit mon esprit,
> Un homme par la main hazardement me prit,
> Ainsi qu'on pourroit prendre un dormeur par l'oreille,
> Quand on veut qu'à minuict en sursaut il s'esveille [1].

Certaines parties de la narration sont chez lui très vivement enlevées :

> Je descends doucement, pied chaussé l'autre nu,
> Et me tapis d'aguet derriere une muraille.
> On ouvre, et brusquement entra ceste quenaille
> En humeur de nous faire un assez mauvais tour.
> Et moy, qui ne leur dist ny bon soir, ny bon jour,
> Les voyant tous passez, je me sentis alaigre :
> Lors, dispos du talon, je vais comme un chat maigre,
> J'enfile la venelle et, tout leger d'effroy,
> Je cours un fort long-temps sans voir derriere moy,
> Jusqu'à tans que trouvant du mortier, de la terre,
> Du bois, des estançons, mains plâtras, mainte pierre,
> Je me sentis plustost au mortier embourbé,
> Que je ne m'aperçeus que je fusse tombé [2].

1. *Satire* X, vers 33-40, éd. Courbet, p. 75.
2. *Satire* XI, vers 320-333, éd. Courbet, p. 91.

On peut même dire qu'en général il évoque parfaitement l'image des faits qu'il a vus de ses propres yeux. Aussi son meilleur récit est-il peut-être sa onzième *Satire*, qui, faite presque tout entière d'après ses souvenirs, est composée de morceaux bien venus. Mais celui-là seul a le génie d'un conteur qui peut dans la narration d'un événement fictif subordonner les parties au tout comme un homme qui en saisit l'enchaînement par une vision intérieure. Deux exemples nous prouveront que Regnier fut en partie dépourvu de cette sorte de génie, et je ne le prendrai pas en traître : je choisirai hardiment les deux récits que ses admirateurs fanatiques considèrent comme les meilleurs, la fable *du Loup, de la Lionne et du Mulet*, et la *Satire* de *l'Importun*.

On a dit, au moins une fois [1], que cette fable était le chef-d'œuvre de Regnier. Elle est assez courte pour qu'on puisse la citer entièrement :

> Jadis un loup,.... que la faim epoinçonné,
> Sortant hors de son fort, rencontre une lionne,
> Rugissante à l'abord, et qui montroit aux dens
> L'insatiable faim qu'elle avoit au dedans.
> Furieuse elle aproche, et le loup, qui l'avise,
> D'un langage flateur luy parle et la courtise.
> Car ce fut de tout tans que ployant sous l'effort
> Le petit cede au grand et le foible au plus fort.
> Luy, dis-je, qui craignoit que, faute d'autre proye,
> La beste l'attaquast, ses ruses il employe.
> Mais en fin le hazard si bien le secourut
> Qu'un mulet gros et gras à leurs yeux aparût.
> Ils cheminent dispos croyant la table preste
> Et s'aprochent tous deux assez pres de la beste.
> Le loup, qui la congnoist, malin et deffiant
> Luy regardant aux pieds luy parloit en riant :
> « D'où es-tu? qui es-tu? quelle est ta nouriture?
> Ta race, ta maison, ton maistre, ta nature? »

1. James de Rothschild, *Essai sur les Satires de Mathurin Regnier* (Paris, 1863, Aubry), p. 28.

> Le mulet, estonné de ce nouveau discours,
> De peur ingénieux, aux ruses eut recours,
> Et comme les Normans sans luy repondre : « voire! »
> « Compere, ce dit-il, je n'ay point de memoire,
> Et comme sans esprit ma grand mere me vit
> Sans m'en dire autre chose au pied me l'escrivit. »
> Lors, il leve la jambe au jaret ramassée
> Et d'un œil innocent il couvroit sa pensée,
> Se tenant suspendu sur les pieds en avant.
> Le loup, qui l'aperçoit, se leve de devant,
> S'excusant de ne lire avecq' ceste parolle
> Que les loups de son tans n'alloient point à l'ecolle :
> Quand la chaude lionne à qui l'ardante faim
> Alloit precipitant la rage et le dessein,
> S'aproche plus sçavante en volonté de lire.
> Le mulet prend le tans, et du grand coup qu'il tire
> Luy enfonce la teste, et d'une autre façon
> Qu'elle ne sçavoit point luy aprit sa leçon.
> Alors le loup s'enfuit, voyant la beste morte,
> Et de son ignorance ainsi se reconforte :
> « N'en desplaise aux Docteurs Cordeliers, Jacopins,
> Pardieu! les plus grands clercs ne sont pas les plus fins. »

Ne nous laissons pas séduire par les mots spirituels et les tableaux pittoresques qui font le charme de cet apologue, et voyons seulement si, dans son ensemble, le récit est vraisemblable et bien conduit.

Les personnages de la fable italienne, qui a servi de modèle à Regnier, étaient un loup, un renard et un mulet[1]. Le poète substitue une lionne au loup et un loup au renard. Changements justifiables à la rigueur, si l'on considère uniquement l'idée générale de la *Satire* à laquelle ce récit sert de conclusion. Regnier refuse de se remettre à l'étude et de s'enrôler dans le savant bataillon des poètes de cour, préférant vivre pauvre, ignorant et libre. La lionne, furieuse, ardente, et sotte malgré sa science, représente assez bien, si l'on veut, l'homme de cour. Fier, indépendant, peu sociable, ennemi de toute

---

1. Ménage cite trois versions italiennes de cette fable : Egidio Menagio, *Modi di dire italiani* (Genève, 1685, in-f°), p. 9.

gêne, le loup est tout le portrait d'un poëte qui aime mieux faire maigre chère à la Pomme de Pin et courir ensuite où il voudra, que recevoir force reliefs à la table du roi. Mais si, oubliant le fond de la *Satire* III, nous ne songeons qu'à la fable même, trouverons-nous que les personnages en sont bien choisis? Ils le sont si mal, qu'il n'en est pas un seul qui n'agisse constamment contre ses mœurs et ses instincts. Sans compter en effet que, lorsque le « hasard » ne se mêle pas de les « secourir », les lionnes, les loups et les mulets ne se rencontrent guère dans les mêmes parages, on ne s'attendait pas qu'un mulet déployât tant de finesse, ni qu'une lionne donnât aussi niaisement dans un piège; l'on est surtout choqué de voir que la nature ayant créé, semble-t-il, le loup brutal et sombre, le poète l'ait rendu rusé, spirituel, flatteur et gai. Faut-il après cela s'étonner que, n'ayant pas tenu compte des mœurs véritables de ses animaux, il n'ait pas su leur donner un caractère bien défini, et par suite que beaucoup de leurs actes, ou ne s'expliquent pas, ou s'expliquent mal? Est-il naturel que les deux carnassiers ne se jettent pas immédiatement sur un ennemi plus faible qu'eux? Est-il vraisemblable que la lionne affamée n'ait pas dévoré le loup? Est-il vrai que la peur rende ingénieux les mulets, c'est-à-dire les sots? Pourquoi le mulet appelle-t-il le loup « compère »? Pourquoi ces animaux se tutoient-ils? Et, si ce n'est peut-être que Regnier remplissait ses vers comme il pouvait, que signifie ce long discours :

> D'où es-tu? qui es-tu? quelle est ta nouriture?
> Ta race? ta maison? ton maistre? ta nature?

Est-ce sur ce ton inquisitorial qu'un être « malin et deffiant » s'adresse à quelqu'un qu'il veut amadouer? Bref, prenez l'action à quelque moment que ce soit et prêtez aux animaux des actes conformes à leurs instincts naturels : ou vous supprimez la fable, ou vous changez le dénouement.

Et puis, que de lenteur dans le récit ! que de détails inutiles !

> Ils s'aprochent tous deux assez pres de la beste....

Puisqu'ils lui parlent, n'est-il pas clair qu'ils s'en sont approchés ?

> Quand la chaude lionne. .   .   .   .   .   .
> S'aproche plus sçavante *en volonté de lire.*

A quoi bon ces derniers mots ? car, à ce moment de l'action, pour quelle autre cause s'approcherait-elle, sinon pour lire ? Enfin, quelle gaucherie dans ce début où le poète, probablement afin de définir le caractère des deux principaux personnages, prend le récit avant que l'action se dessine, nous engage sur une fausse piste et semble préparer une tout autre fable que celle qu'il va nous conter !

> Jadis un loup... que la faim époinçonne
> Sortant hors de son fort, rencontre une lionne,
> Rugissante à l'abord, et qui montroit aux dens
> L'insatiable faim qu'elle avoit au dedans.
> Furieuse elle aproche et le loup, qui l'avise,
> D'un langage flateur luy parle et la courtise.
> Car ce fut de tout tans que ployant sous l'effort
> Le petit cede au grand et le foible au plus fort.

Aussi le pire compliment qu'on puisse adresser à La Fontaine est-il de le féliciter, comme on fait souvent, de ce qu'en reprenant ce sujet après Regnier, il n'ait pas été au-dessous de son modèle :

> Un Renard, jeune encore, quoique des plus madrés,
> Vit le premier cheval qu'il eût vu de sa vie.
> Il dit à certain Loup, franc novice : « Accourez !
>   Un animal paît dans nos prés,
> Beau, grand ; j'en ai la vue encor toute ravie.

— Est-il plus fort que nous? dit le Loup en riant :
Fais moi son portrait, je te prie.
— Si j'étois quelque peintre ou quelque étudiant,
Repartit le Renard, j'avancerois la joie
Que vous aurez en le voyant.
Mais venez. Que sait-on? peut-être est-ce une proie
Que la Fortune nous envoie. »
Ils vont; et le Cheval qu'à l'herbe on avoit mis,
Assez peu curieux de semblables amis
Fut presque sur le point d'enfiler la venelle.
« Seigneur, dit le Renard, vos humbles serviteurs
Apprendroient volontiers comment on vous appelle. »
Le Cheval, qui n'étoit dépourvu de cervelle,
Leur dit : « Lisez mon nom; vous le pouvez, Messieurs;
Mon cordonnier l'a mis autour de ma semelle. »
Le Renard s'excusa sur son peu de savoir.
« Mes parents, reprit-il, ne m'ont point fait instruire;
Ils sont pauvres, et n'ont qu'un trou pour tout avoir.
Ceux du Loup, gros messieurs, l'ont fait apprendre à lire. »
Le Loup, par ce discours flatté,
S'approcha. Mais sa vanité
Lui coûta quatre dents : le Cheval lui desserre
Un coup : et haut le pied. Voilà mon Loup par terre,
Mal en point, sanglant et gâté.
« Frère, dit le Renard, ceci nous justifie
Ce que m'ont dit des gens d'esprit :
Cet animal vous a sur la mâchoire écrit
Que de tout inconnu le sage se méfie. »

Ni quand il a composé son récit, ni quand il a choisi ses personnages ou conçu leur caractère, La Fontaine n'a perdu l'action de vue. Il fallait que des deux animaux qui méditent de dîner aux dépens du mulet, l'un fût madré, l'autre sot et vaniteux. Le poète s'est dit que le premier rôle serait mieux rempli par le renard que par le loup, et le second par le loup que par la lionne. Mais ce premier changement ne lui a pas suffi : car puisque le loup et le renard attaquent leur adversaire par la ruse et non par la violence, il faut donc que ce mulet soit assez fort pour leur tenir tête, et qu'il ait de l'esprit, puisqu'il les joue : est-ce possible cependant? Non, songe La Fontaine, et au mulet il substitue le cheval, plus fort et moins sot. Puis,

comme les chevaux ne passent pas pour être eux-mêmes
des animaux très fins, il nous avertit que, par exception
à la règle, le sien « n'est pas dépourvu de cervelle ». Enfin,
pour éviter jusqu'à la moindre invraisemblance, il ajoute
que ce cheval a été « mis au vert » : son maître est donc
loin, et il n'y a plus lieu d'être surpris que les deux
rôdeurs aient pu aborder cet animal domestique.

Bien choisis, les personnages ont pu avoir un caractère
bien défini. Le loup est sot et orgueilleux, défauts qui
s'associent loin de s'exclure. Non moins vaniteux que
M. Jourdain, si flatté d'entendre dire qu'il a eu pour père
un fort bon gentilhomme, il est bien aise qu'on appelle
ses parents de « gros messieurs » : que ne ferait-il pas pour
prouver qu'il est de bonne maison ? Et, comme l'orgueil a
pour compagne habituelle l'insolence, il tutoie le renard
qui lui dit humblement « vous ».

Celui-ci est des plus jeunes : je m'explique donc son
étonnement à la vue du cheval. Il est des plus madrés : je
comprends donc qu'il ne veuille pas aborder tout seul
l'animal inconnu, et qu'afin de piquer la curiosité du
loup, il laisse éclater son enthousiasme dans ce beau
discours :

> . . . . . . Accourez !
> Un animal paît dans nos prés,
> Beau, grand : j'en ai encor la vue toute ravie.

Aux paroles du loup, notre perspicace renard a deviné
le faible du personnage, la vanité ; c'est par là qu'il le
prendra :

> Mes parents ne m'ont point fait instruire :
> Ceux du Loup, gros messieurs, l'ont fait apprendre à lire.

Enfin, le pauvre loup une fois « sanglant et gâté », il se
moquera de lui : il tiendra à lui faire sentir qu'il s'était
défié dès le début, et ne sera pas fâché de se dédommager

par une bonne raillerie de la déférence à laquelle il s'était condamné tout à l'heure.

La conduite du récit vaut la conception des caractères. Dès le troisième vers, nous connaissons le sujet de la comédie, le nom des trois personnages, le caractère des deux principaux; dès le quatrième, l'action commence et se précipite vers son dénouement, sans qu'aucune digression en détourne le cours, sans qu'aucune longueur en retarde la marche. Le poète néglige de rapporter les circonstances que chacun devine : il se garde d'expliquer ce que tout le monde comprend. Tout est vif dans son récit, tout est enlevé, mais surtout tout est si bien subordonné à l'ensemble, qu'il n'est pas jusqu'à la morale de la fable si ingénieusement appliquée à l'un des héros par l'autre, qui ne contribue pour sa part au développement de l'action et à la peinture des caractères.

Le style a les mêmes qualités que le récit. La Fontaine ne vise ni au trait, ni à la couleur. Il ne cherche pas à forger, comme Regnier, des vers « pleins, relevés et harmonieux à l'oreille », mais à mettre en relief les diverses circonstances de l'action, à rendre sensibles les gestes et jusqu'au ton des personnages :

> Le Loup par ce discours flatté
> *S'approcha*; mais sa vanité
> Lui coûta quatre dents : le cheval lui desserre
> *Un coup*; et haut le pied.
> . . . .
> . . . .
> Il dit à certain Loup, franc novice : « *Accoures* !
> Un animal paît dans nos prés. »
> . . . .
> « *Seigneur*, dit le Renard, vos humbles serviteurs
> Apprendroient volontiers comment on vous appelle. »
> . . . .
> « *Frère*, dit le Renard; etc.

Quand le renard appelle le loup, dont il est éloigné, il jette à pleine voix le mot *accourez!* puis se tait un moment;

quand il salue le cheval du titre de *seigneur*, quand il se moque du loup en le qualifiant de *frère*, il souligne d'un court silence chacun de ces mots : voilà pourquoi le poète place *accourez* à la fin du vers et la petite parenthèse *dit le renard*, qui interrompt le discours commencé, après les vocatifs qu'il s'agit de mettre en lumière. Aussi suffit-il de bien lire les vers de La Fontaine pour voir les mouvements de ses personnages et se figurer l'accent de leurs paroles : tant il est vrai que la versification, comme le style, comme la conduite de l'action et la conception des caractères, concourent dans cette fable à l'effet d'ensemble! Admirable harmonie, qui donne au récit de cet événement imaginaire toute l'apparence de la réalité, mais qui suppose que le poète a su se donner intérieurement la vision de ce qu'il racontait!

Comme la fable *le Loup, la Lionne et le Mulet*, la *Satire* VIII, l'œuvre préférée de Regnier [1], contient de grandes beautés : mais peut-on la comparer à la *Satire* d'Horace qui commence par les mots *Ibam forte via sacra* [2]?

Le récit de Regnier manque non seulement d'aisance, de sobriété, de clarté, mais même de vérité dans l'ensemble, sinon dans les détails.

Il manque d'aisance, et l'on est bientôt las de ces éternels infinitifs de narration : « et moi de lui dire » — « et lui de m'offrir la croupe » — « moi de dire que si ».

Il manque de sobriété ; car, persuadé sans doute qu'on

---

1. *Macette* me revient ; l'*Importun* lui plaisoit ;
        C'est ce qu'en devisant un jour il me disoit.

(*Les Satyres de M. du Lorens*, à Paris, chez Anthoine de Sommaville, 1646, p. 153.)

2. « Ceux qui prendront la patience de voir ceste satire jusques au bout, diront que jamais la langue et l'esprit des Romains n'est parvenu jusques à ceste naïveté, etc. » (*Les Recherches des Recherches... de M. Étienne Pasquier*, Paris, Sébastien Chappelet, 1622, p. 525-528; l'ouvrage est du P. Garasse.)

dit d'autant plus de choses qu'on emploie un plus grand nombre de mots, le conteur énerve son modèle en l'allongeant :

> J'oyois un de ces jours la messe à deux genoux,
> Faisant mainte oraison, l'œil au Ciel, les mains jointes,
> Le cœur ouvert aux pleurs et tout percé des pointes
> Qu'un devot repentir élançoit dedans moy,
> Tremblant des peurs d'Enfer et tout bruslant de foy.

Horace a été plus expressif en trois mots que Regnier en cinq vers :

> *Nescio quid meditans nugarum*, TOTUS IN ILLIS.

Ce récit manque de clarté, du moins au début. Est-ce un ami qui aborde notre satirique? est-ce un inconnu? On ne l'apprend qu'au quarante-septième vers, et comme, par suite, on ignore jusque-là quelles sont les relations de Regnier avec le nouveau venu, il est difficile de comprendre jusqu'à quel point ce jeune bellâtre se montre indiscret. Horace nous avertit au contraire dès son troisième vers qu'il connaît à peine l'individu qui accourt à sa rencontre :

> *Accurrit quidam, notus mihi nomine tantum.*

Nous n'avons donc pas plus tôt vu le personnage saisir la main du poète et l'accabler de politesses que nous devinons en lui un importun. Un mot adroitement placé a suffi pour éviter toute obscurité : souvent c'est à la présence ou à l'absence d'un mot de ce genre qu'on reconnaît ceux qui savent conter et ceux qui ne le savent pas.

Enfin le récit de Regnier manque en partie de vérité. Horace a-t-il été effectivement victime de l'aventure qu'il rapporte? Il a donné à la scène une telle apparence de vie qu'il n'est pas un lecteur qui ne se pose la question. Nul doute au contraire que Regnier n'ait composé sa petite comédie à tête reposée sans en avoir jamais été le héros.

Qu'il ait vu quelque part ce beau courtisan « pinçotant sa barbe, relevant ses cheveux, faisant la belle main, mordant un bout de ses gants », j'en conviens; mais, si vivant que soit le portrait, le cadre me paraît conventionnel, et malgré l'incontestable vérité de quelques épisodes, le récit, pris dans son ensemble, ne parvient pas à me donner l'illusion de la réalité.

C'est qu'il ne me semble pas progresser d'une manière naturelle. Ce qu'Horace nous montre admirablement, c'est par quelle gradation de politesses maladroites il a rivé lui-même le fâcheux à ses flancs, c'est par quelle série de petites abdications il s'est dépouillé de toute force de résistance. Un inconnu l'aborde avec toutes les marques de la plus chaude affection. C'est sans doute, se dit-il, un indiscret ou un sot qu'il faudrait congédier sèchement. Mais, subissant malgré lui l'ascendant de cet effronté, il le traite en ami : « Un homme que je connaissais seulement de nom accourt à moi et me saisissant la main : Comment allez-vous, mon bien cher ami? me dit-il. — Fort bien pour le moment, répondis-je, et je suis à votre service. » Voilà une première concession : le poète est déjà prisonnier; car l'autre ne se laissera plus renvoyer par une simple formule de congé : « Comme il s'attachait à mes pas, je voulus prendre congé de lui par ces mots : Attendez-vous quelque chose de moi? Mais lui : Vous me connaissez; je suis un homme de lettres. » Un compliment intempestif va donner à l'importun une nouvelle prise sur sa victime : « Je vous en estimerai davantage », réplique en effet Horace, et dès lors, perdant peu à peu ce qui lui reste de volonté, il se contente de manifester silencieusement son impatience, « en s'arrêtant, en pressant le pas, en parlant bas à son valet », tandis que le fâcheux, devenu insolent, impose sa compagnie : « Vous désirez étrangement vous en aller. N'y comptez pas; je vous tiens; je vous accompagne où vous avez à faire. » Désormais,

c'en est à peu près fait du courage d'Horace : il est devenu
semblable à « l'âne chargé d'un fardeau »; il se laisserait
tuer par l'ennui plutôt que de s'esquiver. Il ne faudra plus
qu'une dernière maladresse pour le livrer pieds et poings
liés à son bourreau. Par hasard cet indiscret était cité en
justice. En passant près du temple de Vesta, il se demande
s'il renoncera à la société d'Horace ou à son affaire. « A
moi, s'il vous plaît », répond le poète avec une politesse
bien déplacée. « Je n'en ferai rien », réplique l'autre et *il
se met à marcher le premier*. Se sentant « incapable de
résister à son vainqueur », Horace le suit passivement et
répond à toutes ses questions. Rien ne le sauvera plus,
non, pas même l'arrivée inattendue d'un ami : il faudra
qu'Apollon lui-même, prenant en pitié son nourrisson,
envoie sur son chemin l'adversaire du fâcheux.

On chercherait en vain dans la *Satire* de Regnier cette
progression si naturelle. Glorieux d'abord des compliments
que lui adresse son hobereau, il se sent presque immédiatement après, sans qu'on sache comment s'est faite la transition d'un sentiment à l'autre, « l'âme grevée d'un pesant
fardeau »; il allonge l'échine, courbe la tête, et se laisse
traîner partout où on le mène : évidemment il a perdu
toute sa volonté. En effet. Mais voilà que la recouvrant
tout à coup, sans qu'on s'en explique la raison, il prend le
parti de s'enfuir : il ne l'exécute pas, parce qu'on le tient
par la main; mais du moins il « sonde tous moyens pour
voir si d'aventure quelques accidents ne pourront le tirer
de là ». Or, chose bizarre! pendant qu'il est plongé dans
cette méditation, il entend tout ce que le fâcheux lui dit :

> Il vint à reparler de sus le bruit qui court
> De la Royne, du Roy, des Princes, de la Court,
> Que Paris est bien grand, que le Pont neuf s'achéve,
> Si plus en paix qu'en guerre un Empire s'éleve,
> Il vint à definir que c'estoit qu'Amitié
> Et tant d'autres Vertus que c'en estoit pitié....

Tandis que ses discours me donnoient la torture
Je sonde tous moyens pour voir si d'avanture
Quelque bon accident eust peu m'en retirer [1].

Quand Horace songeait aux moyens de s'esquiver, il ne prêtait aucune attention aux discours qui lui étaient débités; il n'a entendu que des sons; il a retenu seulement un mot ou deux :

> . . . . . . O te, Bolone, cerebri
> Felicem! aiebam tacitus, cum QUIDLIBET ille
> Garriret, VICOS, URBEM laudaret.

Regnier a beau protester que « les discours de son jeune frisé lui ont donné la torture », encore a-t-il pu les écouter puisqu'il en connaît le sujet. Mais comment a-t-il si bien prêté l'oreille s'il était uniquement absorbé, ainsi qu'il le prétend, par le souci de trouver un moyen de salut? D'autre part, lorsque je l'entends s'écrier vers la fin de la *Satire* :

> Lors bien peu s'en falut, sans plus longtans attendre
> Que de rage au gibet je ne m'allasse pendre,

puis-je oublier qu'au début du récit il m'avait dit à peu près la même chose?

> . . . . . . et bien s'en falut
> Que je n'alasse lors la teste la premiere
> Me jetter du pont neuf à bas en la riviere [2].

Pour moi, je ne crois pas à cette impatience qui se trahit toujours par les mêmes mots et ne suit aucune gradation, qui passe et repasse par les mêmes phases sans qu'on en soupçonne la raison. Ni Regnier n'a eu l'aventure qu'il raconte, ni il n'a su se faire une idée juste des émotions qu'il aurait traversées en pareil cas. Sans oublier

1. *Satire* VIII, 159, et suiv., éd. Courbet, p. 63.
2. *Satire* VIII, 201 et 164, éd. Courbet, p. 64 et 61.

qu'il n'y avait pas alors dans notre littérature un conte en
vers de cette importance, je n'estime donc pas qu'on puisse
mettre l'auteur de la *Satire* VIII au rang des grands narra-
teurs. Sa place est marquée au-dessus de Boileau, dont les
récits sont de simples suites de croquis, au-dessous de
La Fontaine et de Rabelais, qui, avec des qualités très
différentes du reste, sont peut-être nos deux meilleurs
conteurs.

III

Il n'occuperait pas une place beaucoup plus élevée
parmi les poètes dramatiques, s'il n'avait pas composé une
comédie parfaite, sa treizième *Satire*.

Les douze premières sont assurément pleines d'heureux
débuts de dialogue [1]. Il arrive même que le style de Regnier,
devenant éminemment dramatique, comme celui de
La Fontaine ou de Rabelais, dessine jusqu'aux attitudes
du personnage en scène et rend sensible jusqu'à l'accent
de ses discours :

> Madame, à vostre avis, ce jourd'huy, suis-je bien?
> Suis-je pas bien chaussé? ma jambe est-elle belle?
> Voyez ce tafetas : la mode en est nouvelle;
> C'est œuvre de la Chine. . . . . . .
> Madame, baisez moy : n'ay-je pas bonne grace?
> Que vous estes facheuse! A la fin on verra,
> Rosete, le premier qui s'en repentira [2].

Mais l'effort ne se soutient pas. Regnier évite le style
direct avec presque autant de soin que La Fontaine le
recherche ; on dirait qu'il a ses héros sous les yeux, qu'il

---

1. Voir *Satire* IV, 151-160, éd. Courbet p. 60, et dans le présent ouvrage
p. 195.
2. *Satire* VIII, 68-76, éd. Courbet, p. 60.

les voit agir et marcher, mais qu'il n'entend pas le son de
leur voix, et qu'ayant peur de se tromper de ton, il juge
plus prudent de se faire leur interprète :

> « Ha, non ! Monsieur, dit-il, j'aymerois beaucoup mieux
> Perdre tout ce que j'ay que vostre compagnie ; »
> Et se mist aussi-tost sur la ceremonie.
> Moy, qui n'ayme à debatre en ces fadeses là,
> Un tans sans luy parler ma langue vacila.
> Enfin je me remets sur les cageolleries,
> Luy dis (comme le Roy estoit aux Tuilleries)
> *Ce qu'au* Louvre on disoit qu'il feroit ce jourd'huy,
> *Qu'il devroit* se tenir toujours aupres de luy.
> Dieu sçait combien alors il me dist de sottises,
> Parlant de ses hauts faicts et de ses vaillantises,
> *Qu'il avoit* tant servy, tant faict la faction
> Et n'avoit cependant aucune pension,
> *Mais qu'il s'en consoloit*, etc. [1]

Il y a plus. Tandis que chez Rabelais la comédie naît à
chaque instant du récit et que le dialogue ou le monologue
se substitue sans cesse à la description, Regnier s'adresse
aux yeux plutôt qu'aux oreilles, et pour faire connaître
les sentiments d'un personnage il dessine parfois son
geste sans rapporter ses paroles, même au style indirect :

> Puis me flatant l'épaule il me fist librement
> L'honneur que d'aprouver mon petit jugement [2].

Certainement il était en partie dépourvu des deux dons
propres au poète dramatique : quand il n'avait pas
entendu un discours, il ne savait pas l'inventer de toutes
pièces ; quand il répétait des paroles qu'il avait entendues,
il ne savait pas rejeter celles qui étaient inutiles ; alors
que dans tous ses portraits, même dans ceux qui sont le
plus surchargés de détails, il y a un choix de traits

---

1. *Satire* VIII, 180, éd. Courbet, p. 63. Voir *Satires* VIII, 173 ; III, 215 ;
II, 137-142, 163-176.
2. *Satire* VIII, 143-144, éd. Courbet, p. 62.

expressifs, il y a beaucoup de bavardage dans presque tous ses discours au style direct[1].

Celui de Macette fait exception. Tout ce qu'on peut imaginer pour achever la perte d'une jolie fille, qui n'a plus grand'chose à perdre, cette « vieille chouette » ne le dit-elle pas? Ne le dit-elle pas à la place et dans les termes qu'il fallait? La scène est définitive : il n'y a rien à y ajouter, rien à en retrancher, rien à y changer de place[1].

Le jour où Regnier écrivit cette petite scène si parfaitement conduite, avait-il acquis à force d'étude les qualités qui lui manquaient? n'était-il pas plutôt soutenu par ses souvenirs personnels et par d'excellents modèles? Il n'importe : sa treizième *Satire* vaut presque la scène entre Elmire et Tartufe. Je dis « presque » : car Molière a tellement surpassé son devancier qu'on peut se demander s'il n'a pas fallu plus de génie pour tirer de la *Macette* la grande scène du *Tartufe* qu'il n'en avait fallu pour tirer la *Macette* de l'*Élégie* d'Ovide.

Quand même Tartufe n'ajouterait rien aux maximes hypocrites de Macette, on conviendra d'abord que la situation respective des personnages suffirait à leur donner un tout autre intérêt. Au fond, nous importe-t-il beaucoup de voir sombrer le peu de vertu qui reste à la belle « en qui Regnier a mis sa fantaisie »? Ou craignons-nous qu'ayant perdu cette amie, notre volage poète soit bien long à s'en consoler dans les bras d'une autre? Dans le drame de Molière il n'en va pas de même. Elmire est honnête et mariée. Tartufe est l'hôte, l'ami, le futur gendre du mari de celle qu'il veut séduire. S'il parvient à ses fins, il n'ignore pas qu'avec la vertu d'une femme ce qui va s'écrouler, c'est l'honneur d'un homme qui l'admet à sa table, le bonheur d'une fille dont il a demandé la

<hr>

1. Voir *Satire* XI, 86-97.
1. Voir l'analyse qu'a donnée de cette scène l'auteur de *la Satire en France au XVIe siècle*.

main, la réputation d'une famille où l'on est décidé à le faire entrer : et voilà sans doute qui nous inspire pour les victimes de cet « abominable homme » une pitié que ne saurait mériter l'aimable fille que prêche Macette. Mais il faut observer surtout qu'Elmire est de taille à se défendre. Femme de tête et d'esprit, elle se moque de Tartufe, elle le prend à son propre piège ; et du choc de ces deux caractères naît une scène, non pas plus naturelle que le discours de Macette à sa catéchumène silencieuse, mais assurément plus dramatique, où l'imposteur est amené d'une manière plus amusante et plus émouvante à dévoiler ses sentiments, où par conséquent il ne pouvait se borner à répéter, comme on l'a prétendu, les paroles de la vieille entremetteuse : bref, une scène dont la conception et l'exécution demandaient une tout autre puissance de génie.

CHAPITRE VII

LES « ÉLÉGIES », LES POÉSIES PÉTRARQUISTES, LES POÉSIES

SPIRITUELLES, LE « DISCOURS AU ROI » DE REGNIER

Indépendamment des *Satires*, qui ont rendu son nom immortel et ont eu une influence si profonde, Regnier a composé quelques œuvres estimables dont aucune n'a rien ajouté à sa gloire ni laissé de trace après elle. Voici, pour ne rien dire de ses odelettes, épigrammes et quatrains obscènes d'une authenticité douteuse, quelles sont les plus importantes :

Cinq élégies à la manière d'Ovide : la *Satire* XVII[1], deux *Élégies zélotypiques*[2], l'*Impuissance*[3] et une *Élégie* composée pour Henri IV :

L'homme s'oppose en vain contre sa destinée[4];

Deux élégies à la manière des pétrarquistes : une *Plainte* sur l'absence d'une maîtresse :

En quel obscur séjour le Ciel m'a-t-il réduit[5]?

et un *Dialogue* entre Cloris et Phylis[6];

1. Éd. Courbet, p. 131; *Élégie* I dans l'éd. Brossette.
2. Éd. Courbet, p. 135 et 141; *Élégies* II et III dans l'éd. Brossette.
3. Éd. Courbet, p. 143; *Élégie* IV dans l'éd. Brossette.
4. Éd. Courbet, p. 207; *Élégie* V dans l'éd. Brossette.
5. Éd. Courbet, p. 167.
6. Éd. Courbet, p. 186.

Six poésies spirituelles, dont la principale est un chant de contrition intitulé *Stances* [1];

Un *Discours au Roi* en style ronsardisant [2], auquel on peut comparer certains passages de la *Satire* I et les vers composés pour l'entrée de Marie de Médicis à Paris en 1610, publiés pour la première fois par M. Roy dans la *Revue d'histoire littéraire de la France* [3].

Ces œuvres diverses n'ont pas, à notre avis, d'autre mérite que celui de la fermeté du vers. Pour la pensée comme pour le style, elles sont le plus souvent ou de l'Ovide, ou du Pétrarque, ou du Ronsard réchauffé. Elles sont même moins que cela : car Ovide y est imité à travers Desportes, Pétrarque à travers je ne sais lequel de ses plus fades écoliers, et Ronsard, qui le croirait? à travers le cardinal du Perron. En quoi Regnier ne se montrait d'ailleurs ni plus ni moins servile, que les Porchères et les Sponde, cette arrière-queue de la Pléiade. Si tout le monde avoue qu'en 1830 il était temps d'achever une école classique qui en était venue à imiter des imitations d'imitations, ceux qui protestent aujourd'hui contre la réforme de Malherbe ignoreraient-ils qu'en 1605 l'école de Ronsard en était précisément arrivée là?

I

Les cinq *Élégies* de Regnier sont admirablement versifiées : c'est le seul éloge qu'elles me paraissent mériter. Pour peu que l'on soit familier avec les élégiaques latins et avec les élégiaques français du xvie siècle, on n'y rencontrera ni une expression originale, ni un sentiment

1. Éd. Courbet, p. 211-219.
2. Éd. Courbet, p. 159; *Epître* I dans l'éd. Brossette.
3. Année 1894, p. 422.

neuf. Voulez-vous « flatter » en vers, « menacer, irriter, apaiser une maîtresse » ?

> C'est peu d'être poète : il faut être amoureux,

disait judicieusement le moins amoureux des poètes. Rien d'étonnant donc que Regnier n'y ait guère réussi : au lieu de se frapper le cœur pour en faire jaillir les paroles passionnées, il les collectionna une à une dans son exemplaire d'Ovide, et surtout dans son exemplaire de Desportes.

Chez l'oncle et le neveu, ce sont parfois exactement les mêmes vers, que le neveu reprend à son oncle comme un bien de famille :

> Qui veut fermer l'entrée aux peu chastes pensées
> *Et par feu, comme Hercule, immortel devenir,...*
> > (DESPORTES, *Cléonice, Sonnet* XXV.) [1]

> Ouy, je devois mourir des traits de votre veuë
> *Et par feu, comme Hercule, immortel devenir.*
> > (REGNIER, *Satire* XVII-*Élégie* I, vers 76.) [2]

Ce sont les mêmes comparaisons :

> De mille autres pensers une troupe infinie
> Et tous les jours passez les plus noirs de ma vie,
> *Comme oiseaux de la nuict,* devant moy revoloient,
> Qui mon present malheur tant soit peu n'egaloient....
> > (DESPORTES, *Élégies,* II, v.) [3]

> De mon cœur tout fletry l'alegresse s'enfuit
> Et mes tristes pensers, *comme oyseaux de la nuict,*
> Volant dans mon esprit à mes yeux se presentent.
> > (REGNIER, *Satire* XVII-*Élégie* I, vers 95-97.) [4]

---

1. *OEuvres de Philippe Desportes avec une introduction et des notes* par Alfred Michiels (*Bibliothèque gauloise*), p. 191.
2. Éd. Courbet, p. 133.
3. Éd. Michiels, p. 300.
4. Éd. Courbet, p. 134.

Trop d'avis et d'égard sied mal à la jeunesse :
Aux *conseillers d'estat* je laisse la sagesse.
    (DESPORTES, *Cléonice, Sonnet* LXXIII.) [1]

En *conseiller d'Estat* de discours je m'abuse.
    (REGNIER, *Élégie zélotypique*, vers 101.) [2]

Ce sont les mêmes séries d'antithèses entre le feu d'un œil et la glace d'un cœur, ou entre le jour d'un œil et la nuit d'un teint, entre le but poursuivi et le résultat obtenu :

Mais plus je continuë en ma course premiere,
Plus mon chemin s'esloigne et me trouve en arriere.
    (DESPORTES, *Élégies* I, VI.) [3]

Pensant m'oster l'esprit, l'esprit tu m'as rendu.
    (REGNIER, *Élégie zélotypique*, vers 11.) [4]

et, quand l'amoureux est quelque prince guerrier, entre sa puissance devant les hommes et sa faiblesse devant une femme, entre les victoires qu'il remporte et les défaites qu'il subit, entre les villes fortes qui se rendent à lui et l'enfant Amour qui le tient prisonnier :

Abusé que je suis! Mais que pensé-je faire?
Je pars pour captiver une ville adversaire,
Moy qu'Amour tient au joug sans relasche arresté.
Si je suis prisonnier, doy-je espérer la prendre?
Je vay pour assaillir et ne puy me deffendre
Seulement d'un enfant dont je suis tourmenté.
    (DESPORTES, *Stances pour M. le duc d'Anjou allant assiéger*
                            La Rochelle.) [5]

Moy,...
Qui sçay donner des loix et non les recevoir,
Je me voy prisonnier aux fers d'un jeune Maistre,
Où je languis esclave et fais gloire de l'estre....

1. Éd. Michiels, p. 216.
2. Éd. Courbet, p. 138.
3. Éd. Michiels, p. 249.
4. Éd. Courbet, p. 135.
5. Éd. Michiels, p. 407

> Mes palmes, mes lauriers en myrthes sont changez,
> Qui servant de trophée aux beautez que j'adore,
> Font en si beau sujet que ma perte m'honnore.
>
> (REGNIER, *Élégie* V, vers 26-28.) [1]

Et c'est surtout la même psychologie.

On sait avec quelle facilité, sans étudier la vie, sans même plus lire ni Sophocle, ni Euripide, ni Sénèque, l'école pseudo-classique construisait un caractère tragique en combinant entre eux des traits empruntés aux divers personnages de Corneille et de Racine. Aux environs de 1605, une élégie amoureuse se fabriquait encore plus aisément : le seul Desportes en fournissait tous les thèmes.

On gémissait d'être abandonné par l'univers entier :

> *Où faut-il que je tourne?* Hélas! que dois-je faire,
> Si je ne connoy rien qui me fasse esperer
> Et si je ne voy rien *qui ne me soit contraire*?
> Tout ob,et me deplaist, toute chose me nuit.
>
> (DESPORTES, *Diverses amours, Complainte.*) [2]

> ... Je suis si troublé qu'encor ne sçay-je pas,
> Où pour trouver secours *je tourneray mes pas*,
> Aussi, pour mon salut, que doi-je plus attendre,...
> S'il n'est rien icy-bas de doux et de clement
> Qui ne tourne visage à mon contentement?
> S'il n'est astre esclairant en la nuict solitaire
> Ennemy de mon bien *qui ne me soit contraire.*
>
> (REGNIER, *Satire* XVII-*Élégie* I, vers 22-30.) [3]

On n'essayait pas de dissimuler sa passion; c'eût été l'attiser :

> Car le voulant couvrir d'une froide apparence,
> *Par ma discretion j'accrois sa violence.*
>
> (DESPORTES, *Élégies*, I, XVII.) [4]

> Et ma peine estouffee avecques le silence
> *Estant plus retenue a plus de violence.*
>
> (REGNIER, *Satire* XVII-*Élégie* I, vers 49-50.) [5]

1. Éd. Courbet, p. 208.
2. Éd. Michiels, p. 417.
3. Éd. Courbet, p. 132.
4. Éd. Michiels, p. 279.
5. Éd. Courbet, p. 132.

Dans son désespoir, on niait l'existence des dieux : s'il était
une justice au ciel, eût-elle laissé impunis les parjures
d'une infidèle?

> *Il n'y a point de dieux : c'est un conte inventé,*
> Et ne se trouve au ciel ny raison ny justice
> Pour l'humaine malice.
> Si les dieux estoient vrays, qu'elle a tant invoquez,
> Ils ne souffriroient pas d'avoir été mocquez.
> (DESPORTES, *Diverses amours, Plainte.*) [1]

> Et puis, il est des Dieux tesmoins de nos parolles?
> Non, non, *il n'en est point; ce sont contes frivolles....*
> S'il y avoit des Dieux, ils se vengeroient d'elle....
> Ses yeux s'obscurciroient qu'elle a tant parjurez.
> (REGNIER, *Autre Élégie zélotypique,* vers 33-42.) [2]

On se demandait qui devait l'emporter définitivement en
soi, de l'amour ou de la haine, de l'amour qu'inspirait un
beau visage, ou de la haine qu'inspirait une vilaine âme :

> Je ne vous puis hayr, quand je vous vois si belle;
> Je ne puis vous aimer, vous sçachant infidelle;
> Mes sens sont en debat; *mon esprit agité*
> *Chancelle constamment d'un et d'autre costé....*
> Que feray-je à la fin?
> (DESPORTES, *Élégies,* I, x.) [3]

> De contraires efforts *mon esprit agité,*
> *Douteux s'en court de l'une à l'autre extremité;*
> La rage de la hayne et l'amour me transporte....
> Sa beauté me rappelle où son deffaut me chasse,
> Aymant et desdaignant par contraires efforts
> Les façons de l'esprit et les beautez du corps.
> (REGNIER, *Élégie zélotypique,* vers 91-120.) [4]

A la fin on se déclarait vaincu par l'amour : car comment
résister à son destin?

> Tout bien considéré, mon plus grand avantage,
> C'est que je m'abandonne au vent et à l'orage,

1. Ed. Michiels, p. 368.
2. Ed. Courbet, p. 142.
3. Ed. Michiels, p. 262.
4. Ed. Courbet, p. 138.

Et, calant aux *destins* que je ne puis forcer
Je consente à regret tout bas en mon penser,
Qu'infidelle et parjure, et pis cent fois encore,
Il faut *bon gré mal gré* que mon cœur vous adore.
(DESPORTES, *Élégies*, I, x.) [1]

C'en est fait pour jamais; la chance en est jettee!
D'un feu si violent mon ame est agittee
Qu'il faut *bon-gré mal-gré* laisser faire au *destin*.
(REGNIER, *Élégie zélotypique*, vers 109-111.) [2]

Et puis, la perfide n'était-elle pas si belle, que les dieux
pour l'aimer eussent voulu descendre sur la terre?

Car vos beautez contraindront bien les Dieux
Pour vostre amour de descendre en la terre.
(DESPORTES, *Hippolyte, Sonnet* XXVI.) [3]
Les Dieux....
Pour vous aymer en terre eussent quitté les Cieux.
(REGNIER, *Satire* XVII-*Élégie* I, vers 80.) [4]

N'était-elle pas si ensorcelante qu'elle vous eût fait croire
que la neige était noire?

Un seul trait de ses yeux tous mes sens enchantant
Ne suffisoit que trop pour me forcer à croire
Que la neige estoit noire.
(DESPORTES, *Diverses amours, Plainte*.) [5]

Tu voudrois faire accroire
Avecque faux serments que la neige fust noire.
(REGNIER, *Élégie zélotypique*, vers 158.) [6]

Mais quoi! se demandait-on, l'aimer encore, quand tout
le monde jase de son inconstance, quand un autre étale
les cadeaux qu'il a reçus de sa main?

1. Éd. Michiels, p. 262.
2. Éd. Courbet, p. 138.
3. Éd. Michiels, p. 132; même idée p. 393, dans une *Ode des Diverses
amours*.
4. Éd. Courbet, p. 133.
5. Éd. Michiels, p. 369; même idée dans un *Dialogue des Diverses
amours*, p. 383 et dans l'*Élégie* XIX du livre I.
6. Éd. Courbet, p. 140.

On le crie en la cour, au palais, en la ruë....
. . . .
Il fait voir des *faveurs* qu'il jure avoir de vous,
Pour memoire et pour gage;...
Bref, par tous ses discours il voudroit faire accroire
Qu'il s'est acquis sur vous quelque belle victoire.
(DESPORTES, Élégies II, III et I, X.) [1]

Il monstre tes *faveurs*, tout haut il en discourt,
Et ta honte et sa gloire entretiennent la *Court.*
(REGNIER, Élégie zélotypique, vers 139-140.) [2]

On se résignait cependant à l'aimer; on lui pardonnait
même ses amants, pourvu qu'elle s'en tût :

Je ne refuse point qu'en si belle jeunesse
De mille et mille amans vous soyez la maistresse....
Mais *je creve de rage*...
Quand en despit de moy vous faites que je sçache
Le mal qui n'est point mal lorsque bien on le cache....
Pour n'en connoistre rien, *fussé-je aveugle et sourd!*...
Mais le bruit que de vous le commun va semant
Fait qu'un homme de cœur *se hait* en vous aymant
Et dresse à meilleur but le trait de son attente.
Car nostre opinion seule ne nous contente,
Et ce qui rend plus fort un esprit embrasé,
C'est de voir que son choix de chacun est prisé....
Faites les mesmes tours et plus, si vous pouvez;
Joignez d'autres amans à ceux que vous avez,
Et donnez, non ingrate, à tous la recompanse :
Mais *qu'est-il de besoin* qu'on en ait connoissance?
(DESPORTES, Élégies II, III.) [3]

Et chacun en riant en parle à cœur ouvert;
Dont *je creve de rage*, et voyant qu'on te blasme,
Trop sensible en ton mal de regret je me pasme;
Je me ronge le cœur; je n'ay point de repos,
Et *voudrois estre sourd* pour l'estre à ces propos;
Je me hay de te voir ainsi mesestimee....
Fay tout ce que tu fais, et plus, s'il se peut faire,
Mais choisi pour le moins ceux qui se peuvent taire.

1. Éd. Michiels, p. 296 et 261.
2. Éd. Courbet, p. 139.
3. Éd. Michiels, p. 295-296.

Quel besoin peut-il estre, insensee en Amour,
Ce que tu fais la nuict qu'on le chante le jour?
(REGNIER, *Élégie zélotypique*, vers 160-174.) [1]

Et voilà comment, à condition que l'on fût un bon forgeron de vers, on pouvait, sans avoir soi-même jamais aimé que les Jeanne et les Macette, chanter les passions d'un grand seigneur avec toutes les apparences de la sincérité.

II

La « grande poésie » n'était pas d'un accès plus difficile. Certes, si Regnier ne fût pas né poète, il n'eût pas frappé des vers comme celui-ci :

Le Paysant...
Chantant coupe ses bleds, riant fait ses vandanges [2].

S'il n'eût pas eu le cœur bien placé, aucun modèle ne lui eût inspiré ce je ne sais quel souffle patriotique qui, malgré tant de traits convenus, soulève par endroits son *Discours au Roi*. Mais parmi les écoliers de la Pléiade qui ronsardisaient à ses côtés, plus d'un n'eût pas réussi, en somme, moins heureusement que lui-même à tourner un compliment pindarique à la Majesté Royale. Car il était alors des recettes infaillibles pour cela, comme il en fut plus tard pour faire pleurer des spectateurs sur les infortunes d'Agamemnon fils d'Atrée.

Voici de quels morceaux devait se composer au commencement du XVIIᵉ siècle un *Discours au Roi* : ils pouvaient également servir pour féliciter le prince d'avoir engagé la guerre ou pour le féliciter d'avoir conclu la paix.

1. Éd. Courbet, p. 140.
2. *Discours au Roi*, vers 139, éd. Courbet, p. 163.

Le premier était l'apparition d'une nymphe, dont on faisait d'ailleurs, à son choix, la Clémence, la Justice ou la France, et qui s'évanouissait dans les airs au bon endroit, en laissant sur place une odeur suave, comme c'est, depuis Virgile, l'habitude des déesses, quand elles quittent leur interlocuteur :

> Si tost que ceste Nimphe en son dire enflamée,
> Pour finir son propos eut la bouche fermée,
> Plus haute s'elevant dans le vague des Cieux,
> Ainsi comme un éclair disparut à nos yeux,
> Et se montrant Déesse en sa fuite soudaine,
> La place elle laissa de parfun toute plaine [1]....

Le second était la description d'un bouclier :

> Ses exploits achevez en ses armes vivoient :
> Là les camps du Poytou d'une part s'elevoient....
> *Diepe* de l'autre part sur la mer s'alongeoit,
> Où par force il rompoit le camp qui l'assiegeoit....
> Là *Paris* delivré de l'Espagnolle main,
> Se dechargeoit le col de son joug inhumain ;
> La campagne d'*Ivry* sur le flanc cizellée,
> Favorisoit son prince au fort de la meslée....
> Plus haut estoit Vandome et Chartres et Pontoise,
> Et l'Espagnol defait à Fontaine Françoise....
> Plus bas, dessus le ventre, au naïf contrefaite,
> Estoit pres d'Amiens la honteuse retraite
> Du puissant Archiduc....
> Deçà delà luitoit mainte troupe rangée ;
> Mainte grande cité gemissoit assiegée [2].

Et pour développer ce thème, l'on n'avait même pas besoin d'imiter la description faite par Ronsard de l'armure du duc de Guise dans la *Harangue aux soldats de Metz*, ou celle des broderies du manteau de Neptune dans le *Ravissement de Céphale* [3]; on trouvait sa description tout esquissée

---

1. *Discours au Roi*, 215-220, éd. Courbet, p. 165.
2. *Discours au Roi*, 49-86, éd. Courbet, p. 160-161.
3. Ronsard, *Poëmes*, liv. I, éd. Blanchemain, t. VI, p. 30 et 31 ; *Odes*, IV, x, t. II, p. 260. Ce rapprochement a été fait par M. Roy (*Revue d'histoire littéraire de la France*, 1894, p. 429).

dans les *Stances* de du Perron *sur la venue du Roi à Paris* :

> *Diepe* y sera pourtrait et les champs occupez
> Par les sujets malins tost après dissipez....
> *Yery* suivra de près, abbrégé de la guerre....
> Dans un autre tableau peint d'un pinceau tragique,
> Ce fameux gouverneur de la rive Belgique
> Tiendra des spectateurs les yeux tournez à soy....
> Apres dedans Paris, paroitra Paris mesme....
> Tout autour de Paris, à son exemple sages,
> Mille illustres citez te rendront leurs hommages [1].

On n'omettait pas ensuite de prédire au roi qu'il verrait renaître l'âge d'or, ni à son fils qu'il cueillerait les palmes idumées ; n'importe quelle pièce de Ronsard ou de Bertaut indiquait le ton dont il convenait de faire de pareilles prophéties :

> Attendant que ton fils instruit par ta vaillance,
> Plus fortuné que toy, mais non pas plus vaillant,
> Aille les Othomans jusqu'au Caire assaillant,
> Et que semblable à toy foudroyant les armées
> Il cueille avecq' le fer les Palmes idumées [2].

Enfin, l'on n'avait nul besoin de se mettre en frais de comparaisons inédites ; l'oreille du prince acceptait volontiers d'entendre une deuxième fois celles de du Perron :

> Prince,...
> Qui par un art royal, *à toy seul réservé*,
> Pardonnes aux vaincus et domptes les rebelles....
> Et ton œil flamboyant est *l'estoille de Mars*....
>   (Du PERRON, *Au Roy pour ses estrennes*.) [3]
>
> Puissant Roy des François, *Astre vivant de Mars* ..
> Car, estant ce miracle *à toy seul reservé*,

1. *Recueil des poésies de M. du Perron* (Paris, 1623), p. 38. Ai-je besoin d'observer que cette pièce se trouve dans des recueils antérieurs aux *Satires* de Regnier?

2. *Discours au Roi*, vers 239-244 ; comparez Bertaut, *Sur la naissance du Dauphin*, éd. Chenevière (*Bibliothèque elzévirienne*), p. 55.

3. *Recueil des poésies de M. du Perron* (Paris, 1623), p. 36. Pièce qui se trouve dans des recueils antérieurs aux *Satires* de Regnier.

Comme au Dieu du pais, en ses desseins parjures
Tu fais que tes bontez excedent ses injures.
                    (REGNIER, *Satire* I, vers 1-16.) [1]

et son cœur était agréablement flatté que l'on appliquât à
son dauphin les compliments que Bertaut avait tournés
pour l'auguste fils de Blanche de Castille :

Il étoit tel... que par l'art du pinceau
Hercule est exprimé, lorsqu'encor au berceau,
Poursuivy de Junon, les monstres il assomme,
D'asge estant un enfant et de courage un homme.
                    (BERTAUT, *Hymne du Roy Sainct Louis.*) [2]

. . . . Jeune, de ses mains la rage il deconfit,
Estouffant les serpens ainsi qu'*Hercule* fit.
                    (REGNIER, *Satire* I, vers 31-34.) [3]

III

A quoi bon poursuivre cette revue des œuvres diverses
de Regnier ? M. Roy, en publiant dans la *Revue d'histoire
littéraire de la France* les vers composés pour célébrer
l'entrée de Marie de Médicis à Paris, montrait qu'ils sont
imités des vers composés par Ronsard pour célébrer l'entrée
de Charles IX. Il ne me serait pas plus malaisé de retrouver
dans telle pièce de l'école de Pétrarque toutes les comparaisons, toutes les images, toutes les pointes, toutes les
descriptions de la *Plainte* sur l'absence d'une maîtresse
et du *Dialogue* entre Cloris et Phylis. Encore ne suis-je
pas loin d'être persuadé que, dans cette dernière pièce,
notre poète n'a même pas eu le mérite de faire une com-
binaison nouvelle des vieux éléments de l'élégie pétrar-

1. Éd. Courbet, p. 9. Ce dernier rapprochement a été fait par M. Dezel-
meris.
2. Éd. Chenevière, p. 68.
3. Éd. Courbet, p. 10.

quiste, et je ne serais pas surpris qu'un érudit, plus heureux que moi dans ses recherches, prouvât un jour que ce *Dialogue* est, comme la *Satire contre l'honneur*, une simple traduction.

Les trois *Sonnets* spirituels sont-ils plus originaux [1]? Je n'ai garde de l'affirmer; j'incline au contraire à le nier : tant ils me rappellent de sonnets italiens! Mais, si le premier n'est peut-être qu'une copie, je m'étonnerais qu'elle ne fût pas supérieure à l'original. Il n'importe que le poète français se soit approprié sans doute et l'idée générale, et le mouvement, et les images de quelque confrère d'outre-monts; c'est vraiment son cœur « contrit et dolent » qui parle, je le sens, dans ces quatorze vers :

> O Dieu, si mes pechez irritent ta fureur,
> Contrit, morne et dolent, j'espere en ta clemence;
> Si mon duëil ne suffit à purger mon offence,
> Que ta grace y supplée et serve à mon erreur.
>
> Mes esprits éperdus frissonnent de terreur,
> Et, ne voyant salut que par la penitence,
> Mon cœur, comme mes yeux, s'ouvre à la repentance,
> Et me hay tellement, que je m'en fais horreur.
>
> Je pleure le present; le passé je regrette;
> Je crains à l'avenir la faute que j'ay faite;
> Dans mes rebellions je lis ton jugement.
>
> Seigneur, dont la bonté nos injures surpasse,
> Comme de Pere à fils uses-en doucement :
> Si j'avois moins failly, moindre seroit ta grace [2].

Et c'est aussi de son âme sincère qu'ont découlé ces *Stances* émues, dont Desportes a cependant fourni le mètre et parfois la matière :

> Quand sur moy je jette les yeux
> A trente ans me voyant tout vieux,

1. Voir p. 32, note 1, les réserves que je fais sur l'authenticité de toutes ces Poésies spirituelles.
2. Éd. Courbet, p. 217.

> Mon cœur de frayeur diminuë :
> Estant vielly dans un moment,
> Je ne puis dire seulement
> Que ma jeunesse est devenuë [1].

On ne peut relire ces *Stances* d'un tour si facile, d'un accent si pénétré, d'un mouvement si simple, sans songer à Villon. Un peu de l'âme de François avait certainement passé dans l'âme de Mathurin. Pourquoi donc ce grand enfant de Regnier, au lieu de « tenter la fiction » sur les traces de Ronsard, ou de chanter « les grandes passions » à la mode d'Ovide et de Pétrarque, n'a-t-il pas cherché plus souvent l'inspiration lyrique là où elle était? Il eût enrichi le répertoire des chefs-d'œuvre de la poésie personnelle de quelques pièces délicates qu'on lirait encore, tandis qu'à la différence de ses *Satires*, ses *Élégies*, son *Discours*, ses *Plaintes* et son *Dialogue* ne sauraient plus nous intéresser que comme des spécimens curieux de ce que la descendance dégénérée de Ronsard considérait comme la haute poésie lyrique.

1. Éd. Courbet, p. 211; voir Desportes, éd. Michiels, p. 492-497.

CHAPITRE VIII

LA LANGUE ET LA VERSIFICATION DE REGNIER

I. Le texte. — II. Le vocabulaire et la syntaxe. — III. La phrase.
IV. La versification.

Une étude sur la langue de Regnier ne saurait être faite
dans cet ouvrage comme elle devrait l'être dans une
édition du poète. Il s'agit ici de définir, si on le peut,
l'originalité de son œuvre et d'en déterminer l'influence,
non d'en faciliter la lecture. Notre objet n'est donc pas de
traduire les mots, ni d'expliquer les tours par où sa langue
se distingue de la nôtre, mais de rechercher les caractères
généraux par où elle ressemble ou non à celle de ses
devanciers et de ses contemporains; et notre plan ne con-
sistera pas à passer de l'*article* au *substantif* et des *temps*
aux *modes* en suivant les divisions traditionnelles de la
grammaire, mais à grouper ensemble, sans qu'il soit
nécessaire d'en épuiser la liste, les faits qui nous parai-
tront manifester une même tendance d'esprit chez notre
écrivain.

Une question s'impose tout d'abord à notre examen.
Deux exemples en montreront clairement l'intérêt.
Au vers 298 de la *Satire* X, Regnier parle d'un « grand

potage », qu'il rappelle neuf vers plus bas par un pronom
féminin, comme s'il eût employé le mot *soupe* au lieu du
mot *potage* :

> Je *la* comparerois au golphe de Patrasse.

Or, pour faire disparaître cette incorrection, il suffirait
de supposer, avec M. Courbet, que Regnier s'est servi du
verbe composé *accomparer*, plus fréquent que le verbe
simple chez Desportes et chez Ronsard :

> J'*accompare* ma dame au serpent furieux.
> (DESPORTES, *Diane*, *Sonnet* LXVII.) [1]

et par conséquent qu'il a écrit :

> Je l'*accomparerois* au golphe de Patrasse.

Au vers 113 de la *Satire* III, Regnier met un pronom de
la troisième personne avec un verbe à la première :

> *Je ne puis* deguiser la vertu ny le vice,
> Offrir tout de la bouche, et, d'un propos menteur,
> Dire : « pardieu, Monsieur, je vous suis serviteur »,
> Pour cent bonadies s'*arrester* en la rue, etc.

Pour faire disparaître cette étonnante anacoluthe, il suffirait de supposer, avec M. Dezeimeris, que Regnier n'a pas
fait pronominal un verbe qui ne l'était pas toujours de son
temps, ni même du temps de La Fontaine :

> Car pour moi j'ai certaine affaire
> Qui ne me permet pas d'*arrêter* en chemin;
> (*Le Renard et le Bouc.*)

que le pronom *se* a été introduit dans le texte par la liaison
(*bonadies-arrester*), et qu'il faut lire, par conséquent :

> Pour cent bonadies *arrester* en la rue.

---

1. Éd. Michiels p. 40 ; autre exemple, p. 390. Voir Ronsard, *Préface* de
la Franciade : « Il y a autant de difference entre un poete et un versifi-
cateur qu'entre un bidet et un genereux coursier de Naples, et, pour
mieux les *accomparer*, entre un venerable prophete et un charlatan », éd.
Blanchemain, t. III, p. 19.

La question qui se pose est dès lors celle-ci : les libertés que l'on accuse Regnier d'avoir prises avec la grammaire ne seraient-elles pas, au moins quelquefois, des libertés que ses éditeurs ont prises avec son texte ?

I

Les éditions de 1608, 1609, 1612 et 1613, qui ont publié chacune pour la première fois des pièces nouvelles, et sont les seules qui aient été faites d'après les manuscrits, n'ont pas été également soignées. Autant le texte primitif des premières *Satires* et celui de la *Macette* est satisfaisant (1608, 1612), autant celui du *Repas ridicule* et du *Mauvais gîte* (1609) est émaillé de fautes grossières; et, dans l'édition de 1613, autant certaines pièces sont habituellement correctes, autant la *Satire* XV et l'*Impuissance* le sont habituellement peu. Ne serait-il pas puéril d'avoir un respect superstitieux pour la version première de la *Satire* XV, qui, aux vers 6, 40, 48, 105, 168, 177, 180, porte *et, se pleignent, qu'il faut, devoient, des petits maux, informans, n'est*, quand il faut évidemment lire *que, se pleignent, il faut, devroient, les petits maux, informons, s'est*? Ou pour celle de l'*Impuissance* dans laquelle il a fallu substituer *enuieux*, c'est-à-dire *envieux*, à *ennuyeux* aux vers 13 et 69, *fureur* à *faveur* au vers 122, *dieux benins* à *dieux venins* au vers 165? Parce qu'il a été moins négligent, aurons-nous une entière confiance envers l'éditeur de 1608, qui a laissé passer des étourderies comme celles-ci :

Chaque fat *a* son sens;...

(Satire V, vers 5)

D'un ris de sainct Medard il me fallut repondre :
Je poursuyt; mais, amy, laissons-le discourir;

(Satire VIII, 39)

> L'avare d'autre part n'ayme que la richesse :
> C'est son roy, sa faveur, *la* cour et sa maistresse.
>
> (Satire IX, 206.)

Et que penserons-nous des remèdes apportés au texte primitif par les éditeurs de 1609, 1612, 1613, sinon qu'ils ont été de pures conjectures d'un imprimeur ignorant, sans que Regnier ait même été consulté, quand nous aurons constaté de quelle façon ont été corrigées les fautes que nous venons de signaler?

Au vers 5 de la *Satire* V, l'éditeur de 1612 a écrit :

> Chaque *fait* à son sens;

celui de 1613 :

> *Chasqu'un fait* à son sens.

Il fallait tout simplement effacer l'accent sur l'*à* :

> Chaque fat a son sens.

C'est ce que fit l'éditeur de 1875, et il eut raison. Car Regnier cite ici un proverbe que je trouve également dans *le Baron de Fœneste* : « Il y a force mazures que je ne voudrois pas changer à la gallerie du Loubre. Bous riez, et ye bous dis que *cade fad a son sens* » (liv. IV, chap. IV, vers la fin).

Au vers 39 de la *Satire* VIII, il fallait mettre ou le pronom à la troisième personne ou le verbe à la première, *je poursuyt* étant certainement fautif. L'éditeur de 1609 a corrigé le verbe : *je poursuis*. Le contexte exige au contraire, comme M. Courbet l'a bien vu, qu'on corrige le pronom :

> *Il poursuyt*; mais, amy, *laissons-le discourir*.

Le vers 206 de la *Satire* IX est devenu dans les éditions de 1613 à 1642 :

> C'est son roy, sa faveur; *la* cour *est* sa maistresse.

18

L'éditeur de 1642 a justement adopté le texte suivant :

> C'est son roy, sa faveur, *sa* cour *et* sa maistresse.

A l'appui de sa correction, il aurait dû citer ce vers de du Bellay, dont celui-ci n'est qu'une imitation :

> O qu'heureux est celuy qui peult passer son age
> Entre pareils à soy! . . . .
> Il est sa court, son roy, sa faveur et son maistre.
>> (*Regrets, Sonnet,* xxxviii.)

Faut-il citer encore deux exemples de l'impéritie avec laquelle, du vivant même du poète, ou immédiatement après sa mort, son texte a été revisé? Le vers 217 du *Discours au Roi* :

> Plus haute s'élevant dans *le vague* des cieux

est devenu dans les éditions de 1609 et de 1612 :

> Plus haute s'élevant dans *la vague* des cieux.

Le vers 223 de la *Satire* X est inintelligible dans les éditions de 1609 et de 1612 :

> Que *sa robe* il a veu la matiere premiere;

il est devenu dans l'édition de 1612 :

> Qu'*en son globe* il a veu la matiere premiere;

texte superstitieusement conservé par tous les éditeurs jusqu'à M. Courbet, qui, ayant eu l'idée de recourir au texte de Caporali :

> Et qui si stima
> Haver. . . . .
> Veduta ignuda *la materia prima,*

a tout naturellement écrit :

> Que *sans robe* il a vu la matiere premiere.

Nous conclurons donc que, partout où le futur éditeur critique de Regnier se heurtera dans le texte primitif soit à une absurdité, soit à une faute contre la grammaire, avant de l'expliquer par l'insouciance ou par l'ignorance du poète, il devra examiner si elle ne doit pas l'être plutôt par la négligence des imprimeurs. Sa tâche sera singulièrement facilitée d'ailleurs par les conjectures de ses prédécesseurs, notamment par celles des Elzéviers, de Brossette et de M. Courbet, par les *Remarques* de M. Dezeimeris[1] et par les *Notes* de M. A. Benoist[2].

Aucun éditeur n'a songé sérieusement jusqu'ici à modifier la disposition des alinéas, qui, dans les premières éditions, est tout à fait arbitraire. Faites un seul paragraphe là où l'on vous en offre deux ou trois; faites-en deux là où l'on vous en offre un seul; en d'autres termes, réunissez ici ce qui est séparé, et là séparez ce qui est réuni : vous rendrez parfois ainsi, non pas seulement la clarté, mais l'harmonie, mais la correction même à des phrases qui en sont dépourvues. Un exemple suffira. Je l'emprunte à M. Benoist, dont les *Notes* ont pour objet unique la disposition des paragraphes chez Regnier et qui a entièrement épuisé la question.

Au vers 31 de la *Satire* I, commence dans toutes nos éditions un alinéa nouveau. « De cette façon, la phrase qui commence là et qui se prolonge jusqu'au vers 46 se compose d'une série d'incidentes conjonctives que ne relie pas un verbe principal. Cette anomalie disparait, si on rattache la seconde phrase à la première, dont la proposition principale est celle-ci : *Puisse-tu rouler tes jours heureux* :

17   Or, après tant d'exploits finis heureusement,
. . . .

1. *Leçons nouvelles et remarques sur le texte de divers auteurs.* Bordeaux, veuve Chaumas, 1876; *Corrections et remarques sur le texte de divers auteurs*, Bordeaux, Gounouilhou, 1880.

2. *Notes sur le texte de Regnier*, *Annales de la Faculté des Lettres de Bordeaux*, 1879, p. 240-249.

21 *Puisse tu*, comme Auguste, admirable en tes faicts,
Rouler tes jours en une heureuse paix ;
Ores que la Justice icy bas descenduë
Aux petis, comme aux grands, par tes mains est renduë ;
. . . .
31 *Aujourd'huy que* ton fils, imitant ton courage,
Nous rend de sa valeur un si grand tesmoignage...

Il faut remarquer de plus que dans la seconde partie de la phrase, dont la longueur est disproportionnée à celle de la première, Regnier « introduit une certaine symétrie par l'emploi de deux mots synonymes : *Ores que... Aujourd'huy que...* ».

Tout aussi arbitraire dans les premières éditions que la disposition des alinéas, la ponctuation a été du moins rectifiée presque partout par divers éditeurs du XVIIe siècle, puis par Brossette. Çà et là elle laisse cependant encore à désirer.

Dans la *Satire* XI, l'éditeur de 1609 avait mis une virgule après le vers 153, un point après le vers 160. On a substitué avec raison un point à la virgule après le vers 153. Mais après le vers 160 il faut substituer une virgule au point. Au lieu d'une phrase sans verbe, l'on n'aura plus ainsi qu'une de ces fortes anacoluthes comme on en trouve tant chez Regnier :

Dieu sçait. . . . .
153 De quelle charité l'on soulagea sa peine.
Cependant de son long, sans poux et sans haleine,
. . . .
Sans collet, sans beguin, et sans autre affiquet,
160 Ses mules d'un costé, de l'autre son tocquet,
En ce plaisant malheur, je ne sçaurois vous dire,
S'il en falloit pleurer ou s'il en falloit rire.

Dans toutes nos éditions, le mouvement qui commence au vers 115 de la *Satire* IX, pour s'achever au vers 132,

1. Benoist, article cité, p. 243.

manque d'unité. Pour avoir une tirade bien venue, on ponctuera :

> Ainsi suis-je d'avis comme ce bon lourdaut :
> S'ils ont l'esprit si bon et l'intellect si haut,
> Le jugement si clair, *qu'*ils fassent un ouvrage
> Riche d'inventions, de sens et de langage,
> Que nous puissions draper comme ils font nos escris,
> Et voir, comme l'on dit, s'ils sont si bien apris ;
> Qu'ils montrent de leur eau ; *qu'*ils entrent en cariere ;
> . . . .
> Qu'ils fassent par leurs vers rougir chascun de honte ;
> . . . .
> Qu'ils composent une œuvre. . . . .

En faisant dépendre la proposition *qu'ils fassent un ouvrage* du mot *avis* et en considérant au contraire les autres comme des propositions optatives indépendantes, on avait rompu le mouvement de la période.

Au vers 55 de la *Satire* XVII (*Élégie* I dans l'édition Brossette) :

> Mais ce cruel enfant, insolent devenu,
> Ne peut estre *à mon mal* plus longtemps *retenu,*

les mots *à mon mal* ont l'air d'être le complément du verbe *retenu*. Le contexte prouve cependant jusqu'à l'évidence qu'il faut entendre : « ne peut, pour mon malheur (malheureusement), se retenir (être discret) plus longtemps ». *A mon mal* étant ici l'équivalent de l'expression, si fréquente chez Regnier, *à mon dam*, il faut ponctuer :

> Ne peut estre, à mon mal, plus longtemps retenu.

Mettons, de même, au vers 79 de la *Satire* III les deux mots *par respect* entre deux virgules, pour qu'on entende bien qu'ils sont une formule d'atténuation, qui équivaut à *parlant par respect, sauf le respect que je leur dois* :

> La cour...
> . . . . est un pays estrange,

> Où les loys, par respect, sages humainement,
> Confondent le loyer avecq' le chastiment,
> Et pour un mesme fait de mesme intelligence,
> L'un est justicié, l'autre aura recompence;

c'est-à-dire : « la cour est un pays où les lois, pour le dire avec tout le respect que je leur dois, sont sages d'une sagesse tout humaine, et partant inégale ».

Quelle correction faudrait-il faire, aux vers 49-56 de la *Satire* II, pour les rendre clairs? Il faudrait marquer d'un signe de ponctuation que la suite des idées est interrompue par une parenthèse :

>   Pour moy, si mon habit partout cycatrisé
> 50   Ne me rendoit du peuple et des grands mesprisé,
>   Je prendrois patience et parmy la misere
>   Je trouverois du goust (*mais* ce qui doit deplaire
>   A l'homme de courage et d'esprit relevé,
>   C'est qu'un chacun le fuit ainsi qu'un reprouvé);
> 55   *Car* en quelque façon les malheurs sont propices :
>   Puis les gueux en gueusant trouvent maintes delices....

La phrase commençant au vers 55 ne confirme pas la phrase qui précède *car*; elle confirme celle qui précède *mais* : « je trouverais du goût parmi la misère; car les malheurs sont propices en quelque façon ». Les vers 53-54 forment donc une parenthèse.

Même correction s'impose aux vers 39-43 de la *Satire* XIV, le mot *en* du vers 43 se rapportant au mot *grans* du vers 40 :

> 39   Des hommes tout ainsi je ne puis recognoistre
>   *Les grans* (mais bien ceux-là qui meritent de l'estre
>   Et de qui le mérite indomtable en vertu
>   Force les accidens et n'est point abatu) :
> 43   Non plus que des farceurs je n'*en* puis faire conte....

Les corrections de mots sont beaucoup plus délicates. Brossette en a adopté dans son texte ou proposé dans ses notes, M. Dezeimeris dans ses *Remarques* en a conseillé de très vraisemblables. Par exemple, une des anacoluthes les plus extraordinaires qu'on puisse reprocher à Regnier disparaît si l'on accepte une conjecture de Brossette :

> Quel plaisir penses-tu que dans l'ame je sente,
> Quand l'un de ceste troupe en audace insolente
> Vient à Vanves à pied ;...
> Que la Muse en groignant luy deffend sa fontaine,
>
> . . . .
>
> Tourne les yeux à gauche et les lit de travers,
> *Et pour fruit de sa peine aux grands vens dispersée*
> *Tous ses papiers servir à la chaise percée* [1] ?

Brossette propose de substituer *vont* à *tous* dans le dernier vers. M. Dezeimeris abonde dans ce sens et démontre victorieusement que dans l'écriture courante du temps de Regnier les deux mots s'écrivaient à très peu près de la même façon. Une seule difficulté paraissait faire hésiter Brossette : le verbe auxiliaire serait séparé de l'infinitif par le sujet. Je trouve la même construction au vers 1570 du *Menteur* de Corneille :

> Je n'osai pas encor vous déclarer la flamme
> Que *venoient* ses beautés d'*allumer* dans mon âme.

Cette correction me paraît donc certaine.

Nous en devons beaucoup d'autres à M. Dezeimeris. Et, pour me borner à en citer deux des plus belles, au lieu de ces deux sottises :

> Mais tout ne respond pas au traict de ce visage,
> Plus vermeil qu'une rose et plus beau qu'*un rivage* [2] ;
> L'autre se relevant de vers nous se vint rendre
> Moins honteux d'estre cheut, que de s'estre *dressé* [3] ;

tout le monde lira désormais :

> Plus vermeil qu'une rose et plus beau qu'*une image*....
> Moins honteux d'estre cheut, que de s'estre *pressé* [4].

---

1. *Satire* II, vers 208.
2. *Satire* XIII, vers 65 dans l'édition de 1612, 82 dans les autres.
3. *Satire* X, 100-101.
4. Dezeimeris, *Remarques, nouvelle série*, p. 37 et 31. Entre autres nom-

Le meilleur éloge que nous puissions d'ailleurs adresser ici à l'éminent érudit, c'est qu'il nous a laissé à nous-même, ce nous semble, bien peu de passages à retoucher. Voici cependant quelques corrections nouvelles que nous croyons devoir adopter.

Au vers 59 de la *Satire* publiée, pour la première fois, par les Elzéviers[1], commence un développement imité d'une célèbre tirade d'Horace : *I nunc, argentum... suscipe cum gemmis Tyrios mirare colores*, etc.

> Va donc, et d'un cœur *sain* voyant le Pont-au-change
> Desire l'or brillant sous mainte pierre étrange.

Quand on désire l'or brillant sous les pierres étrangères, ou, « pour dire en français la chose », quand on désire des bijoux, ce n'est pas par « santé de cœur », c'est par vanité. Je substitue donc *vain* à *sain* :

> Va donc, et d'un cœur *vain* voyant le Pont-au-change.

Le quatrième vers de *l'Impuissance* est en contradiction formelle avec les suivants :

> Quoi! ne l'avois-je assez en mes vœux desiree?
> N'estoit-elle assez belle ou assez bien paree?
> Estoit elle à mes yeux sans grace et sans appas?
> *Son sang estoit il point issu d'un lieu trop bas?*
> Sa race, sa maison n'estoit-elle estimee?
> Ne valoit-elle point la peine d'estre aymee?

breux exemples pour appuyer sa première correction, M. Dezeimeris cite ces vers de Ronsard à une fontaine :

> Madame...
> ..... dessus ton rivage
> Ressemble à un bel image
> Faict de porphyre veineux.

Pour justifier la seconde, il lui suffit d'observer que le pédant, marchant d'ordinaire *pedetentim*, doit être honteux d'être chu pour être entré « à l'étourdi ».

1. *Satire* XVI dans l'édition Brossette, dans l'édition Courbet pages 199-202.

Si l'on songe combien le texte primitif de ce poème était
fautif, on n'aura pas scrupule à lire :

> Son sang estoit il *donc* issu d'un lieu trop bas?

Avec les vers 151-156 de la même pièce :

> Avant qu'en venir là, au moins souvenez vous,
> . . . .
> Que je ne suis chasseur jadis tant approuvé
> Ne pouvant redresser un deffaut *retrouvé,*

qu'on relise ceux qui les entourent, et on écrira :

> souvenez-vous
> Que je ne suis, chasseur jadis tant approuvé,
> Ne pouvant redresser un deffaut *réprouvé* :

c'est-à-dire : « souvenez-vous que moi, ce chasseur jadis
tant approuvé, je ne suis pas incapable de redresser un
défaut qu'aujourd'hui je déteste ». Après tout ce qui précède, le mot *réprouvé* est le mot attendu; *retrouvé* n'a pas
de sens.

La *Satire* XV a été éditée primitivement avec moins de
soin encore que *l'Impuissance*. Maintes retouches en ont
rendu aujourd'hui le texte acceptable partout, sauf en
deux endroits. D'abord, au vers 70 :

> Des le *jour* que Phœbus nous monstre la *journee,*
> Comme un hiboux qui fuit la lumiere et le *jour*
> Je me leve et m'en vay dans le plus creux *sejour*
> Que Royaumont recelle en ses forests secrettes.

Il y a beaucoup de « jour » en tout cela. Au premier
hémistiche il faut certainement remplacer *dès le jour* par
dès l'heure ou *dès l'instant.* Parce que le mot *jour* (ou des
mots de sens analogue) était employé trois fois en quatre
vers, l'imprimeur, qui l'avait dans l'oreille, l'a répété une

fois de trop. Une erreur analogue, quoique moins facilement explicable, et d'ailleurs depuis longtemps corrigée,
lui fait mettre au vers 79 de la *Satire* X :

> Apres quelque propos sans *propos* et sans suitte

au lieu sans doute de :

> Apres quelque propos sans *raison* et sans suitte.

Cette même *Satire* XV contient une imitation de la
préface bien connue de Juvénal : *cum… cum…, difficile est
satiram non Scribere*. Voici la fin du mouvement :

> Voyant...
> Un Advocat instruire en l'une et l'autre cause,
> . . . .
> Un Jan abandonnant femme, filles et sœurs
> Payer mesmes en chair jusques aux rotisseurs,
> Rousset faire le prince *et tant d'autre mystere*,
> Mon vice est, mon amy, de ne m'en pouvoir taire.

Autre au singulier est inacceptable après *tant*. On attendrait
que l'énumération se terminàt par *et tant d'autres* suivi
d'un verbe. Je propose cependant de lire plutôt : *et tout
autre mystère* : « quand je vois Rousset faire le prince, et
quand je vois tout autre mystère », le mot *mystère* ayant à
peu près le sens de « comédie », comme au vers 266 de la
Satire X. *Tant* et *tout* s'écrivent à peu près de la même
façon. Le prote qui aura lu *tant* au lieu de *tout* aura
ensuite ajouté *d'*.

On sait que dans les manuscrits du temps de Regnier,
la terminaison de la première personne du pluriel *ons* est
sans cesse confondue avec celle du participe présent pluriel
ans. Le texte primitif de la *Satire* XV nous offre de cette
confusion un exemple certain, depuis longtemps corrigé :

> Viens doncq' et, *regardans* ceux qui faillent le moins,
> Sans aller rechercher ny preuves ny tesmoins,
> *Informans* de nos faits sans haine et sans envie
> *Et* jusqu'au fond du sac *espluchons* nostre vie.

On a substitué *informons* à *informans*. M'appuyant sur cet exemple, je corrigerai *épluchons* en *épluchans* au vers 229 de la *Satire* IX. Avec le texte actuel, la phrase est claire ; la correction la rend, non seulement meilleure, mais plus conforme aux usages de Regnier :

> Mais, pour nous, moins hardis à croire à nos raisons,
> Qui *reglons* nos esprits par les comparaisons
> D'une chose avecq' l'autre, *épluchans* de la vie
> L'action qui doit estre ou blasmée ou suivie ;
> Qui *criblons* le discours, ...
> . . . . qui *formons* nos ouvrages
> Aux moules si parfaits de ces grands personnages.....

Une autre confusion, fréquente dans les manuscrits de cette époque, et dans ceux de toutes les époques, est celle de *l* non bouclée et du *t*, par suite celle de *les* et de *tes*. Aux vers 137-138 du *Discours au Roi*, la France, représentée sous les traits d'une Nymphe, s'adresse au peuple de France et lui dit qu'en faveur de Henri IV Astré e demeure en ses villes :

> Astrée en sa faveur demeure en *tes* citez ;

elle ajoute ausssitôt :

> D'hommes et de betail *les* champs sont habitez.

Le contexte exige, ce me semble :

> Astrée en sa faveur demeure en *tes* citez ;
> D'hommes et de betail *tes* champs sont habitez.

On sait que sur la robe du pédant est dessinée toute une carte de France :

> Une taigne affamée estoit sur ses espaules,
> Qui traçoit en Arabe une Carte des Gaules :
> Les pieces et les trous, semez de tous costez,
> Representoient les Bourgs, les monts et les Citez ;
> . . . .
> Les Alpes en jurant lui grimpoient au collet,
> Et Savoy', qui plus bas ne pend qu'à un fillet [1].

1. *Satire* X, vers 186-193.

N'est-il pas étrange que cet absurde juron d'une montagne
n'ait choqué aucun éditeur? Et n'est-il pas évident que, au
lieu de *en jurant*, Regnier a dû employer une expression
ayant trait à la configuration des Alpes? Si l'on se rappelle
qu'elles forment sur nos cartes une ligne sinueuse, non
une ligne droite; si l'on prend garde qu'un des verbes qui
signifient « en faisant des sinuosités » s'écrivait au temps
de Regnier exactement de la même façon que le verbe
« jurer », *j* se faisant comme *i* et *v* comme *u* (*en iurant,
en uirant*), on écrira sans hésitation :

> Les Alpes, en virant, luy grimpoient au collet,

La description de la ceinture et des jarretières du
pédant nous offre une incorrection :

> Sa ceinture honorable ainsi que ses jartieres
> Furent d'un drap du seau, mais j'entends de lizieres,
> Qui sur maint Cousturier jouerent maint Collet;
> Mais pour l'heure presente *ils* saugloient le mulet [1].

Qu'on rapporte le mot *ils* à la ceinture et aux jarretières,
ou qu'on le rapporte aux lisières, nous avons un pronom
masculin avec un antécédent féminin. N'en faut-il pas
conclure que le pronom se rapporte probablement au mot
drap et doit être mis au singulier? « Mais pour l'heure
présente ce drap, transformé en jarretières, sanglait le
mulet [2]. »

1. *Satire* X, vers 206-209.
2. « *Sur* maint cousturier » a paru obscur à plusieurs éditeurs du
xviiᵉ siècle, qui ont proposé de lire « *chez* maint couturier. » Cette correction n'est pas absolument nécessaire. On peut supposer à la rigueur
qu'avant de les vendre au pédant, ces couturiers se sont fait *pour eux-
mêmes* avec ces lisières diverses pièces de vêtement, par exemple, des
jarretières, des ceintures, des sortes de bretelles, etc. ; *sur*, dès lors, s'entend. Une confusion entre *sur* et *chez* était d'ailleurs difficile. Au contraire
sur, à cause du jambage de *s*, était alors sans cesse confondu avec *par*.
Au vers 95 de cette *Satire* X, par exemple, il a fallu substituer *sur* à *par*.
Je crois qu'il faut faire ici la substitution inverse et que le sens est :
« lizières, qui, grâce au travail de maints couturiers (*par maint couturier*)
jouèrent maints rôles chez maints individus, clients de ces couturiers ».
Un éditeur du xviiᵉ siècle a supprimé *d* devant *un drap*. Le texte devient

Plus loin, dans la même *Satire*, Regnier conte qu'un chien galeux s'est couché à ses pieds et frotté à ses bas :

357 Ce rongneux las d'aller se frottoit à mes bas
     Et fust pour estriller ses galles ou ses crottes,
359 De sa grace il gressa mes chausses pour mes bottes
     En si digne façon que le fripier Martin
361 Avec sa malle-tache y perdroit son latin.

Tel est, y compris la ponctuation, le texte primitif des vers 357-361. On lit dans l'édition de Brossette :

Et fust pour estriller ses galles *et* ses crottes.

L'auteur de cette correction, qui a substitué *et* à *ou*, s'est dit probablement, et avec raison, qu'en étrillant ses gales le chien étrillait nécessairement aussi ses crottes : il n'y a pas d'alternative. De là la correction. « Et fust pour étriller » ne peut plus dès lors s'entendre autrement qu'ainsi : « et il se mit en devoir d'étriller… », et le vers 359 commence une proposition nouvelle, coordonnée à celle du vers 358, sans y être liée par une conjonction. Or, si le mouvement de la phrase devient ainsi assez défectueux, le sens d'autre part n'est plus très satisfaisant. Est-ce que le contexte n'indique pas clairement que Regnier veut rire. Le chien étrille ses galles, c'est évident. Mais le poète, pour plaisanter, se demande si par hasard ce rongneux ne voudrait pas lui faire la gracieuseté de lui nettoyer ses bottes. Donc, en corrigeant, non pas *ou* en *et*, mais *ses* en *mes* entendons : « et, soit qu'il voulut étriller *ses* galles *ou* étriller *mes* crottes, de sa grâce il gressa mes chausses pour mes bottes » :

ainsi meilleur. Mais cette première correction, qui n'est pas nécessaire, entraînerait, ce me semble, le changement de *de* en *des* devant le mot *lizières* :

Furent un drap du seau, mais j'entends des lizieres
Qui…

> Ce rongneux las d'aller se frottoit à mes bas,
> Et, fust pour estriller *ses galles ou mes crottes*,
> De sa grace il gressa mes chausses pour mes bottes
> En si digne façon que. . . . .

Les vers 217-222 de la *Satire* IX ont déjà subi deux corrections acceptées par tous les éditeurs. En voici le texte primitif :

> 217 O debille raison *où* est ores ta bride,
>   *Ou* ce flambeau qui sert aux personnes de guide,
>   Contre *les passions* trop foible est ton secours
>   Et souvent courtisane apres *elle* tu cours
>   Et savourant l'apas qui *ton ame* ensorcelle
>   Tu ne vis qu'à *son* goust et ne voys que par *elle*.

La correction exige qu'on mette au singulier l'antécédent de *elle* et de *son*, et le mouvement de la phrase exige, à son tour, qu'on substitue un *où* adverbe à un *ou* conjonction au vers 218 :

> O debille raison, où est ores ta bride?
> *Où*, ce flambeau qui sert aux personnes de guide?
> Contre *la passion* trop faible est ton secours
> Et souvent courtisane apres *elle* tu cours.

Tel est le texte généralement adopté aujourd'hui. Mais n'est-il pas étrange que le poëte ait prêté une *âme* à la *raison*?

> Et, savourant l'apas qui *ton âme* ensorcelle,
> Tu ne vis qu'à son goust et ne voys que par elle.

Est-ce qu'on n'attendrait pas plutôt : « qui *ta vue* ensorcelle ». Le mot *vue* peut aussi bien s'employer avec le verbe *ensorceller* que le mot *âme* :

> Soit que sa belle veüe ensorcelle la mienne. [1]

Or, *vue* s'écrivait alors *ueue*. Il suffisait donc que l'*u* initial fût pris pour un *a* et que le premier *e*, étant mal bouclé,

----

1. DESPORTES, *Cléonice, Stances*; éd. Michiels, p. 194.

parût former une *m* avec l'*u* suivant pour qu'au lieu de
ucue on lût *ame* :

> O debille raison, où est ores ta bride?
> Où, ce flambeau qui sert aux personnes de guide?
> Contre la passion trop foible est ton secours
> Et souvent courtisane apres elle tu cours,
> Et, savourant l'apas qui ta veue ensorcelle,
> Tu ne vis qu'à son goust et ne voys que par elle.

Ces quelques corrections nouvelles auront-elles rendu
irréprochable le texte de Regnier? Je n'ai pas la prétention de le soutenir. Un long commerce avec lui m'incline cependant à croire qu'il ne sera plus nécessaire de
l'amender beaucoup. S'il présente encore des difficultés,
les unes, provenant de l'impropriété des termes ou de l'embarras des constructions, sont plus ou moins inextricables;
les autres sont assez aisées à démêler quand on est devenu
familier avec le vocabulaire du xvie siècle et avec la syntaxe de Regnier.

II

> Or, Rapin, quant à moy qui n'ay point tant d'esprit,
> Je vay le grand chemin que mon oncle m'aprit :

s'il ne parle que de la langue, Regnier a raison : par son
vocabulaire et par sa syntaxe il est le disciple de Desportes. Contemporain de Malherbe, on dirait qu'il est d'une
génération antérieure à Bertaut. Car Boileau, qui ne les
fréquentait guère l'un ni l'autre a bien pu confondre les
deux successeurs de Ronsard; mais qui les lira attentivement s'apercevra sans peine que parmi les « fautes » rele-
vées par Malherbe chez Desportes un grand nombre n'ap-
paraissent plus chez Bertaut qu'à d'assez rares intervalles.
Il en a d'autres, dont la plus habituelle est qu'il calque,

plus que personne en son temps, la syntaxe latine, dans le
but de rendre à la fois la proposition plus courte :

Tu la rends grande Royne, elle toy Prince heureux [1],

et la période plus aisée à construire :

> De tels *Rois* qui prenans la raison pour escorte
> Mesurent leur grandeur aux fruits qu'elle rapporte,
> Non à l'heur du pouvoir qui les rend florissans,
> Non aux peuples divers sous leur joug fléchissans,
> *Estoit l'illustre Prince* à qui dans ce cantique
> Nous payons ce qu'on doit à tout cœur héroïque [2].

Mais s'il « oublie » les sujets, s'il « mange » les voyelles,
s'il « mélange » les temps, comme d'ailleurs s'il fait
« heurter les diphtongues avec les qui », c'est par exception : entre Desportes et lui il y a presque autant de différence qu'entre lui et Malherbe. Regnier, au contraire, en
est encore à Desportes. Aussi des « fautes » du neveu,
comme de celles de l'oncle, les nouveaux docteurs auraient-
ils pu faire sans peine « un livre aussi gros que le sien ».
Car il viole à peu près toutes les règles qui dans le *Commentaire sur Desportes* sont qualifiées d'infaillibles ; il se
permet presque toutes les audaces qui y sont jugées intolérables ; il ressuscite un bon nombre des mots dont la mort
y est enregistrée : *bienheurer*, « qui n'est plus du monde » ;
confort, « qui est hors d'usage » ; *attraire* et *grever*, qui sont
de « mauvais mots » ; *jà*, qui « ne vaut guère d'argent » ;
filet pour *fil*, qui est « mal » ; *impiteux*, *soldar*, *maints*, qui
méritent d'être soulignés ; *or*, qui ne s'emploie pas dans le
sens de *maintenant* ; *consommer*, *du depuis*, *chacun*, qu'on ne
doit pas substituer à *consumer*, *depuis*, *chaque*. Et que ces
« fautes » ne soient pas toujours des négligences, des sacri-
fices à la rime, des licences permettant de construire le

1. *Paraphrase du XLIIIe Psaume*, éd. Chenevière (*Bibliothèque elzévirienne*), p. 64.
2. *Hymne du roi saint Louis*, éd. Chenevière, p. 82.

vers plus facilement, si quelque chose le prouve, c'est
d'abord que Regnier les commet souvent, mais c'est surtout qu'il les commet gratuitement. La mesure lui laisse-
t-elle le choix entre deux tours? il adoptera de préférence
celui qui est condamné par Malherbe, autorisé par Desportes : il dira *des saintes lois, des méchants vers*, et non *de
saintes lois, de méchants vers* [1]; alors même que la rime ne
l'y oblige pas, il fera accorder le verbe avec le dernier
sujet sans se croire « un sot » pour cela :

> Que le rouge et le blanc par art la *fasse* belle;

et ce n'est pas une fois par hasard, c'est habituellement,
qu'il substituera l'article au pronom possessif, quand
l'objet possesseur sera sujet de la proposition :

> Or, la table levée ils curent *la* machoire....
> Le mulet prend *le* tans....
> La voyant aymer Dieu et *la* chair maistriser [2].

Pour avoir pris Desportes comme maître de français,
Regnier se distingue cependant de lui à beaucoup d'égards.
Comme tout écrivain, il a sa langue à lui. Non qu'il ait
imaginé des mots, introduit des tours nouveaux, restauré
des tours surannés : il n'en offre pas un seul, au contraire,
dont on ne puisse trouver plusieurs exemples chez ses contemporains ou ses devanciers immédiats. Mais s'il est des
expressions ou des constructions qui reviennent chez lui
en moyenne une fois en cinquante vers quand on les rencontre chez Desportes une fois en dix pages, et réchipro-
quement, cette différence de proportion suffit évidemment
à donner à leur vocabulaire ou à leur syntaxe une physionomie bien tranchée.

---

1. *Satires* XIII, 15; VIII, 116. Voir Malherbe, *Commentaire sur Desportes*,
éd. Lalanne, t. IV, p. 302.
2. *Satires* II, 147; III, 251; XIII, 35; comparer *Satires* III, 62; V, 166;
XI, 38; et voir Malherbe, *Commentaire sur Desportes*, p. 465.

Le vocabulaire de Regnier ne se fait remarquer ni par une affectation d'archaïsme, ni par la recherche des néologismes. Il n'a pas plus, il n'a pas moins de latinismes ou d'italianismes que celui de Desportes, et l'on ne voit pas qu'il ait été puisé de préférence dans l'idiome particulier de telle ou telle profession. Les seuls mots pour lesquels le poète paraît avoir une affection exagérée..., ce sont ceux qu'il vient d'employer quelques vers plus haut. Comptez combien de fois sont répétés les mots *vertu*, *valeur*, *faits*, *gloire* dans la première *Satire*, le mot *croire* dans les derniers vers de la neuvième, la « bourre » *en ce monde* dans les premiers vers de la troisième. Ou voyez comme, dans la fameuse tirade contre Malherbe, il réédite les termes ou les expressions *rendre un son à l'oreille, laissant là, divin, affété*, presque aussitôt après qu'il en a fait un premier emploi [1]. Je ne sais si ces nonchalances sont de grands artifices. Mais je doute qu'elles fassent accuser leur auteur d'avoir eu une excessive fécondité d'invention verbale. Disons-le franchement : le vocabulaire de Regnier est plutôt pauvre, et c'en est là le vrai caractère.

Sa syntaxe est plus intéressante et plus originale. Les deux traits suivants doivent être notés : parmi les constructions employées par Desportes (car c'est toujours chez Desportes qu'il puise le fonds de sa langue), 1° Regnier recherche toutes celles qui permettent de faire la proposition plus courte ; 2° il recherche toutes celles qui relâchent le lien entre les différentes propositions ; quelques-unes des constructions qui lui sont chères tendent à la fois à ces deux effets.

1° Le mot qui revient le plus souvent dans le *Commentaire sur Desportes* est le mot *bourre*. Visant, comme Bertaut, à éviter l'enjambement, Desportes avait de la peine à

1. *Satires* IX, 227, 240, 243, 248 ; III, 58, 34, 33, 49.

tailler sa phrase juste à la mesure de l'alexandrin. Non
qu'il fût de ceux qui sont obligés de comprimer leur pensée
pour la faire entrer dans le moule du vers : la sienne
n'avait pas tellement de force, ni d'ampleur; elle risquait
bien plus d'y être trop à l'aise que trop à l'étroit. Aussi
le poète a-t-il plus souvent besoin d'en délayer que d'en
condenser l'expression. Il accumule les synonymes; il
accouple les épithètes [1]; il allonge, s'il le faut, d'une préposition complaisante les verbes trop courts, comme les
écoliers qui font des vers latins, employant, à la grande
indignation de Malherbe, *retomber* au sens de *tomber*; et
surtout il abuse de la périphrase, non de celle qui ennoblit
la phrase, comme les pseudo-classiques, mais de celle qui
l'étend. Combien de fois Malherbe n'a-t-il pas eu l'occasion
de souligner chez lui celle qui substitue au verbe simple le
verbe *rendre* accompagné d'un participe! Regnier n'offre
de ce procédé commode que fort peu d'exemples :

> Aussi je les compare à ces femmes jolies
> Qui par les afliquets se rendent embelies.

C'est qu'il a plus de matière que Desportes, ce qui lui
permet d'éviter plus souvent les chevilles. Aussi son défaut
n'est-il pas de trop diluer, mais de trop sous-entendre.

Comme Desportes, mais beaucoup plus souvent que lui,
Regnier « oublie » le pronom sujet dans les cas où
Malherbe en juge la présence indispensable, oubli rare
chez Bertaut; après la conjonction *que* :

> Que si je n'eusse veu *qu'esties* un Financier [2];

dans une proposition principale suivant une coordonnée :

> Si tost que ceste Nimphe en son dire enflamée
> Pour finir son propos eut la bouche fermée,
> Ainsi comme un éclair *disparut* à nos yeux [3];

1. *Hautain et généreux*, par exemple, est un accouplement familier à
esportes et que Regnier lui emprunta.
2. *Satire* XI, 87; voir Malherbe, *Commentaire*, éd. Lalanne, t. IV, p. 365.
3. *Discours au Roi*, 218; Malherbe, p. 460.

dans une proposition coordonnée à une proposition précédente dont le verbe n'était pas à la même personne :

> Puis la force me manque *et n'ay* le jugement
> De conduire ma barque en ce ravissement [1];

même si le sujet n'était représenté dans la proposition précédente par aucune espèce de mot :

> L'un faict plus qu'il ne pense et l'autre plus qu'il n'ose;
> Et [je] *pense* en les voyant, voir la Metamorphose [2]...;

avec tous les impersonnels, *falloir, venir, être, rester, faire*, etc. :

> *Et faudra* que bien forte ils facent la partie
> Si les plus fins d'entre eux s'en vont sans repartie [3].

Il n'exprime qu'une seule fois l'article devant une énumération de substantifs, qu'une seule fois *que* devant une énumération de propositions complétives, qu'une seule fois *à* ou *de* devant une énumération d'infinitifs ou de substantifs. Et de ces divers genres d'ellipse, tous pratiqués par Desportes, j'en conviens, il offre des exemples plus nombreux, et de plus hardis :

> . . . . cette heureuse vie
> Que parmy *les rochers* et *les bois* desertez,
> *Jeusne, veille, oraison* et tant d'austeritez,
> Les Hermites jadis ayant l'Esprit pour guide
> Chercherent si longtemps dedans la Thebaïde [4].

Que dire de cette ellipse, en vertu de laquelle le verbe *est*, employé d'abord négativement, doit être sous-entendu affirmativement?

> Desportes *n'est pas* net, Du Bellay trop facile.

1. *Satire* VII, 27; Malherbe, p. 361.
2. *Satire* X, 383.
3. *Satire* XII, 129. Voir encore des suppressions de sujets : IV, 60; X, 107; VIII, 54; XIV, 47; XVII, 21; VII, 149; XII, 88; *Élégie zélotypique*, 174; VII, 126; VIII, 141, etc.
4. *Satire* posthume, 100-101, éd. Courbet, p. 202. (*Satire* XVI dans l'éd. Brossette.)

Ou bien de cette autre, en vertu de laquelle le mot *que*, préalablement employé en qualité de relatif, doit être sous-entendu en qualité de conjonction?

> . . . . qu'ils fassent un ouvrage
> *Que nous puissions draper* comme ils font nos escris
> *Et voir* comme l'on dit s'ils sont si bien apris [1]

c'est-à-dire « qu'ils fassent un ouvrage *lequel* nous puissions draper et *afin que* nous puissions voir, etc. ».

Veut-on chercher dans un autre ordre de faits la preuve que Regnier tend, suivant le mot de Musset, à dire « court et net »? On sait que Ronsard avait imaginé d'employer l'adjectif en apposition avec le sujet dans le sens de l'adverbe. Desportes conserva ce tour, blâmé par Malherbe. Il fut familier à Bertaut, écrivain concis. Chez Regnier on peut dire que les exemples en pullulent :

> *Sage* elle sçeut si bien user d'un bon remede.
> Ne t'enquiers *curieux* s'ils sont hommes ou bestes.
> Moy *civil* je me leve.
> A tout ce qu'on disoit *doucet* je m'accordois.
> *Ils* sçavent *avisez* avecques différance
> Separer le vray bien du fard de l'apparance [2].

2° En même temps qu'il vise à la brièveté de la proposition, au besoin par la suppression des mots, Regnier relâche les liens qui unissent entre elles les propositions. Après l'ellipse, la figure la plus habituelle de sa syntaxe est la *variatio*. En cela sans doute il n'a rien innové : c'est Desportes qui lui avait enseigné à « oublier » les mots utiles; c'est de lui qu'il apprit également à « mélanger » les tours qui s'accordent plus ou moins bien ensemble. Seulement il les mélangea plus audacieusement et plus souvent que Desportes ne l'avait fait.

---

1. *Satire* IX, vers 117.
2. *Satires* VII, 70; *posthume*, 68; VIII, 13; X, 345; V. 29; voir encore III, 221; VIII, 107; XIV, 150; IV. 83-84, etc.

Regnier mélange les temps :

> Elle *couvrit* son front d'une meilleure chere
> Se *conseille* au miroir, ses femmes *appella*[1].

Il mélange les nombres :

> Deslors pour me servir *chacun* se *tenoit* prest
> Et *murmuroient* tout bas : « l'honneste homme que c'est[2]! »

Il mélange les pronoms :

> *Aprenons* à mentir,...
> Faire la court aux grands et dans leurs antichambres,
> Le chapeau dans la main, *nous* tenir sur *noz* membres,
> Sans oser ny cracher, ny toussir, ny *s'asseoir*[3].

Il mélange les compléments de toute nature, disant *de peur de... et que...*

> De *peur de* reparer, il laisse sa maison :
> *Que* son lict ne defonce il dort dessus la dure[4];

ou bien « *à l'apetit d'un bruit* qui nous honore *et de te voir paré* » (IV, 8), ou bien encore :

> Ayant à mes despens *appris ceste sentence* :
> « Qui gay fait une erreur le boit à repentance »,
> *Et que*, quand on se frotte avecq' les Courtisans
> Les branles de sortie en sont fort desplaisants[5].

Il mélange les propositions infinitives avec les complétives :

> . . . . *il faut estre* vaillant
> *Et*, respendant l'esprit, blessé par quelque endroit,
> *Que* nostre Ame *s'envolle* en Paradis tout droit[6];

1. *Élégie* IV, 130-131. Voir *Satire* X, vers 92-96 : *entre, fist, s'en va, se fascha.*
2. *Satire* XI, 28; voir plus bas, vers 35-36.
3. *Satire* IV, 29-32; voir *Satire* XV, vers 95-96.
4. *Satire* XIV, 139.
5. *Satire* XI, 386.
6. *Satire* VI, vers 172; voir *Satires* III, 213-215; IX, 204 et suiv.; III, 132-135; VIII, 159 et suiv.; *Élégie zélotypique*, 135.

les temporelles avec les complétives :

> Et ce qui plus encor' m'empoisonne de rage
> *Est quand* un Charlatan relève son langage,
> *Et qu'il n'est* chrocheteur ny courtault de boutique
> Qui n'estime à vertu l'art où sa main s'aplique [1];

les relatives avec les démonstratives :

> C'est un mal bien estrange aux cerveaux des humains
> *Qui*, suivant ce qu'ils sont malades ou plus sains,
> *Digerent* la viande, *et*, selon leur nature,
> *Ils prennent* ou mauvaise ou bonne nouriture [2].

On ne peut étudier la langue de Regnier sans être frappé de la multitude des anacoluthes. Relever quelques constructions bizarres, qu'on pourrait qualifier de négligences, ne prouverait peut-être rien. Il vaut mieux observer que si l'auteur de *Macette* n'est pas le seul écrivain de ce temps-là chez qui les participes, les adjectifs et les infinitifs précédés d'une préposition sont tantôt rapportés au complément ou au mot qui en tient lieu, tantôt employés absolument, c'est chez lui, sans conteste, que l'on peut cueillir la plus belle variété d'exemples :

Que froidement *reçeu* on *l'*escoute à grand peine (II, 203) [3].
En tout *indifferent*, tout est à *son* usage (XIV, 151).
Propres en leur coifure, un poil ne passe l'autre (IX, 82).
*Allant, on m'*entretient de Jeanne et de Macette (XI, 113).
Sortis, il me demande (VIII, 96).
Eussiez-*vous* tout le bien dont le Ciel vous est chiche,
L'ayant, je n'en seroy plus pauvre ny plus riche (XIII, 74) [4].
Sans parler je *l'*entends (III, 17).
Sans avoir reposé, vingt nuicts se sont passees (*Él. zélot.*, 66) [5].

---

1. *Satire* V, vers 233.
2. *Satire* V, vers 31-32; voir *Satires* IX, 17-20, 74-80; VI, 167-168.
3. Voir *Satires* IV, 98; II, 121; XVII, 45; VIII, 208; IV, 13; *Discours au Roi*, 151 et 157; *Dialogue*, 17, 63.
4. Voir *Satires* X, 180 et VI, 175.
5. Le tens leger s'enfuit sans m'en apercevoir (Desportes, *Cléonice*, *Sonnet* XXI).

Et c'est aussi chez lui que les propositions complétives et interrogatives sont rattachées le moins étroitement aux propositions principales :

> Je ne veux que mes vers s'honorent en la gloire
> De tes nobles ayeux. . . . .
> *Ni moins comme* ton frere en France a combatu
> Ces avares Oyseaux [1] ;

c'est-à-dire « ni moins *je ne veux dire comme...* ».

> Si quelqu'un comme moy leurs ouvrages n'estime
> Il est lourd, ignorant, il n'ayme point la rime,...
> Contraire en jugement au commun bruit de tous,
> Que leur gloire il desrobe avecq' ses artifices.
> Les dames cependant se fondent en delices
> Lisant leurs beaux escrits. . . . . . .
> *Que* portez à l'Eglise ils valent des matines [2].

Si la plupart de ces anacoluthes sont chères à Regnier, c'est qu'elles lui permettent de réaliser à la fois ce double objet, que, poète instinctif plutôt que patient artiste, il a poursuivi sans doute avec plus ou moins d'irréflexion : en accourcissant la proposition, il essaie de donner au vers qui l'enferme plus de fermeté et plus de relief ; en se contentant pour enchaîner la proposition du plus lâche des liens, il essaie de faciliter la construction de la période. Or, faire des phrases en vers, qui fussent vraiment des phrases organiques, et dont les membres fussent vraiment des vers et non des lignes de douze syllabes : voilà où chaque poète tendait vainement depuis les origines de la Pléiade. Ni Ronsard, ni Desportes n'eurent à cet égard aucune idée arrêtée. Sauf que le premier, après avoir condamné l'enjambement, finit par en abuser, et que le second au contraire s'en abstint presque systématiquement, ils se fièrent à l'inspiration du moment. Plus réfléchi, Bertaut chercha

1. *Satire* VI, 45 et suiv.
2. *Satire* II, 163 et suiv.; voir aussi II, 139.

dans l'imitation de la phrase latine le secret de faire les propositions fermes et les phrases amples. Dans le même but, Malherbe s'imposa des entraves; Regnier multiplia les « licences », ellipses, variations et anacoluthes : qui des deux avait raison, c'est ce que nous allons voir en étudiant de près la construction des phrases de Regnier.

III

Avant Regnier on n'ignorait pas absolument, mais après lui on connaîtra parfaitement toutes les ressources que le discours peut tirer d'une phrase de quatre vers, j'entends de quatre bons vers[1]. Ronsard et Desportes en avaient sans doute donné plus d'une bonne esquisse. Ne se fait-elle pas pour ainsi dire toute seule en effet? Car n'est-elle pas, suivant la juste observation de M. Benoist, « un produit naturel de la loi de l'alternance des rimes, le besoin de symétrie n'étant complètement satisfait que lorsque deux rimes féminines sont suivies de deux rimes masculines qui leur font équilibre, ou réciproquemment »[2]? C'est cependant chez Regnier qu'elle acquiert pour la première fois toute sa perfection :

> Prenez moy ces Abbez, ces fils de financiers,
> Dont depuis cinquante ans les peres usuriers
> Volans à toutes mains ont mis en leur famille
> Plus d'argent que le Roy n'en a dans la Bastille.

C'est chez lui qu'elle développe toute la variété, fort riche, malgré les apparences, de ses combinaisons[3]. Aussi en

---

1. Pour rédiger ce paragraphe, je me suis inspiré de l'article déjà cité de M. Benoist : *Des anacoluthes et de la phrase poétique de Regnier* (*Annales de la Faculté des Lettres de Bordeaux*, 1879, p. 325-336).
2. Benoist, article cité, p. 332.
3. *Id., ibid.*, p. 331.

fit-il si habituellement l'arme de son éloquence qu'à certains moments ses *Satires* ont l'air d'être écrites en strophes de quatre vers :

> Comment ! il nous faut doncq' pour faire une œuvre grande
> Qui de la calomnie et du tans se deffende
> Qui trouve quelque place entre les bons autheurs
> Parler comme à sainct Jean parlent les Crocheteurs ?
>
> Encore je le veux, pourveu qu'ils puissent faire
> Que ce beau sçavoir entre en l'esprit du vulgaire,
> Et quand les Crocheteurs seront Pœtes fameux
> Alors sans me facher je parleray comme eux.
>
> Pensent-ils des plus vieux offenceant la memoire
> Par le mespris d'autruy s'acquerir de la gloire,
> Et pour quelque vieux mot, estrange ou de travers,
> Prouver qu'ils ont raison de censurer leurs vers [1]?

Par un sentiment très juste de la puissance de cet instrument favori il sut parvenir à l'ampleur en juxtaposant deux quatrains étroitement unis par le sens :

> Juste postérité, à tesmoing je t'apelle,
> Toy, qui sans passion maintiens l'œuvre immortelle
> Et qui, selon l'esprit, la grace et le sçavoir
> De race en race au peuple un ouvrage fais voir :
>
> Vange ceste querelle et justement separe
> Du Cigne d'Apollon la corneille barbare,
> Qui, croassant par tout d'un orgueil effronté,
> Ne couche de rien moins que l'immortalité [2].

Il essaya même d'en juxtaposer quatre, et une fois au moins, s'il ne réussit pas à construire ainsi une phrase vraiment organique, il en bâtit une très remarquable, où l'équilibre des membres et l'unité de la pensée suppléent à une cohésion intime des parties :

1. Voir aussi les douze derniers vers de la *Satire* IV.
2. *Satire* II, vers 187 et suiv.

> Marquis, que doy-je faire en ceste incertitude?
> Doy-je, las de courir, me remettre à l'estude,
> Lire Homere, Aristote, et, disciple nouveau,
> Glaner ce que les Greqs ont de riche et de beau :
>
> Reste de ces moissons que Ronsard et Desportes
> Ont remporté du champ sur leurs espaules fortes,
> Qu'ils ont comme leur propre en leur grange entassé
> Egallant leurs honneurs aux honneurs du passé
>
> Ou si, continuant à courtiser mon maistre,
> Je me doy jusqu'au bout d'esperance repaistre,
> Courtisan morfondu, frenetique et resveur,
> Portrait de la disgrace et de la defaveur ;
>
> Puis, sans avoir du bien, troublé de resverie,
> Mourir dessus un coffre en une hostellerie,
> En Toscane, en Savoye, ou dans quelque autre lieu,
> Sans pouvoir faire paix ou trefve avecques Dieu [1]?

Avant Regnier, d'autre part, si l'on connaissait déjà, après lui on connaîtra mieux encore l'art de composer avec des éléments simples, par voie d'énumération, une longue phrase uniquement soutenue par la pensée et dont la conclusion n'est pas annoncée autrement que par la force, l'éclat ou l'esprit du dernier vers. Voici une période qui serait parfaite si le vers souligné n'en prolongeait pas fâcheusement la première partie après qu'elle paraît conclue : un simple changement de verbe la divise en deux tronçons, en rompt la monotonie et permet au lecteur de reprendre haleine :

> Il semble en leur discours hautain et genereux
> Que le Cheval volant n'ait pissé que pour eux,
> Que Phœbus à leur ton accorde sa vielle,
> Que la Mouche du Grec leurs levres emmielle,
> Qu'ils ont seuls icy bas trouvé la Pie au nit
> Et que des hauts esprits le leur est le zenit ;
> *Que seuls des grands secrets ils ont la cognoissance* ;
> *Et disent* librement que leur experience

1. *Satire* III, 1-16 ; comparer la dédicace à Rapin (*Satire* IX, 1-16), également composée de quatre quatrains juxtaposés.

> A rafiné les vers, fantastiques d'humeur,
> Ainsi que les Gascons ont fait le point d'honneur,
> Qu'eux tous seuls du bien dire ont trouvé la metode
> Et que rien n'est parfaict, s'il n'est faict à leur mode [1].

Voici une autre phrase qui ne laisse rien à reprendre :

> Or, que dès ta jeunesse Apollon t'ait apris,
> Que Caliope mesme ait tracé tes escris,
> Que le neveu d'Atlas les ait mis sur la lyre,
> Qu'en l'Antre Thespean on ait daigné les lire,
> Qu'ils tiennent du sçavoir de l'antique leçon
> Et qu'ils soient imprimés des mains de Patisson :
> Si quelqu'un les regarde et ne leur sert d'obstacle,
> Estime, mon amy, que c'est un grand miracle [2].

Mais en dehors de ces deux formes de phrase, d'ailleurs susceptibles de combinaisons variées, Regnier n'a rien fait d'irréprochable. Que sont par exemple ses phrases de six vers? Les meilleures sont celles qui, étant composées, comme je viens de le dire, par voie de répétition, sont des phrases de quatre vers dont un élément a été doublé ou triplé :

> Aussi lors que lon voit un homme par la rue,
> Dont le rabat est sale et la chausse rompue,
> *Ses gregues aux genous, au coude son pourpoint,*
> *Qui soit de pauvre mine et qui soit mal en point,*
> Sans demander son nom, on le peut recognoistre :
> Car si ce n'est un Poëte, au moins il le veut estre [3].

Les autres sont pour la plupart des phrases de deux ou de quatre vers, artificiellement prolongées par une proposition participe ou consécutive :

> Mais instruict par le temps a la fin j'ay cogneu
> Que la fidelité n'est pas grand revenu,

---

1. *Satire* IX, vers 43 et suiv.
2. *Satire* IV, 119. Voir *Satire* XII, 121-130 une excellente tirade composée de vers indépendants.
3. *Satire* II, vers 43 et suiv.

> Et qu'à mon tans perdu, sans nulle autre esperance
> L'honneur d'estre suject tient lieu de recompanse,
> *N'ayant autre interest de dix ans ja passez,*
> *Sinon que sans regret je les ay despensez* [1].

Les plus longues phrases ont été mises sur leurs pieds par des procédés plus ou moins enfantins. Ici le sujet est répété :

> Ainsi, *ce vieux resveur*, qui nagueres à Rome
> Gouvernoit un enfant et, faisant le preud'homme,
> Contre-caroit Caton, Critique en ses discours,
> Qui toujours rechinoit et reprenoit tousjours,
> Apres que cet enfant s'est fait plus grand par l'age,
> Revenant à la court d'un si lointain voyage,
> *Ce Critique*, changeant d'humeurs et de cerveau, etc [2].

Ailleurs une parenthèse brise l'unité de la phrase :

> Cependant leur sçavoir ne s'estend seulement
> Qu'à regrater un mot douteux au jugement... (12 vers),
> Et, voyant qu'un beau feu leur cervelle n'embrase... (2 vers),
> *Ils* peignent leurs defaux de couleurs et de fard;
> — (*Aussi je les compare a ces femmes jolies,*
> *Qui....* (6 vers)
> *Et toute leur beauté ne gist qu'en l'ornement...* (2 vers).) —
> Où ces divins esprits... (12 vers) [3].

Ou bien elle en interrompt le mouvement :

> Ronsard, fay-m'en raison ! et vous autres, esprits,
> Que, pour estre vivans en mes vers je n'escris !
> Pouvez vous endurer que ces rauques Cygalles
> Egallent leurs chansons à vos œuvres Royalles,
> Ayant vostre beau nom lachement dementy?
> Ha! c'est que nostre siecle est en tout perverty.
> (Mais pourtant quelque esprit entre tant d'insolence
> Sçait trier le sçavoir d'avecque l'ignorance
> Le naturel de l'art et d'un œil avisé
> Voit qui de Calliope est plus favorisé.)
> Juste postérité, à tesmoing je t'apelle,
> Toy qui sans passion maintiens l'œuvre immortelle... (6 vers) [4].

1. *Satire* II, vers 69 et suiv.
2. *Satire* V, vers 185 et suiv.
3. *Satire* IX, vers 55-94.
4. *Satire* II, vers 177 et suiv.

N'est-il pas évident que « Juste postérité » devrait suivre immédiatement : « Ha! c'est que notre siecle est en tout perverty! » et qu'il eût fallu pour cela fondre la parenthèse dans la phrase? « Ha! c'est que, malgré quelques esprits d'élite capables de trier le savoir d'avec l'ignorance, notre siècle est en tout perverti! Juste postérité, je t'appelle à témoin.... »

Habituellement la longue période de Regnier n'est pas autre chose qu'une très courte phrase à laquelle s'est soudée une queue de propositions finales ou consécutives, l'une conduisant l'autre par la main :

> Or, affin que la laide autrement inutille
> Dessous le joug d'amour rendit l'homme serville,
> Elle ombragea l'esprit d'un morne aveuglement,
> Avecques le desir troublant le jugement,
> *De peur que* nulle femme... (1 vers et demi)
> *D'où vient que...* (6 vers) [1].

Et il advient qu'une proposition principale de deux vers traine ainsi jusqu'à vingt-quatre vers à sa remorque :

> Or, apres tant d'exploits finis heureusement... (3 vers)
> Puisse tu comme Auguste admirable en tes faicts
> Rouler tes jours heureux en une heureuse paix;
> *Oresque* la Justice icy bas descenduë
> Aux petis comme aux grands par tes mains est renduë,
> Que...
> Que...
> Et que... (4 vers);
> *Aujourd'huy que* ton fils, imitant ton courage,
> Nous rend de sa valeur un si grand tesmoignage,
> Que... (7 vers),
> Et ferme pour jamais le temple de la guerre;
> *Faisant voir* clairement par ses faits triomphans,
> Que les Roys et les Dieux ne sont jamais enfans;
> *Si bien que...* (4 vers) [2].

Rien ne laissait supposer au début de la première proposition temporelle, ni qu'elle se décomposerait en quatre pro-

---

1. *Satire* VII, vers 76 et suiv.
2. *Satire* I, vers 17-46.

positions coordonnées, ni qu'elle serait suivie d'une autre proposition temporelle (*aujourd'huy que*), ni surtout qu'après avoir été close en apparence par ce vers :

> Et ferme pour jamais le temple de la guerre,

cette proposition temporelle, à son tour, serait prolongée, en dépit du nombre, par une proposition participe (*faisant voir*), qui engendrerait elle-même une proposition consécutive de quatre vers.

Quelquefois enfin, il est impossible de ramener une suite de vers à une construction régulière. Les propositions enfantent les propositions et le point de départ est oublié :

> Aussi qui pouvoit *croire* apres tant de serments,
> De larmes, de soupirs, de propos vehements,
> Dont elle me juroit *que*....

Huit vers sortent de ce *que* et la période s'achève sans qu'on ait vu apparaître le complément de *croire*[1].

Des phrases comme celle-ci constituent la meilleure justification de la doctrine des réformateurs. Il était temps qu'un rhéteur tel que Malherbe vint apprendre aux poètes tels que Regnier que le génie n'a pas de meilleur soutien qu'un art difficile. Car pour réaliser ce qui avait été le rêve de tous les poètes de la Pléiade : écrire une longue phrase en vers, harmonieuse et bien équilibrée, Malherbe prit un chemin exactement opposé à celui qu'avait pris Regnier. Multipliant les entraves, non seulement il s'astreignit à la régularité syntactique, mais il s'imposa d'écrire toujours en strophes et par suite mesura d'avance la longueur de ses phrases. Et voilà comment il fut chez nous le véritable créateur de la période poétique. Est-ce une raison cependant pour oublier que Regnier, en perfectionnant certains types de phrase, a travaillé plus d'une fois dans le même sens que lui.

---

1. *Autre Élégie zélotypique*, vers 19 et suiv.; voir encore le début de la *Satire* VII.

IV

L'étude du vers de Regnier nous amènera à la même conclusion que l'étude de sa phrase : bien qu'il ait pris pour modèle le vers de Desportes, il fut pour Malherbe un utile auxiliaire.

Tout ce que le réformateur censurait dans la versification de l'oncle, il aurait eu cent occasions de le reprendre dans celle du neveu, s'il eût commenté ses œuvres. Que de fois il eût souligné d'un *can cor cu* ou d'un *on on* quelque étrange cacophonie !

> *Qu'encore qu'une* femme aux amours fasse peur.
> En vain sur le Parnasse *Apollon on* apelle [1].

Que de fois il eût noté l'hiatus d'un monosyllabe ou un hiatus à la césure, les deux seuls hiatus d'ailleurs que Regnier se permette, sans qu'ils aient le plus souvent rien de désagréable à l'oreille !

> Tout ainsi qu'un cheval *qui a* la bouche forte.
> Par vice ou par *vertu* acquerons des lauriers,
> Puisqu'en ce monde *icy* on n'en faict differance [2];

Que de fois il eût blâmé le poëte, tantôt d'avoir fait les élisions qu'il condamnait :

> Si Fortune s'en mocque et *s'on* ne peut avoir
> Ny honneur, ny credit.
> Qui se trouvera pris, je vous *pri'* qu'on l'estrille,

tantôt de n'avoir pas fait celles qu'il exigeait !

> La vertu n'est vertu : *l'envie* la deguise.
> Il n'est coing et recoing que je *n'aye* tanté [3].

1. *Satires* VII, 31 ; IV, 2.
2. *Satires* VII, 30 ; IV, 20-21. Voir encore VII, 42 : *ça et là* ; VII, 123 : *luy aura* ; IV, 5 : *ny honneur* ; IV, 90 : *si extresme* ; IX, 217 : *on est* ; X, 193 : *à un*, etc. Hiatus à la césure : VII, 124 ; IV, 18 ; VII, 155 ; IX, 169 ; XIII, 135, etc.
3. IV, 4 ; XIII, 206 ; — V, 181 ; XIV, 5.

Que de fois il l'eût critiqué d'avoir fait rimer ensemble soit une brève et une longue, comme *profanes* et *asnes*, soit un simple et un composé, comme *partie* et *repartie*, *passion* et *compassion*, *posez* et *composez*, *science* et *conscience*, *prise* et *entreprise*, *nom* et *renom*, *temps* et *passe-temps*, *quoy* et *pourquoy*, soit deux composés du même mot, comme *réduit* et *séduit*, *requérir* et *acquérir*, *débattre* et *combattre*, *maintenir* et *retenir* [1]; ou d'avoir, en sacrifiant la raison à la rime, ici employé le mot *membres* pour le mot *jambes*, et là allongé la phrase d'un hémistiche de remplissage :

> Que l'autre parle livre *et fasse des merveilles*,
> Amour, qui prend partout, me prend par les oreilles [2] !

En revanche, que de fois il eût mis à la marge de son exemplaire de Regnier une de ces bonnes notes si rares dans le *Commentaire sur Desportes*! Car sur les deux points essentiels Regnier fut de l'école de son ennemi.

On sait combien Malherbe était difficile sur la qualité de la rime. Or, si les rimes de Regnier n'ont jamais rien de bien imprévu, elles sont presque toujours très riches de son. Il amène à la fin d'un vers deux mots qui se trouvent répéter le son du mot unique qui terminait le vers précédent ou qui doit terminer le suivant (que vous *en semble? — ensemble;* mon *devoir* — je m'efforce *de voir* [3]). Mais surtout, il se délecte, comme Marot, à faire rimer un mot avec un autre plus court formé de sa dernière ou de ses deux dernières syllabes, par exemple *rotisseurs* avec *sœurs*, *témoins* avec *moins*, *outrage* avec *rage*, *jolie* avec *lie*, *estamine* avec *mine*, *délectable* avec

1. IX, 249; — XII, 129; VII, 162; XIII, 147; VIII, 41; IX, 201; III, 87 et V, 239; II, 134 et V, 79; III, 143; — VI, 195; VI, 235; XII, 125 et XVII, 9; VII, 55. Voir encore XIV, 37; XIV, 63; VII, 124; III, 243; VI, 175; VIII, 217; XI, 83, etc.
2. IV, 30; — VII, 116.
3. XI, 10 ; XII, 115.

table, *prospère* avec *père*, *univers* avec *vers*, *froc* avec *roc*, *bataille* avec *taille*, *novice* avec *vice*, *chimères* avec *mères*, *je vivray* avec *vray*, *s'accrocher* avec *rocher*, *cornemuse* avec *muse*, *contens* avec *temps*, *miséricorde* avec *corde*[1], etc.

On sait d'autre part que pour Malherbe un vers n'était un vers qu'autant qu'il était plein, sonore et scindé en deux parties égales. Regnier était sans doute beaucoup moins exclusif. Conduit par l'instinct le plus sûr, il rencontra des coupes d'une harmonie et d'une puissance expressive à faire tressaillir d'aise un romantique :

> Facille au vice, | il hait les vieux | et les dedagne.
> . . . . Où le vice abatu
> Semble en ses pleurs | chanter un hymne à ta vertu.
> Un livret tout moysi vit pour vous, | et encore
> Comme la mort vous fait, la taigne le devore.
> Et quand est de l'honneur de leurs maris, | je pense
> Qu'aucune à bon escient n'en prendroit la defence.
> On ouvre, | et brusquement entra ceste quenaille[2].

Avant La Fontaine, il fit de l'enjambement un emploi assez fréquent et toujours heureux :

>   — Je m'en vais icy pres
> Chez mon oncle disner. — O Dieu, le galand homme !
> *J'en suis.*
> Me voyant froidement ses œuvres advouër,
> *Il les serre.*
> Ny la peste, la faim. . . . .
> La fievre, les venins, les larrons, ny les lous
> Ne tueront cestuy-cy, mais l'importun langage
> *D'un facheux.*
> Car puis que la fortune aveuglement dispose
> *De tout.*
> Aussi rien n'est party si bien par la nature
> *Que le sens*[3].

1. XV, 163, 83, 45, 9 ; XIII, 89 ; IX, 105 ; I, 43 ; IX, 103 ; VII, 140 ; VII, 104 ; VIII, 165 ; VIII, 93 ; XI, 79 ; XI, 127 : IV, 81 ; *El. zélot.*, 15 ; V, 61.

2. V, 130 ; I, 66 ; V, 21 ; XII, 65 ; XI, 323.

3. VIII, 102, 132, 207 ; IV, 34 ; IX, 225. Voir encore XIV, 40 ; XV, 170 ; V, 252.

Cependant, s'il est un poète chez qui l'on trouve à foison avant Corneille ces vers vigoureux, où le sens est suspendu après la sixième syllabe, c'est l'auteur des *Satires*. Il ne faut que relire le discours de sa Macette pour se convaincre qu'il contribua presque autant que Malherbe lui-même à la création de l'alexandrin classique. Car pour un La Fontaine qui songea à imiter ses rares et heureux rejets, combien d'autres visèrent uniquement à lui dérober le secret d'exprimer toute une pensée dans les étroites limites d'un vers bien frappé et coupé régulièrement!

CONCLUSION

LA POSTÉRITÉ DE REGNIER

De l'étude que nous avons tentée se dégage la conclusion suivante : le grand tort de Regnier, qui ramenait cependant toutes les règles à celle-ci :

Il se faut recognoistre avant que s'employer,

fut de s'être assez mal « reconnu ». N'ayant pas entièrement compris pour quelle besogne littéraire il était né au juste, il ne fit la sienne qu'imparfaitement. Peu éloquent, médiocrement lyrique, nullement pindarique, excellent observateur de la réalité, mais non moraliste, peintre plutôt que narrateur, s'il se fût borné à la satire des mœurs, s'il eût trouvé comme l'auteur des *Regrets* un cadre à la mesure de son génie, s'il se fût contenté de composer à la façon de Berni de simples portraits ou de courtes scènes, il eût laissé un monument incomparable. Malheureusement, tout en faisant profiter la peinture des mœurs des ressources créées par l'initiative de la Pléiade, puis par le mouvement littéraire qui provoqua vers la fin du xvi⁰ siècle un regain de popularité en faveur de Rabelais et une recrudescence d'admiration en faveur des Italiens, il ne sut pas échapper suffisamment à l'influence de ses

devanciers. Il crut trop aveuglément à l'infaillibilité de
Ronsard. Ce poète qu'on nous représente quelquefois
comme un révolutionnaire fut un arriéré. Ce prétendu
indépendant fut des plus timides. Essayant de continuer
l'œuvre lyrique de la Pléiade, il écrivit des *Élégies*, des
Plaintes, des *Discours au Roi*, tous exercices auxquels il
était impropre. Ne concevant pas, d'autre part, qu'on pût
« régler la médisance à une autre mode qu'à la mode
latine », pour employer son expression, il voulut être dans
la satire un Horace, sans avoir la philosophie d'Horace,
et un Arioste, sans avoir la grâce de l'Arioste. Il fit des
épîtres sans facilité, et il conta sa vie, sans qu'elle eût
rien de bien intéressant pour qui que ce fût.

Nous ne regretterons pas toutefois qu'il ait eu des
ambitions plus hautes que son génie, s'il résulte aussi de
notre étude qu'en somme il a frayé la voie à de glorieux
successeurs.

I

Ceux qui l'honorent le plus ne sont pas ces « tiercelets
de poètes » qui au lendemain de sa mort se vantèrent
d'avoir hérité de sa verve satirique. Il en est souvent
ainsi : les vrais disciples des grands écrivains ne sont pas
toujours ceux qui cultivent leur genre, comme les vrais
fils des personnages illustres de la comédie ou du roman
ne sont pas toujours ceux qui portent leur nom; il y a
plus de don Juanisme dans Lovelace et dans André Spe-
relli que dans les don Juan directement copiés sur les
héros de Tirso et de Molière; il y a moins de Racine chez
Campistron que chez Marivaux. De même, nulle part ne
revit moins le génie de Regnier que dans les *Satires* fabri-
quées par ses successeurs immédiats avec des lambeaux

arrachés aux siennes. On ne les compte pas. Sur son cadavre pullulèrent les d'Esternod, les Auvray, les Angot, les Courval-Sonnet et les du Lorens [1] :

> ....du prudent satirique,

écrivait en 1624 l'un de ces fades imitateurs.

> Ainsi que du soleil la carrière est oblique :
> Aujourd'hui néantmoins chacun s'en veut mêler [2].

Pendant plus d'un quart de siècle, ils bourdonnèrent autour de leurs contemporains, piquant l'un et piquant l'autre, sans corriger personne, sans forger un vers durable ; plus ou moins sincères, plus ou moins féconds, presque aussi peu originaux, l'audace des plus hardis n'alla guère qu'à combiner, comme Auvray, le Regnier avec le d'Aubigné. Mais dans leur cuisine domine toujours le Regnier. Ils volent à toutes mains les mots, les proverbes, les

1. *L'Espadon Satirique* par le sieur de Franchire, gentilhomme franc-comtois (d'Esternod), à Rouen, chez Jacques Besoingne, 1619. (15 *Satires* et une *Ode* satirique.) Autre édition à Lyon, chez Jean L'Autret, la même année. L'auteur imite souvent Regnier.

Les Satyres du sieur de Courval-Sonnet, gentilhomme virois, Paris, Robert Boutonné, 1621. (4 *Satires.*) — *Satyre Ménippée sur les poignantes traverses du mariage* par le sieur de Courval, même éditeur, même date, (2 *Satires.*) L'auteur a peu imité Regnier.

Le Juvénal françois composé par Jacques le Gorlier, écuyer, sieur de la Grand Court, Paris, Claude Collet, 1624. (Sorte de satire en prose, entremêlée de vers.)

Satyres du sieur du Lorens *divisées en deux livres*, Paris, Jacques Villory, 1624. (25 *Satires.*) — *Les Satyres* du sieur du Laurens, Paris, Gervais, 1633. (16 *Satires* différentes de celles de l'édition précédente et dont l'auteur fera, avec beaucoup de changements, le fonds de l'édition suivante.) — *Les Satyres* de M. du Laurens, président de Chasteauneuf, Paris, Anthoine de Sommaville, 1646. (26 *Satires* différentes de celles du premier recueil, sauf la xixe.) L'auteur imite constamment Regnier.

Le Banquet des Muses ou les divers Satires du sieur Auvray, Rouen, David Ferrand, 1628. Ce volume contient des pièces de tout genre; cinq ou six sont des satires, imitées à la fois de Regnier et de d'Aubigné.

Les Nouveaux Satires et exercices gaillards de ce temps, divisés en neuf Satires par R. Angot, sieur de l'Eperonnière, Rouen, Michel l'Allemant, 1637; ouvrage réédité en 1877 chez Lemerre par M. Prosper Blanchemain.

2. Du Lorens, éd. de 1624, p. 65.

images, les comparaisons de leur devancier; disant, par
exemple, *faire giles, prendre sans verd, chasser comme un
peteux d'église, mettre l'usure au rang des péchés effacés,
s'escrimer de son sens, mettre du sucre dessus sa moutarde,
perdre plutôt un ami qu'un bon mot, dormir la grasse
matinée en dame de Paris, guetter les fautes au passage,
planter son lierre au pied des lauriers du Roi, avoir un nez
à étonner Nasique et Nason, avoir des bras plus longs que
ceux de Briarée, doux comme une épousée*[1]; comparant les
nobles qui battent du pied à un roussin qu'on étrille et les
qualifiant de

> Petits mignons du Ciel, Fils de la Poulle blanche,
> Qui n'eussent pu jadis dessus leur bonne mine
> Emprunter un teston [2];

prétendant que les poètes courent par les rues

> Plus espex que mouches en vendanges,

et que le talent

> Sert de jouet aux grands, aux petits de risée [3].

Ils refont sans cesse sa *Macette*, son *Repas ridicule*, son
Mauvais gite et son *Fâcheux*. Les plus serviles se bornent
à délayer ses descriptions, à exagérer ses bouffonneries,
à émousser ses traits d'esprit :

> . . . Je lui dis que je vais aux Marets,
> Il reprend qu'il y vient et d'amitié se pique.
> Moi de baisser l'oreille en asne fantastique....
> Mon confesseur me dit que *c'est pour mon péché*;

1. Du Lorens, éd. de 1624, p. 24, 29, 59, 145, 181; éd. de 1646, p. 57, 61,
91, 108, 132, 144, 145, 147, 188 : Regnier, VIII, 150; XIV, 188; V, 5; II, 19;
XII, 54; VI, 179; XII, 78; II, 96; I, 150; X, 166; X, 294; VIII, 142.
2. Auvray, *Satire des Non-Pareils*, p. 152 : Regnier, VIII, 27; III, 61;
VIII, 124.
3. Courval-Sonnet, éd. de 1627, Rouen, de la Haye, p. 2 et 5 : Regnier,
IV, 102 et 119.

> Que sans doute en ses mains *je fais mon purgatoire*.
> Je pense que j'auray plutot fait de le croire
> Et, sans plus lamenter ny me plaindre, patir
> *De sorte qu'en un jour l'Eglise ait un martyr* [1].

De plus adroits se rappellent que la *contaminatio* a toujours été la ressource des imitateurs, et, comme lui-même avait fait du Pédant décrit par Caporali le principal convive d'un festin dérobé à Caporali encore, ils supposent que l'aventure commencée dans l'église de la huitième *Satire* s'achève dans la maison mal famée de la onzième [2]; ou bien au milieu des meubles qui ornent la chambre du mauvais gîte ils transportent les livres favoris de Macette :

> Au dessous on voyoit quelque baril sans cercle,
> *Deux tonneaux enfoncez*, trois boittes sans couvercle;
> Dans l'une estoient *des gans, mais tous despariez*....
> Plusieurs morceaux d'alun, quelque reste *d'un cierge*
> Serré bien proprement *dans du parchemin vierge*....
> Unze petits *sachez* plains de diverse poudre....
> Dans une boitte à part des livres ramassez
> Estoient confusement l'un sur l'autre entassez :...
> Un livre d'oraison pour le soir et matin
> Avoit choisi sa place avecque l'Aretin.
> Le triste du Bandel et le second d'Astrée
> Retenoient entre eus deus la Legende dorée :...
> *La guide des Pêcheurs*, les Amours de Nervèze,
> *La canonization de la mère Térèse*,
> Le vray repos de l'Ame en la vie à venir,
> Le Moyen de Verville afin de parvenir, etc. [3].

1. Du Lorens, éd. de 1646, p. 25-26. Regnier avait dit en un seul vers (viii, 1) :

> Charles, de mes pechez j'ay bien fait penitence.

2. Voir dans le *Parnasse satyrique*, éd. de Gand, 1861, t. II, p. 15, une pièce analogue à la XIe *Satire* de Regnier, et t. II, p. 50, les *Aventures de Polydor*.

3. De la Croix, *Satyre* imprimée aux p. 100-107 du livre suivant : *La Climène, tragi comédie pastorale*, par le sieur de la Croix *avec plusieurs œuvres du mesme autheur*, Paris, Jean Corrozet, 1637. Cette imitation de Regnier a été signalée pour la première fois par M. Tricotel, *Variétés bibliographiques*, p. 16. Comparez Regnier, *Satire* XI, vers 180, et *Satire* XIII, vers 20.

Le plus ingénieux retourne pour ainsi dire les sujets du
maître : il s'empare de l'aventure du *Fâcheux* et conte que
c'est lui qui, sans y prendre garde, se rendit coupable
d'une indiscrétion[1]; il s'approprie l'histoire de Macette
et, imaginant que la vieille, au lieu de contrarier ses
amours, les encourage, à une burlesque malédiction il
substitue une non moins burlesque bénédiction[2]. Plagiats
spirituels, plus aisés à réussir qu'on ne croit et dont la
recette fut facilement retrouvée par ces poètes tragiques
qui construisaient un personnage en prêtant à un héros de
Racine des sentiments en contradiction avec son caractère,
ces imitations n'auraient pour nous aucune espèce d'intérêt, si leur nombre ne constatait avec éclat la popularité
persistante de Regnier : car c'est trente-trois ans seulement après sa mort que s'arrêta cette marée de satiriques[3].

Ils se taisaient depuis près de quinze ans quand Despréaux ramassa leur plume. Mais peut-on dire qu'il l'ait
ramassée? Sont-ce les d'Esternod, les Auvray, les du
Lorens qui, en entretenant chez nous le goût pour la satire,
ont éveillé la vocation de l'ennemi de Cotin? Personne ne
le soutiendra. Mais bien qu'ils lui doivent plus qu'il ne
leur doit (car le succès du nouveau satirique ramena l'atten-

1. *Espadon satyrique, Satire* IV, *l'Importunité, à une demoiselle.*
2. *Espadon satyrique, Satire* II, *le Paranymphe de la vieille qui fit un bon
office* :

>   Dieu te rende toute ta vie
>   De l'hospital comme bannie
>   Pour ne mourir entre les gueux....
>   Et après la mort filandière
>   Deux asnes dans une litière
>   Te portent droict en Paradis!

Si l'on veut se rendre compte de la façon dont Regnier fut imité par ses
successeurs immédiats, on étudiera surtout : du Lorens, éd. de 1646,
Satire III (vin de Regnier), *Satire* XXV (xiii de Regnier); de la Croix, *Satire*
citée dans la note 3 de la p. 312 (xi et xiii de Regnier); d'Esternod,
Espadon, Satires II (xii de Regnier), IV (vin de Regnier), XV (xiii de
Regnier); Auvray, *Yambes contre une médisante* (xiii de Regnier); *Parnasse
satyrique, Satyre à M. Motin,* éd. de Gand, p. 140 et les deux *Satires*
citées dans la note 2 de la p. 312.
3. Le dernier recueil de du Lorens est de 1646.

tion sur ses devanciers, leur rendit des lecteurs et ins-
pira même à un éditeur l'idée de réimprimer *l'Espadon* [1]),
on ne saurait contester qu'ils lui aient dans une certaine
mesure préparé un public, qu'ils aient par cela même contribué pour leur faible part à l'engager dans la carrière,
qu'ils aient servi de lien entre Regnier et lui. Encore plus
vainement essaierait-on de nier ses obligations envers
Regnier. Même si Regnier ne l'avait pas précédé, Boileau
n'en aurait pas moins eu « la haine d'un sot livre », et
donc ses satires littéraires existeraient toujours; mais il
est moins sûr qu'elles eussent pris la forme classique de
l'épître horatienne; il n'est pas sûr non plus qu'il eût
composé ses satires morales, s'il ne les composa, comme
il semble, que pour atteindre le but qu'avait manqué
Regnier — pour être l'Horace français. Certainement, en
tout cas, ses satires, soit morales, soit littéraires, n'eussent
pas été écrites d'une aussi bonne encre; car si Regnier
n'en a point créé le genre, il en a du moins, mieux que
personne, façonné la langue. Et voilà pourquoi Boileau
eut raison de se reconnaître hautement son élève; et voilà
pourquoi ce n'est pas seulement chez le satirique de 1660,
mais chez quiconque a disserté en vers français de morale
ou de littérature qu'on peut retrouver quelque chose de
celui qui, sans être philosophe, mérite d'être proclamé
pour les qualités de son style le Montaigne de notre poésie.

II

La postérité du peintre des mœurs est plus glorieuse
encore, on le sait, que celle du poète moraliste. Le plus
grand honneur de Regnier, c'est que parmi les devanciers

---

1. *L'Espadon Satyrique* par le sieur d'Esternod, *reveu et augmenté de
nouveau*, à Cologne, chez Jean d'Escrimerie, 1680.

des auteurs de *Tartufe*, des *Fables* et du *Lutrin*, les historiens de la littérature lui accorderont toujours le premier rang : il fit rentrer dans notre poésie la peinture des mœurs qui en avait disparu depuis le moyen âge et il la porta à sa perfection; il ébaucha la comédie de caractères et, en lui empruntant ses sujets et en y mettant leur marque, ni Molière, ni La Fontaine, ni Boileau n'ont effacé la sienne. Les descriptions du *Lutrin* et des *Embarras de Paris* font regretter plus d'une fois celles de l'*Importun* et du *Mauvais gîte*. Des fables qui ont servi de modèle à La Fontaine, *le Loup et la Lionne* de Regnier est l'une des deux ou trois qui soutiennent la comparaison avec l'œuvre de l'imitateur. L'Acaste, l'Oronte et les Fâcheux de Molière, qui sont tous nés du Fâcheux de Regnier, à la fois homme du bel air, bel esprit et indiscret, n'ont pas fait oublier leur père. Le *Tartufe* inspire le désir de relire la *Macette*. Le pédant de la dixième *Satire* a des mots dignes de Vadius, et « à bien peindre les gens » Célimène n'est pas plus « admirable » que l'auteur de la *Satire au comte de Caramain*. Célimène, Vadius, Tartufe, les Fâcheux, Oronte, Acaste! de quelle illustre descendance peuvent se vanter les héros de Regnier! Et quelle gloire pour le vieux poète qu'on puisse dire de lui : Il eut pour disciples Molière, La Fontaine et Boileau; et des trois, c'est le plus grand de tous qui reprit le plus souvent ses personnages! Quelle gloire qu'on puisse ajouter : Des trois, c'est aussi le plus grand de tous qui par le style le rappelle le plus souvent! Car ni Boileau ne sut, ni La Fontaine ne prétendit lui prendre sa couleur. Quand ils imitèrent ses descriptions, ni l'un ne réussit, ni l'autre ne chercha à rivaliser avec lui de pittoresque :

> Le meuble et l'équipage aidoient fort à la chose :
> Quatre sièges boiteux, un manche de balai,
> Tout sentoit son sabat et sa métamorphose [1].

1. La Fontaine, *Fables*, VII, xv; comparez Regnier, *Satire* XI.

Ils ne lui doivent (je parle toujours du style), le premier
que la franchise et la hardiesse de son naturalisme, le
deuxième que la liberté de sa syntaxe. Plus grande est la
dette de Molière. Quand les Allemands posèrent la question de savoir s'il avait la poésie de l'expression, on leur
répondit en citant le portrait d'Acaste peint par lui-même
et les portraits de Célimène[1]; puisqu'ils sont, nous l'avons
vu, dans la manière de Regnier, nous sommes logique-
ment amenés à en conclure que là où, de l'aveu général,
l'auteur du *Misanthrope* est le plus vraiment poète, c'est là
où il ressemble le plus à l'auteur de *Macette*.

III

Ce magnifique éloge a sa contre-partie : si Molière s'est
formé du bon de Regnier, « du mauvais de Regnier s'est
formé Saint-Amant, comme Benserade s'est formé du mauvais de Voiture[2] ». On pourrait ajouter que Scarron but
aux mêmes eaux. Car tout le burlesque me paraît être sorti
d'une partie de l'œuvre de Regnier; non seulement le burlesque de Saint-Amant, qui se complut, comme Firenzuola,
à entasser l'une sur l'autre les comparaisons bouffonnes,
mais aussi le burlesque de Scarron, qui parmi les genres
de facéties cultivés par Berni se fit une spécialité de l'ana-
chronisme. Celui-là est tout entier en germe dans certains
vers de la *Satire* XI et celui-ci tout entier dans certains
vers de la *Satire* VI :

> De là l'Ambition fit anvahir la terre,
> Qui fut avant le tans que survindrent ces maux
> Un hospital commun à tous les animaux,

1. Voir Stapfer, *Molière et Shakespeire*.
2. On attribue ce propos à Boileau.

Quand *le mari de Rhée* au siecle d'innocence,
Gouvernoit doucement le monde en son enfance :
Mais si tost que le Fils le Pere dechassa,
Tout sans desus desous icy se renversa :
Lon ne pria les sainct qu'au fort de la tempeste...
Et l'Hipocrite fist barbe de paille à Dieu [1].

Je n'aurais pas eu l'outrecuidance de dire tout à l'heure :
Supprimez Regnier, vous supprimez Molière, ni même :
Pas de Mathurin, pas de Nicolas; mais je dirai hardiment
maintenant : Enlevez de notre littérature certaines *Satires*
de Regnier, vous enlevez les Grotesques, pour me servir
du nom par lequel on est convenu de désigner les écrivains pittoresques et folâtres de l'époque Louis XIII. Que
des causes diverses, politiques et littéraires, aient au moment de la Fronde favorisé l'épanouissement du burlesque, on l'a excellemment démontré [2]; que d'autres, avant
Regnier ou en même temps que lui, un Motin et un Sygognes, aient tenté d'acclimater chez nous la poésie bernesque,
nous l'avons prouvé plus haut; que Saint-Amant et Scarron
se soient abreuvés parfois directement aux sources italiennes, que le premier, surtout dans son *Fromage*, sa *Berne*,
son *Melon*, son *Poète crotté*, sa *Chambre du débauché*, ait
traité des sujets analogues à ceux de Berni et dans son
goût, il serait aisé de l'établir. Le seul Regnier n'est donc
pas responsable de tout ce qui s'est écrit de fantasque
dans le deuxième quart du xvii° siècle. Mais on peut
affirmer que jamais cette épidémie de littérature badine
ne fût née chez nous sans l'éclatant succès qui accueillit
(témoin les innombrables imitations qu'elle suscita aussitôt)
la partie plaisante de son œuvre. On conçoit que Boileau
ait été sévère pour ceux qui s'en inspirèrent. Accumulant
à seule fin d'être « drôles » ces comparaisons ingénieuses
dont Regnier n'avait usé à l'ordinaire que pour mieux

____

1. *Satire* VI, 118-136, éd. Courbet, p. 48.
2. M. Morillot dans sa thèse sur Scarron.

peindre la nature, du réalisme de leur maître ils conservèrent presque uniquement son obscénité. Regretterons-
nous cependant avec Boileau que l'œuvre de notre satirique ait donné le jour à cette poésie « grotesque »? Non
certes. Car deux siècles plus tard de très grands poètes
s'approprièrent ce qu'il y avait de bon dans le style pittoresque des disciples de Regnier et retrouvèrent le secret
de mettre, comme lui, la fantaisie au service de la réalité.
Chacun sait par cœur les vers fameux, si vifs d'ailleurs,
mais si démesurés :

> « Oui, j'écris rarement et me plais de le faire
> Non pas que la paresse en moi soit ordinaire ;
> Mais, sitôt que je prends la plume à ce dessein,
> Je crois prendre en galère une rame à la main. »
>
> Qui croyez-vous, mon cher, qui parle de la sorte ?
> C'est Alfred, direz-vous, ou le diable m'emporte !
> Non ami ! Plût à Dieu que j'eusse dit si bien
> Et si net et si court pourquoi je ne dis rien !
> L'esprit mâle et hautain dont la sobre pensée
> Fut dans ces rudes vers librement cadencée
> (Otez votre chapeau), c'est Mathurin Regnier,
> De l'immortel Molière immortel devancier ;
> Qui ploya notre langue, et dans sa cire molle
> Sut pétrir et dresser la romaine hyperbole ;
> Premier maître jadis sous lequel j'écrivis,
> Alors que du voisin je prenais les avis,
> Et qui me fut montré, dans l'âge où tout s'ignore,
> Par de plus fiers que moi, qui l'imitent encore.

En lisant les quatre premiers de ces vers, l'ami Buloz
a-t-il vraiment cru que « c'était Alfred qui parlait de la
sorte »? Alors, il est bien excusable de s'être trompé :
car si l'on retrouve quelque part les qualités du style de
de Regnier, c'est chez Alfred de Musset. C'est aussi chez
Théophile Gautier et chez Victor Hugo. Soit directement,
soit par l'intermédiaire des Saint-Amant, des Scarron, des
Théophile de Viaud, son talent a beaucoup contribué à la
formation de leur génie. Et c'est pourquoi, avec moins

d'emphase que l'auteur de l'épître *Sur la paresse*, nous ôterons notre chapeau à Mathurin Regnier : si sa vie valut peu, si son œuvre eût pu mieux valoir, il a ce double titre à notre gratitude que sans lui n'auraient pas été tout à fait ce qu'ils furent, ni les meilleurs des classiques, ni les plus « fiers » des romantiques.

FIN

TABLE DES MATIÈRES

CHAPITRE V

CHAPITRE VI

CHAPITRE VII

CHAPITRE VIII

CONCLUSION

Coulommiers. — Imp. Paul BRODARD. — 9-00.